불교경전

불교경전편찬위원회
고 성 훈

불교경전

머리말

　모든 중생이 식성대로 먹고 기호에 따라 즐기며 자연(自然)에 맞춰 생활하면서 보다 행복한 삶을 위해 질서의 법(法)을 노래하는 가운데, 불법(佛法)의 노래가 있어서 불법의 노래를 들어보고자 한다.

　가정의 법은 아버지와 아들과 손자가 화합함이요, 사회의 법은 늙은이·젊은이·어린이가 화합함이며, 국가의 법은 왕과 신하와 국민이 화합함이요, 불교의 법은 자성(自性)과 성품(性品)과 번뇌(煩惱)가 화합함을 말한다.

　부처님께서는 법계의 모든 중생들이 3계 4생 6도를 윤회하면서 고통 받고 또 행복을 즐기는 것은 각자의 자업자득이요, 인과응보라고 말씀하시며 영원한 행복을 얻고자 하거든 자기 자신을 잘 다루라고 팔만사천 방편을 설하셨다.

　부처님은 이천오백여 년 전 지금의 네팔 땅 가빌라국의 룸비니동산에서 4월 8일 왕자로 태어나, 29세 되던 해 2월 8일 출가하여, 보드가야의 보리수 아래서 12월 8일 성도하시니 이때가 35세라. 녹야원에서 다섯 비구에게 고(苦)·집(集)·멸(滅)·도(道)의 사제법문으로부터 팔만 사천법문으로 중생을 교화하시고, 80세 되던 해 2월 15일 쿠시나가라에서 열반에 드셨다.

  이 책은 부처님의 발자국을 따라 남기신 말씀의 요점을 이해하기 쉽게 엮어 보았다. 부처님의 말씀이 행복한 삶을 살아가는 데 나침반이 되기를 바랄 뿐이다.

1987년 7월

불교경전편찬위원회
위원장 고성훈 합장

목차

1. 부처님의 탄생과 성장

1. 위대한 탄생 · 13
2. 태자의 명상 · 17
3. 네 성문을 나가 삶을 보다 · 23
4. 태자의 결혼 · 29

2. 수행의 길

1. 왕궁을 떠나다 · 39
2. 스승을 찾아서 · 41
3. 육년 고행 · 55
4. 수자타의 공양을 받다 · 61
5. 번뇌를 물리치다 · 64
6. 윤회의 사슬을 끊다 · 67

3. 전법의 길

1. 최초의 설법 · 73
2. 전법의 길 · 80

3. 최초의 절 죽림정사(竹林精舍) · 90
4. 사리불과 목련존자의 귀의 · 96
5. 사위성의 기원정사(祇園精舍) · 101
6. 석가족의 출가 · 105
7. 여성의 출가 · 113
8. 데바닷타의 반역 · 117
9. 두 제자의 죽음과 가빌라국의 멸망 · 121

4. 열반의 길

1. 지계의 이익과 파계의 재화 · 127
2. 장녀 암바빨리의 귀의 · 129
3. 열반에 드실 것을 예고하시다 · 132
4. 부처님을 보내는 슬픔 · 139
5. 최후의 공양 · 142
6. 부처님의 네 성지를 생각하라 · 149
7. 마지막 제자 수밧다의 귀의 · 163
8. 부처님의 열반과 다비식 · 169
9. 사리의 분배 · 174

5. 근본교리

    1. 사성제(四聖諦)와 십이연기(十二緣起) · 179
    2. 십팔 심소연경(十八心所緣境) · 193
    3. 사념처관(四念處觀) · 198
    4. 사무량심(四無量心) · 206
    5. 육바라밀(六波羅密) · 209
    6. 보살이 되는 32법 · 222
    7. 52보살의 발원 · 224

6. 계율의 제정

    1. 계율(戒律)의 시작 · 237
    2. 근본 사계(四戒) · 247
    3. 신도 오계(五戒) · 258
    4. 사미 십계(十戒) · 260

7. 대승보살의 자비와 서원

　　1. 대승보살의 방편 · 269
　　2. 보살행의 근본 · 279
　　3. 아미타불의 48원(願)과 공덕 · 293
　　4. 약사여래의 12대원 · 332
　　5. 보현보살의 행과 원 · 339
　　6. 관세음보살의 위신력 · 375
　　7. 지장보살의 서원과 보시의 공덕 · 381
　　8. 유마힐의 보살행 · 385

8. 자비의 법문

　　1. 법의 상속자가 되어라 · 429
　　2. 정도와 외도 · 430
　　3. 세간이 공(空)한 까닭은? · 435
　　4. 선법과 악법의 차이 · 439
　　5. 참다운 바라문이란 · 449
　　6. 반 구절 게송(半偈頌)을 위해 몸을 던지다 · 462
　　7. 살인자 아힝사카의 출가와 공덕 · 469
　　8. 마음으로 읽는 법구경 · 479

제1편

부처님의 탄생과 성장

竹

1. 위대한 탄생

 남인도 낙원에 나라를 세운 크샤트리아(무사) 계급은 농경사회를 이루며 고타마 성씨의 후손을 왕으로 추대했는데 그가 바로 모초왕이었다. 모초왕의 아들 감자왕에겐 두 왕비가 있었는데 제 1왕비의 소생에 장수왕자, 제 2왕비의 소생에 지면·금색·상중·별성 등 네 윗자기 있었다. 그런데 첫째 왕비는 둘째 왕비의 소생인 네 왕자를 시기한 나머지 왕에게 간청하여 죄 없는 왕자들을 나라 밖으로 내쫓게 했다.
 부왕에게서 버림을 받은 네 왕자는 설산(히말라야)의 남쪽 산록지대로 갔다. 그곳은 로히니 강물이 흐르고 지세가 평탄하며 숲이 우거졌고, 온갖 꽃이 향기를 내뿜는 곳이었다. 크고 작은 짐승들이 뛰어 놀고, 강물에는 수많은 고기들이 희롱하는 아름다운 땅이었다.

  네 왕자는 아름다운 땅을 발견하자 기뻐하며 그곳에 거처를 마련했다. 이곳은 옛날에 가빌라라는 선인이 수도하던 곳이었는데 그들은 성을 쌓아 나라를 세우고 나라 이름을 가빌라국이라 하였다.

  그 뒤에 감자왕이 네 왕자를 찾아와,「오, 우리 아들 샤카!」라고 하였으므로 샤카(석가)를 성씨로 하였다. 샤카란 곧 능하고 어질다는 뜻이다.

  세 왕자가 죽은 뒤 넷째 별성왕이 가빌라성을 다스리다가 구로왕과 구구로왕을 거쳐 사자협왕에 이르렀다. 사자협왕에게는 정반·백반·곡반·감노반이라는 네 왕자가 있었는데 첫째 정반이 왕위를 계승하여 정반왕이 되었다.

  가빌라성 옆에는 데바바다라는 성이 있었다. 그 성의 왕은 콜리를 성씨로 했다. 콜리족의 왕인 선각왕에게는 여덟 명의 공주가 있었는데 첫째 공주 마야를 가빌라국의 정반왕이 왕비로 맞았다.

하지만 정반왕이 나이 마흔이 되도록 왕자를 얻지 못하자 마야부인은 천지신명에게 지성으로 기도하였다. 그러던 어느 날, 마야부인은 여섯 개의 황금빛 어금니가 돋친 흰 코끼리가 하늘에서 내려와 자신의 오른쪽 옆구리로 들어오는 꿈을 꾸었다.

그 후 왕비에게 태기가 있고, 그 꿈이 거룩한 태자를 낳을 길몽이라는 점쟁이의 말을 들은 정반왕은 더없이 기뻐하였다.

열 달이 차서 해산이 다가오자 마야부인은 몸을 풀기 위해 친정인 데바바다성으로 길을 나섰다. 가는 도중에 룸비니 동산에 이르니 때는 꽃피고 새들이 노래하는 4월 초, 봄바람이 스쳐 가자 마야부인은 심신이 매우 유쾌함을 느껴 오른손으로 무우수 가지를 잡은 채 무한한 희열에 잠겼는데 그때 태자가 자연스럽게 탄생하였다.

룸비니 동산에는 오색의 상서로운 구름이 덮이고 향기로운 바람이 나부끼며 서른네 가지의 길조가 나타났다. 태자는 태어나자마자 사방으로 일곱 발자국씩 걸어가더니 한 손으로는 하늘을 가리키고 한 손으로는 땅을 가리키며 말했다.

> 하늘 위와 하늘 아래
> 나 하나 홀로 높네.
> 일체가 모두 괴로움에 빠져있으니
> 마땅히 이를 편안케 하리라.

　늦게 태자를 얻은 정반왕의 기쁨은 이루 말할 수 없었다. 그는 나라에서 제일 이름 있는 예언자 아시타선인을 맞이하여 태자의 상을 보이려고 했으나 아시타선인이 먼저 왕궁을 둘러싼 서기를 보고 왕을 찾아왔다. 태자의 관상을 본 아시타선인이 말했다.
『이 왕자님은 서른두 가지 대장부의 몸매와 여든 가지의 미묘한 모습을 갖추었습니다. 이 세속에 있으면 전륜성왕이 되어 천하를 통치할 것이며, 세속을 떠나 도를 닦으면 부처가 되어 중생을 구제하실 것입니다. 그런데 저는 이미 늙어서 부처님의 법을 들을 수가 없으니 이를 슬퍼하나이다.』

이에 왕은 「모든 것이 성취된다」라는 뜻으로 태자의 이름을 싯다르타라고 지었다.

하지만 불행하게도 태자가 태어난 지 이레 만에 마야부인이 세상을 떠났다. 왕은 나라의 풍습대로 마야부인의 동생 마하파자파티를 비로 삼아 태자를 양육하게 하였다.

2. 태자의 명상

어머니를 일찍 잃은 태자는 왕의 세심한 배려 속에서 자랐다.

궁궐 안에는 태자를 위해 푸른 연꽃, 붉은 연꽃, 흰 연꽃이 피는 많은 연못을 만들었다. 태자의 옷은 값비싼 비단이었고 언제나 전단향을 썼다. 또한 먼지와 이슬이 몸에 닿지 않도록 항상 흰 천개가 머리

위를 가렸다. 또 태자에게는 세 채의 궁전이 있었는데 계절에 맞춰 적절히 사용할 수 있도록 지어 놓은 것이었다. 장마철이면 기악을 연주하는 여자들한테 둘러싸여 궁전 밖을 나가지 않고 지냈다. 그러나 태자의 생활이 마냥 행복한 것만은 아니었다.

「세간의 사람들은 자기 자신이 늙고 병들고 죽음을 피할 수 없는 몸이면서도, 남의 늙음과 병과 죽음을 보고 비웃거나 싫어한다. 자기 자신도 늙고 병들고 죽음을 피할 수 없으면서, 남의 늙음과 병과 죽음을 비웃거나 싫어해야 할 것인가? 그것은 옳은 일이 아니다.」

태자는 또 다음과 같은 의문을 갖기 시작했다.

「나 자신이 생·노·병·사의 성질을 가졌으며, 슬픔과 염오의 성질을 가지고 있으면서도 무슨 까닭으로 생·노·병·사의 성질을 구하고 슬픔과 염오가 있는 성질을 구하고 있는가? 나 자신이 생·노·병·사의 성질을 가지고 있고 슬픔과 염오가 있는 성질을 가지고 있다면, 생·노·병·사의 성질 속에 화근이 있음을 알고 슬픔과 염오가 있는 성질 속에 화근이 있음을 알고서, 생·노·병·사가 없고 슬픔과 염오가 없는 열반을 구하지 않으면 안 된다.」

태자는 어려서부터 지나치게 총명하였고 무슨 일이든 열심이었으며, 하나를 보면 열을 알았다. 그에게는 보통 사람으로서는 미칠 수 없는 비범한 힘이 있었다. 이러한 태자를 지켜보는 왕은 가끔씩 태자의 얼굴에서 쓸쓸하고 그늘진 표정을 보았고 그때마다 가슴이 아팠다. 이 세상을 떠난 어머니가 그리워서인가 싶어 더욱 애처롭게 여기졌다.

태자가 열두 살 되던 해 봄이었다.

정반왕은 신하를 거느리고 농민의 날 행사를 참관하였다. 농업국인 가빌라에서는 왕이 첫 삽을 흙에 꽂음으로써 밭갈이가 시작되었다. 태자도 행사를 보기 위해 부왕을 따라 마을로 나갔다. 처음으로 왕궁을 나가서 보니 전원풍경은 신선하고 아름다웠다. 그러나 농부들이 땀을 흘리며 일하는 처지가 자기와 다르다는 것을 느꼈다.

 뜨거운 햇볕 아래서 일하는 농부들을 지켜보고 있으려니까 쟁기로 파헤쳐진 흙 위에 벌레가 꿈틀거리는데 난데없이 새 한 마리가 날아와 벌레를 쪼아 물고 공중으로 날아갔다. 이 같은 광경을 본 어린 태자는 마음에 심한 충격을 받았고 더 이상 그곳에 머물러 있을 수가 없었다. 태자는 방금 눈앞에서 일어난 일을 생각하면서 일행을 떠나 숲속 큰 나무 아래 있었다. 태자의 가슴에는 형언할 수 없는 문제들이 한꺼번에 뒤얽히었다.

 먹고 살기 위해 뙤약볕 아래서 땀을 흘리며 일하던 농부들, 흙 속에서 나와 꿈틀거리던 벌레, 그 벌레를 물고 사라진 날짐승, 이런 것들이 또렷하게 어른거리며 마음을 어둡게 했다.

 「왜 살아있는 것들은 서로 먹고 먹히며 괴로운 삶을 이어가야만 할까? 무슨 연유로 그렇게 살아야 하는가?」

 그의 눈에는 모든 것이 괴로움으로 비쳤고, 산다

는 것 자체도 괴로움만 같았다. 무엇이든 의문을 품기 시작하면 끝까지 파고드는 성미라 그는 깊은 생각 속에 잠겼다.

　행사가 끝나 궁으로 돌아가려던 왕과 신하들은 태자의 모습이 보이지 않자 깜짝 놀랐다. 신하들은 태자를 찾아 사방으로 흩어졌다. 그들은 오랜 시간 헤매던 끝에야 큰 나무 아래 앉아 명상에 잠겨 있는 태자를 볼 수 있었다. 그 모습이 어찌나 거룩하고 평화스러웠던지 왕조차도 숨을 멈추었다. 그리고는 태자 곁으로 다가가서 조용히 말했다.

　『싯다르타, 이제 해도 저물었으니 일어나 궁으로 돌아가자.』

　그때서야 자리에서 일어난 태자의 모습은 그저 담담해보일 뿐이었다. 이 일을 겪고 난 부왕은 명상에 잠긴 아들의 모습에서 성자의 상을 보는 것 같아 대견스럽게도 생각되었지만, 한편으로는 왠지 태자의 마음을 돌이켜야겠다고 결심했다. 그렇지 않으면 태자가 출가하여 자기 곁을 떠나 버릴 것만 같았기 때문이었다.

예부터 인도의 수행자들은 히말라야를 멀리 바라보면서 명상에 잠기기를 즐겨했다. 그들은 찌는 듯한 더위를 피해 우거진 숲속과 나무 그늘 아래서 깊은 명상에 잠기거나 대화를 나누곤 했다. 인도 사람들은 숲속의 수행자와 사상가를 진심으로 존경하여 아내와 자식들을 위해 열심을 일하다가도 틈만 나면 숲을 찾아가서 성자의 말씀을 듣곤 했다. 그러다가 자신의 아들이 나이가 차서 집안일을 돌보게 되면 가정을 떠나 숲으로 들어가 버렸다. 그들은 여생을 숲속의 수행자나 성자들과 함께 보내는 것이 뜻있고 슬기로운 생활이라고 여겼다.

인도의 종교와 사상은 이처럼 히말라야가 바라보이는 대자연 속에서 이루어졌다.

3. 네 성문을 나가 삶을 보다

숲속에서 명상에 잠겼다가 돌아온 뒤부터 태자는 자주 남의 눈에 뜨이지 않는 곳에서 생각에 잠기곤 했다. 하지만 태자가 깊은 생각에 잠기는 일이 자주 일어날수록 부왕의 마음은 점점 어두워졌다.

왕은 태자가 사색에 잠기는 일이 없도록 하기 위해 항상 마음을 쓰면서 대신의 자녀들을 태자의 곁에 있게 하여 그를 즐겁게 해주려고 하였다. 하지만 그러면 그럴수록 태자는 홀로 있고 싶어 했다.

그러던 어느 날이었다. 궁 안에만 있던 태자가 성 밖으로 나가 바람을 쏘이고 들어오겠다고 부왕에게 청했다. 왕은 기꺼이 허락했다. 왕은 화려한 수레를 마련하고, 태자가 이르는 곳마다 향을 뿌리고 꽃을 장식하여 태자의 마음을 기쁘게 하도록 일렀다.

태자를 태운 수레가 동쪽 성문을 벗어났을 때였다.

마른 풀처럼 빛이 바래고 몸은 지팡이처럼 바싹 마른 노인이 숨을 헐떡거리면서 오고 있었다. 화려한 궁중에서만 자란 태자는 일찍이 그와 같이 늙은 노인은 본 적이 없었다. 그가 시종에게 물었다.

『저 사람은 어찌하여 저토록 비참한 모습을 하고 있느냐?』

『사람이 늙으면 저렇게 됩니다. 나이를 먹으면 점점 기운이 빠지며 숨이 차서 헐떡거리게 되고, 눈은 어두워져 앞을 잘 못 보게 되며, 이가 빠져 굳은 것은 먹을 수도 없습니다. 그래서 저렇게 초라하게 되고 맙니다.』

이 말을 들은 태자의 마음에는 어두운 그늘이 스며들었다.

『사람이 늙으면 누구나 저런 모습이 된다?』

태자는 침통하게 혼잣말을 했다.

『그렇다면 나도 결국은 저와 같은 늙은이가 되겠구나!』

시종은 자신도 모르게 태자의 말을 받았다.

『그렇습니다. 이 세상에 태어난 사람이면 태자님이든 시종이든 신분의 높고 낮음을 가릴 것 없이 누구나 저런 노인의 모습을 벗어날 수 없습니다.』

시종의 말을 듣고 난 태자는 먼 하늘을 바라보다가 힘없이 말했다.

『수레를 왕궁으로 돌려라.』

모처럼의 소풍 길에서 돌아온 태자의 마음에는 또 한 겹의 어둠이 덮이게 되었다. 번민하는 모습을 본 부왕은 아시타선인의 예언대로 태자가 출가할 것을 걱정해 태자의 생활을 한층 더 호화롭게 하고 기쁘게 하는 데에 온갖 마음을 썼다.

그 뒤 태자는 또 답답한 궁중을 벗어나 자연을 즐기고 싶어 했다.

왕은 신하들에게 명령을 내려 이번에는 길가의 궂은 것이 눈에 띄지 않도록 당부를 해 놓았다.

수레는 남쪽 성문 밖으로 나갔다. 얼마쯤 가다보니 길가에 누더기를 뒤집어 쓴 채 쓰러져 신음하는 사람이 있었다. 그의 얼굴은 파리하고 팔다리는 뼈만 앙상했다. 태자가 수레를 멈추게 하고 시종에게 물었다.

『저 자는 웬 사람인가?』

시종은 망설였지만 바른대로 대답하지 않을 수 없었다.

『저 사람은 지금 병에 걸려 있습니다. 이 육신을 가진 사람은 한평생을 사는 동안 아프지 않고는 살 수 없습니다. 아픈 것은 몹시 괴로운 것이라, 저 사람은 지금 육체의 고통을 못 이겨 신음하고 있는 중입니다.』

태자는 그 자리에서 깊은 생각에 잠겼다.

「사람은 왜 병에 걸려 고통을 받아야만 하는가? 늙음의 고통이나 질병의 고통은 왜 생기는 것일까? 그러한 고통에서 벗어나는 길은 없을까?」

태자는 이번에도 도중에서 돌아오고 말았다.

날씨가 맑고 화창했지만 태자의 눈에는 모든 것들이 병들어 보였다.

어느 날 태자는 또 서쪽 성문을 나가 들로 갔다.

수레를 끄는 말의 발걸음처럼 오늘만은 그의 마음도 가벼웠다. 태자의 수레가 들길을 지나 고요한 숲에 이르렀을 때 한 행렬이 죽은 시체를 앞세우고 슬피 울며 지나갔다. 이를 보고 깜짝 놀란 태자가 시종에게 물었다.

『저건 무엇이냐?』

『죽은 사람입니다. 죽음이란 생명이 끊어지고 영혼이 육체에서 떠나게 되니, 죽음은 영원한 이별이므로 가장 슬픈 일입니다.』

싯다르타는 자신의 죽음을 본 느낌이었다. 지금 자신은 살고 있는 것이 아니라 순간순간 죽음의 길을 걷고 있다는 사실을 깨달은 것이었다.

해가 기운 뒤에야 태자가 돌아오는 걸 보고 부왕은 흐뭇하게 생각했으나, 수레가 가까이 다가오자 왕은 싯다르타의 얼굴이 그늘진 것을 볼 수 있었다. 그 뒤로 태자는 혼자 있는 시간이 더욱 많아졌다.

며칠 뒤 태자는 또다시 북쪽 성문을 나섰다.

숲으로 들어서자 우람한 수목들이 우거진 오솔길을 덥수룩한 머리에 해진 누더기를 걸친 사람이 걸어오고 있었다. 옷은 남루했지만 걸음걸이가 의젓

했고 얼굴에는 거룩한 기품이 감돌며 눈빛이 빛났다. 수레 가까이 온 사람을 쳐다본 태자는 그 모습이 너무도 의젓했으므로 자신도 모르게 수레에서 내려 그에게 머리를 숙였다.

『당신은 어떤 분이십니까?』

『나는 출가한 사문이오.』

『출가한 사문에게는 어떤 이익이 있습니까?』

『나는 일찍이 세상에서 늙음과 질병과 죽음의 고통을 나 자신과 이웃을 통해 맛보았고 모든 것이 덧없다는 것을 알았소. 그래서 집을 떠나 고요한 곳에서 그러한 고통으로부터 벗어나기 위해 수도를 했습니다. 내가 가는 길은 세속에 물들지 않은 평안의 길입니다. 나는 이제 영원한 평안을 얻었습니다.』

이 말을 남기고 사문은 태자의 곁을 떠났다. 사문의 말을 들은 태자의 가슴에는 시원한 강물이 흐르는 듯했고 그의 눈에는 감격의 눈물이 맺혔다.

사문의 뒷모습을 바라보는 태자의 마음에는 굳은 결심이 섰다.

4. 태자의 결혼

 태자가 열아홉 살이 되자 부왕은 태자비를 찾기 시작했다. 태자는 결혼이 마음에 내키지 않았지만 부왕의 권유를 뿌리칠 수 없었다. 또 한편 부왕을 기쁘게 해드리고 싶은 마음도 있어 그 뜻을 따르기로 했다.

 왕은 좋은 가문에 아름답고 슬기로운 신부를 물색한 끝에 콜리성의 공주 야소다라를 태자비로 선정했다.

 하지만 태자는 결혼한 후에도 깊은 사색에 잠길 때가 많았다. 그때마다 슬기로운 야소다라는 상냥하게 태자의 마음을 위로하였지만, 태자의 표정은 날이 갈수록 어두워지기만 했다. 많은 궁녀들이 춤과 노래로 위로하려 했으나 마음속 깊이 자리 잡은 생각만은 어쩔 수가 없었다. 태자도 쾌락을 모르는 바 아니었지만 쾌락 뒤에 오는 공허를 잘 알고 있었다.

인간이 영원히 살 수 있고 모든 사람이 행복하다면 쾌락을 즐길 수 있으련만 그럴 수가 없었다. 태어나면서부터 어머니의 죽음을 보며 인생의 덧없음을 몸소 겪은 태자였다. 어머니의 죽음이 태자의 마음을 인생의 근원적인 문제로 돌리게 했던 것이었다.

젊고 아름다운 사람을 볼 때마다 태자의 눈에는 그녀가 늙었을 때의 추해진 모습이 떠올랐다. 그런 생각을 잠재우려 했지만 헛된 일이었다. 혼자서 인생의 근원적인 병을 앓았던 것이다. 하기에 뒷날 부처님이 되었을 때 제자들에게 이런 말을 했으리라.

『어리석은 사람들은 자신도 병을 피할 수 없다는 것을 모르므로 아픈 사람을 보면 싫어서 피해 버린다. 그러나 나는, 내가 지금 앓고 있지는 않지만 언젠가는 반드시 앓게 되리라는 것을 알고 있기 때문에 병든 사람을 싫어하지 않는다. 어리석은 사람들은 자신이 늙어가고 있음을 모르므로 늙은 사람을 보면 싫어한다. 그러나 나는, 내가 늙어가고 있다는 사실을 알고 있기에 노인을 싫어하지 않는다.』

싯다르타는 젊음 속에서도 자신의 늙은 모습과 병들어 앓다가 죽어가는 모습을 보았고, 괴로움을 짊어지고 시시각각 죽음을 향해 걸어가고 있는 자신의 모습을 사색 속에서 보았던 것이다.

그러던 어느 날부터 태자는 성문 밖에서 만났던 사문의 모습을 떠올리기 시작했다. 결혼 생활도 태자의 마음을 붙잡을 수가 없었으니, 태자는 야소다라가 곁에 있는 것도 잊고 자주 명상에 잠기곤 했다.

야소다라와 결혼한 지도 십년이 지나고 태자의 나이 스물아홉이 되었다.

「결혼 때문에 출가가 십년은 늦어졌구나. 이러다가는 몇 해가 더 늦어질는지 알 수 없다. 나는 지금 늙으며 죽음으로 가까이 가고 있는데…」

태자의 마음은 날로 초조해졌다. 이대로 살다 죽는다면 아무런 보람도 없으리라는 생각이 미치는 순간 싯다르타는 혼자서 외쳤다.

「그렇다! 더 늦기 전에 출가 사문의 길을 가자.」

이렇게 마음을 정하니 지금까지 괴로웠던 번민이 풀리고 새로운 힘이 솟았다. 출가를 결심한 태자에게 남은 것은 시기뿐이었으나 한편 자기가 떠나버린 뒤의 일들을 생각하면 불안하기만 했다.

「부왕의 실망은 얼마나 클까. 다행히 이모에게서 태어난 동생이 있으니 왕위 계승은 걱정이 없으나 내가 출가해 버린 걸 부왕이 아시면 얼마나 애통해 할 것이며, 야소다라는 얼마나 슬퍼할 것인가?」

　뒷날 부처님은 이때의 심정을 다음과 같이 말했다.

『나는 그때 젊은 청년으로 청춘의 즐거움으로 가득 차 있었다. 그러나 나는 영원한 진리를 찾아서 부모와 아내가 눈물로 만류하는 것을 뿌리치고 인생의 봄을 등지고 왕궁을 빠져나와 머리로 깎고 출가 사문의 길을 걸었다.』

　출가할 것을 결심한 태자는 어느 날 아무런 예고도 없이 부왕 앞에 나아가 자신의 뜻을 밝혔다.

『저는 사문의 길을 가야겠습니다. 저에게 출가를 허락해 주십시오.』

태자의 말을 들은 왕은 눈앞이 캄캄했다. 왕은 어떻게 해서든지 아들의 뜻을 돌려보려고 입을 열었다.

『사랑하는 태자, 무슨 소원이든지 다 들어줄 터이니 출가할 뜻만은 버려다오.』

『그러시다면 저에게 한 가지 소원이 있습니다.』

『오! 그 소원이 무엇이냐?』

『이 소원만 이루어 주신다면 출가의 뜻을 버리겠습니다.』

대왕이 얼굴에 밝은 빛이 스쳤다.

『어서 그 소원을 말해 보이라.』

하지만 왕의 표정과는 달리 태자의 얼굴은 돌처럼 굳어 있었다.

『제 소원은 죽지 않는 일입니다. 늙고 죽어가는 고통에서 벗어나는 길을 가르쳐주신다면 출가의 뜻을 버리겠습니다.』

왕은 태자의 진지한 표정을 보자 화를 낼 수도 없었다. 모든 소원을 다 들어주겠다던 왕도 태자의 소원만은 어쩔 수가 없었다.

마음의 준비도 굳게 되었고 부왕에게도 출가의 결심을 알린 태자지만 야소다라와 이모에게는 출가의 결심을 알리지 않기로 했다. 미리 알려줌으로써 연약한 여인들의 가슴에 상처를 주고 싶지 않았기 때문이었다.

마침 이 무렵 궁전 안에 기쁜 소식이 전해졌다. 야소다라가 아들을 낳은 것이었다. 대왕은 너무 기뻐 어쩔 줄 몰라 하며 큰 잔치를 베풀어 왕손의 탄생을 축하하도록 했다. 그런데 정작 이 경사스러운 날에 기뻐해야 할 태자의 모습이 보이지 않았다. 그날도 태자는 숲속에서 명상에 잠겼다가 해가 지고 어둠이 내릴 무렵에야 궁으로 돌아오고 있었다. 궁전 앞에 이르러서야 비로소 궁중에 경사가 난 것을 알았다. 자기에게 아들이 생겼다는 소식을 들은 태자는, 「오! 라훌라!」 하고 나직한 탄성을 질렀다. 라훌라는 장애라는 뜻이니, 자기의 갈 길을 막는 존재라는 뜻이었다.

하지만 탄식은 했을망정 아들이 태어났다는 소식이야말로 태자에게는 출가하기에 적당한 기회라는 결심을 굳히는 계기가 되었다.

제 2편

수행의 길

1. 왕궁을 떠나다

태자는 다시 부왕을 찾아가 출가할 것을 말했다.

『부왕이시여, 이 세상에서 만나는 자는 모두 이별할 수밖에 없으니, 아무리 은혜와 사랑이 지중한 부모와 자식지간이라 해도 이별은 피할 수 없습니다. 저는 이제 영원한 법을 얻고자 하오니 부왕께서도 제 뜻을 살피시어 도 닦는 길을 허락하여 주소서.』

이 말을 들은 부왕은 눈물을 흘리면서 목멘 소리로 애원했다.

『태자여, 태자가 나를 버리고 떠난다는 말인가? 나는 이미 늙고 태자는 아직 젊다. 태자는 나라를 맡아 다스리고 할 일을 다 한 뒤에 집을 떠나 수도해도 좋지 않느냐?』

『부왕이시여, 이 세상의 오욕락(五欲樂)은 한정이

있고 세속 일은 끝이 없습니다. 무상의 귀신은 예고가 없고 은혜와 사랑은 이별하고야 마는 것이온데, 무엇을 더 믿고 기다리겠습니까? 나고 죽음이 없는 도(道)와 이별이 없는 법(法)을 찾는 길만이 오직 참된 길이옵니다.』

태자의 뼈에 사무친 고백에 부왕도 더 이상은 무어라 할 말이 없었다. 무너지는 듯 괴로운 마음에 말문조차 막힐 지경이었다.

태자의 마음도 아프기만 마찬가지였지만 그렇다고 출가의 길을 포기할 수는 없었다. 죽음이 시각을 다투어 쫓아오는 것을 보면서 타들어가는 불집 속에 누워 있을 수는 없었다.

하지만 왕은 어떻게 해서든지 태자의 출가를 막고 싶었다. 왕은 태자가 궁을 떠나지 못하도록 경비병을 동원하여 궁성의 안팎을 지키게 하고 성문을 단속하였다. 그러나 아무리 겹겹이 에워싸고 있다고 해도 태자의 결심은 꺾이지 않았다.

태자가 29세 세가 되던 해 이월 초파일 밤이었다.

조각난 달도 서천으로 기울자 궁중은 고요했다. 야소다라와 궁녀들도 잠들었고 부왕과 이모도 잠들었으며 단 하나의 혈통인 라훌라도 야소다라 품에 잠들어 있었다.

태자는 몸을 일으켜 시종 찬타카를 불렀다. 태자는 애마 칸타카가 울지 못하도록 입에 자갈을 물렸다. 그리고 말을 탄 채 그대로 왕성의 담을 넘으니 찬타카만이 울며 태자의 뒤를 따랐다.

2. 스승을 찾아서

가빌라성을 떠난 태자는 동쪽으로 말을 달려 날이 밝을 무렵 라마시에 이르렀다. 다시 후와미하수를 건너 깊은 숲에 들어가 자리 잡고 찬타카에게 말했다.

『찬타카야, 애썼다. 넌 저 칸타카를 데리고 궁성으로 돌아가 나의 부왕께 이렇게 여쭈어라.「나는 나고 늙고 병들고 죽는 근심과 슬픔과 괴로움을 끊지 못하면 왕국으로 돌아가지 않으리라」고. 그리고 「내가 올바른 깨달음을 얻지 못하면 부왕을 찾아뵙지 않을 것이며, 은혜와 사랑의 정이 다 없어지기 전까지는 이모와 야소다라를 다시 만나지 않으리라」 하더라고.』

찬타카가 땅에 쓰러져 흐느끼며 말했다.

『제가 어찌 태자님을 이곳에 두고 홀로 돌아가오리까?』

『이 세상 법은 홀로 났다가 홀로 죽는 것. 어떻게 나고 죽는 것을 같이 하겠느냐? 나고 늙고 병들고 죽는 모든 괴로움을 지니고서 어찌 좋은 친구가 되겠느냐? 나는 이제 모든 고통을 끊으려고 이곳에 온 것이다. 이 괴로움이 끊어져 없어진 뒤에야 모든 사람의 좋은 친구가 될 수 있는 것, 나는 아직 모든 괴로움을 여의지 못했거늘 어찌 너희들의 좋은 친구가 되겠느냐?』

『궁중에서 자라신 몸으로 어떻게 이 숲속의 가시

밭과 돌 자갈 위에서 거처하실 수 있사오리까? 사나운 짐승과 독한 벌레의 침범은 어찌 하시오리까?』

『네 말과 같이 궁중에 있으면 이 가시밭의 괴로움은 면할 수 있으나 늙고 병들고 죽는 괴로움이야 어찌 면할 수 있겠느냐? 궁중에 있으면 사나운 짐승과 독한 벌레의 침범에 대한 두려움은 없더라도 늙고 병들고 죽는 두려움을 어찌 면할 수 있겠느냐?』

태자는 머리에 쓴 보배관과 몸을 장식했던 황금, 진주, 영락 등의 패물을 끌러 찬타카에게 주었다.

『친디기야, 보관 속의 보배는 부왕께 바치고, 목걸이는 이모님께, 가슴걸이는 야소다라에게, 나머지는 여러 권속에게 나누어 주어라. 그리고 부왕과 이모님과 야소다라에게 이렇게 여쭈어라.

「내가 궁성을 떠난 것은 부왕과 이모님과 부인과 이별하기 위한 것이 아니요, 천상에 태어나기 위함도 아니다. 다만 나고 죽는 것이 두려워 그것을 끊어 없애기 위함이라고.」

부왕께서 「태자는 아직 젊었으니 세상에서 할 일을 하다가 집을 떠나도 늦지 않다」고 하시거든 너는 이렇게 여쭈어라. 「죽음이란 정해 놓은 때가 없으며 사람이 젊어서 건강하다해도 늙고 병드는 것을 면할 수 없으니 나는 해탈의 도를 이루지 못하고는 궁성에 돌아가지 않으리라」고. 또 「도를 이루면 곧 집으로 돌아와 부왕과 이모와 야소다라를 찾아 뵐 것이니 근심 걱정 마시라」고 여쭈어라.』

이렇게 부탁한 태자는 보배 칼로 머리털을 끊었다.

그때 마침 사냥꾼이 짐승을 속이기 위해 수행자의 가사를 입고 지나가는 것을 보고 태자는 자신의 옷을 가사와 바꿔 입었다. 찬타카는 하는 수 없이 태자를 떠나 궁으로 돌아갔다.

찬타카를 보낸 태자는 바가바선인과 여러 수행자가 모여 도를 닦는다는 숲을 찾아갔다.

멀리서 태자가 오는 모습을 본 수행자들은 태자의 골격과 위덕에 눈을 집중했다. 태자는 바가바선인을 찾아 인사하고 그의 제자들이 수행하는 광경을 관찰하였다.

옷은 풀이나 나무껍질을 엮어 만들어 입었으며 하루에 한 끼, 혹은 이틀에 한 끼, 사흘에 한 끼를 먹거나 혹은 나무 열매나 꽃으로 요기를 하고 있었다. 물과 불과 해와 달 등을 신으로 섬기면서, 혹은 한 다리를 들고 서 있고, 혹은 진흙 먼지 속에 누워 있거나, 혹은 가시덩굴에 또는 물이나 불 위에 누워 있기도 했다.

태자가 바가바선인에게 물었다.

『당신들은 고행으로 어떤 과보를 얻으려 하오?』

『장차 천상에 나고자 하노라.』

『천상에 나면 즐겁다 하지만 그곳도 복이 다하면 다시 육도윤회를 할 텐데, 어찌 고행을 하여 고의 과보를 구하려 하시오?』

바가바선인은 말이 막혔다.

그 무렵 가빌라성은 안팎이 발칵 뒤집혔다. 태자

가 없어졌다는 소식을 전해들은 왕은 자리에 쓰러지고 이모와 야소다라는 정신을 잃는 등, 궁중이 온통 소란해졌다.

그때 찬타카가 태자의 보관과 의복과 패물들을 칸타카의 등에 싣고 돌아오자 왕족들은 찬타카가 태자를 도피시켰다 하여 그를 죽이려 했다. 그러나 찬타카만이 태자가 간 곳을 알고 있고, 또 태자의 굳은 뜻을 알고 있던 왕은 찬타카의 죄를 묻지 않았다. 왕은 찬타카와 함께 대신 우다인을 태자한테 보내 마지막으로 한 번 더 태자를 설득하기로 마음먹었다.

우다인이 찬타카를 앞세우고 후아미하수를 건너 바가바선인의 처소를 찾아갔을 때, 태자는 나무 밑에 고요히 앉아 명상에 잠겨 있었다. 우다인이 앞으로 나아가 간청했다.

『태자시여! 태자를 잃으신 대왕께서는 그 슬픔의 불이 몸을 사르고 있습니다. 태자께서 궁으로 돌아가시지 않고는 대왕의 몸에 타는 불을 끌 수 없으며, 왕비와 부인 그리고 모든 권속들도 근심과 고통의 바다에서 빠져나오지 못할 것입니다. 태자시여! 이 가엾은 분들을 타는 불과 근심의 바다에서 구원하소서.』

『내가 부왕과 이모와 야소다라의 마음을 모르는 것이 아니오. 그러나 은혜와 사랑은 반드시 이별하는 것, 내가 지금 그분들과 이별하는 것은 이번의 이별로 인하여 다시는 이별이 없는 법을 닦으려 함이오. 칠보궁전이 안락한 듯하지만 그 속에는 무서운 불이 타고 있소. 나는 지금의 괴로움을 견디고 영원히 나고 죽는 근심과 슬픔이 없는 길을 찾아 궁을 떠난 것이니 궁으로 돌아갈 수 없소. 한때의 안락은 영원한 고통이며, 한때의 고통은 영원한 안락이 되는 것이니 이 말을 부왕과 이모, 야소다라에게 전하여주오.』

우다인이 눈물을 흘리며 말했다.

『태자의 말씀은 잘 알아들었습니다. 그러나 옛적 선인의 말씀을 보아도 한 분은 「과보가 있다」하고 한 분은 「과보가 없다」고 하였으니, 미래의 과보가 있는지 없는지 확실하지도 않는데, 현세의 낙을 버린다고 미래의 낙을 믿을 수 있겠습니까? 어서 궁성으로 돌아가시지요.』

『두 선인이 미래의 과보가 있다 하고 없다고도 하니 둘 다 의심되는 말이지 확실한 말은 아니오. 나는 어떤 과보를 바라고 이곳에 온 것이 아니오. 나고 늙고 병들고 죽는 고통을 해탈하고자 하는 것이오. 나는 오래지 않아 나의 도를 보일 것이오. 나의 뜻은 뒤집을 수 없으니 돌아가서 부왕께 그렇게 전하여 주오.』

태자의 굳은 결심을 본 우다인은 그냥 돌아설 수밖에 없었다.

태자는 남쪽으로 강을 건너 마가다국의 왕사성으로 갔다.

성을 지날 때 마가다국 빔비사라왕이 높은 누각 위에서 태자의 고요한 모습을 보고는 수레를 몰아 태자가 거처하는 숲으로 향했다.

　태자와 인사를 나눈 왕이 말했다.

『인자여, 어찌하여 궁성을 떠나셨소. 당신이 만일 부왕이 계시기 때문에 왕위를 얻기 어려워서라면 내가 이 나라의 반을 나누어 주겠소. 만일 내 나라를 가지기 싫다면 내가 군사를 내어 줄 터이니 다른 나라를 정벌하여 그 나라의 왕이 되도록 하오.』

　태자가 대답했다.

『대왕이시여, 당신은 달의 후예로서 성품이 고상하며 하는 일이 우월하다더니 과연 그러합니다. 대왕의 나라를 서에게 내어주시겠다는 말씀은 고마우나 내 나라도 버리고 나왔습니다. 저는 나라보다 재산보다 더 귀중한 도를 위하여 집을 나왔습니다.』

　태자는 왕의 호의에 감사하며 바른 도로써 나라를 다스릴 것을 부탁하고 왕과 작별했다.

　그러자 빔비사라왕이 말했다.

『당신은 해탈의 큰 도를 구하려고 세속의 왕위도 오욕도 버리고 집을 떠났으니, 도를 이루거든 나를 제도하여 주시오.』

　빔비사라왕과 작별한 태자는 알라라 깔라마선인의 수행처를 찾았다.
　선인은 태자의 상호가 원만하고 심신이 맑고 고요함을 보고 스스로 공경하는 마음이 생겼다.
『존자여, 먼 길을 오느라 수고하였소. 나는 존자가 오기를 기다렸소. 타는 불무더기 속에서 스스로 깨닫고 뛰쳐나온 것은 마치 비단밧줄에 얽힌 코끼리가 스스로 벗고 나온 것 같소. 옛날에도 왕자로서 젊어서는 오욕을 누리다가 늘그막에 나라와 향락을 버리고 집을 떠나 도를 닦은 일은 종종 있었지만, 태자처럼 젊은이로서 오욕을 버리고 출가한 것은 참으로 장하오. 어서 도를 닦아, 나고 죽는 바다의 저쪽 언덕으로 건너가야 하오.』
『고맙습니다. 저를 위하여 삶과 죽음을 끊는 법을 말씀해 주십시오. 그 법을 듣기를 원합니다.』
　선인은 우주와 인생의 원리에 대해서 말하였다.

『태자여, 모든 생병의 근원은 무명이라 하오. 혼몽 상태로서 분별이 없는 자리요, 그곳에서 '나' 라는 생각을 일으키고, 이 이상을 쫓아 어리석음을 내고, 어리석음을 쫓아 애욕을 내며, 애욕을 쫓아 지·수·화·풍·공의 오대(五大)로 탐욕·진심 등 모든 번뇌를 내며, 이 번뇌로 인하여 나고 늙고 병들고 죽음에 이르게 되는 것이오.』

『당신이 말씀한 이치는 알겠소. 그럼 나고 죽는 근본은 어떤 방법으로 끊어야 합니까?』

『나고 죽는 근본을 끊고자 하거든 세속을 떠나 계행으로서 마음을 조복 받아 고통을 참으며, 한적한 곳에 머물러 선정을 닦아 세속적인 욕심을 여의고 마음을 살펴 초선(初選)의 경계에 들어가며, 모든 감각과 지각의 분별을 없애고 제2선에 들어가며, 제2선에서 얻은 기쁨 마음을 여의고 오로지 한 생각, 고요함을 얻어 제3선에 들어가며, 그 한 생각마저 놓아서 고요한 경계에 도달하여 제4선에 도달해야 하오.

어떤 도인은 이것을 해탈이라고 하지만 이는 참된 해탈이 될 수 없는 것이오. 이 제4선에서 다시 모든 상대의 객관경계를 여의고 공처정(空處定)에 들어가며, 다시 상대의 주관경계를 여의고 식무변처정(識無邊處定)에 들어가며, 식무변경계를 넘어 주·객관이 다 공한 무소유처정(無所有處定)에 들어가게 되오.

존자여, 나는 이 무소유처정에 머물러 있소. 지혜로운 이는 머지않아서 이 법을 스승과 같이 스스로 알고 스스로 깨치게 될 것이오.』

태자는 그 가르침대로 선정을 닦아 오래지 않아 무소유처정을 얻었다. 태자가 다시 알라라 깔라마 선인의 처소로 가 말했다.

『당신이 깨친 법을 나도 이제 깨달았소.』

선인은 태자가 그 법을 체득한 것을 알았다.

『존자와 같은 동행자를 얻은 것이 참으로 기쁘오. 내가 얻은 법을 존자가 얻었고 존자가 얻은 법을 내가 얻었소. 나와 같이 제자들을 지도합시다.』

선인은 최상의 반가움을 보였다.

그러나 태자는, 「이것은 나고 죽는 괴로움을 벗어나는 최상의 깨침과 열반은 아니다」라고 생각하고 선인에게 물었다.

『무소유처정에 '나'라는 것이 있습니까? 없습니까? 만일 있다면 그 '나'는 앎이 있습니까, 없습니까? 만일 앎이 있다면 그것은 다시 생각을 일으킬 것입니다. 만일 생각이 없다면 목석과 같은 것이니 목석과 같다면 무엇이 열반을 체득한 것입니까?』

알라라 깔라마선인은 대답이 없었다. 태자가 다시 물었다.

『선인은 몇 살에 집을 떠나서, 범행을 닦은 지 몇 해나 되었습니까?』

『열다섯 살에 집을 떠나, 범행을 닦은 지 일백사년이 되었소. 나는 오랫동안 닦아 얻은 도가 이것뿐인데 존자는 얼마 되지 않아 내가 얻은 바를 얻었으니 참으로 기특하오. 왕궁에서 자라난 몸으로 우리가 수행하는 고행을 닦을 수 있겠소?』

『선인이 닦은 고행보다 더 어려운 고행이라도 닦을 것입니다.』

선인은 태자의 지혜와 결심을 보고 최상의 도를 성취할 것을 알았다.

『존자여, 도를 얻거든 먼저 나를 제도하여 주오.』

『그리 하겠습니다.』

태자는 선인을 작별하고 우빠까 라마뿟다선인의 수행처를 찾아 갔다.

『존자는 어떤 법을 스스로 알고 깨쳤습니까?』

『나는 공처정, 식무변처정, 무소유처정을 넘어 인식을 초월한 비상비비상처정(非想非非想處定)을 얻었노라.』

태자는 선인의 가르침을 받아 수행에 집중했고 오래지 않아서 우빠까 선인의 경계를 체득할 수 있었다. 하지만 이 비상비비상처정도 번뇌가 다한 일체종지(一體種智)를 성취한 것이 아님을 알 수 있었다. 그것은 열반으로 이르는 법이 아니며 번뇌의 뿌리가 다 끊어진 도(道)가 아니었다.

『이 삼매를 얻으면 나고 죽는 괴로움을 벗어나게 됩니까?』

『그것은 나도 모른다. 이 삼매를 얻으면 팔만사천 겁 동안은 나고 죽는 괴로움을 면할 수 있지만 그 뒤는 알 수 없노라.』

우빠까선인 또한 알라라선인과 마찬가지로 자신과 함께 제자들을 지도하자고 제의했으나 태자는 선인을 작별하고 수행의 길을 나섰다.

3. 육년 고행

모든 고행자와 선정을 닦는 선인과 물, 불, 해, 달, 천신 등을 섬기는 선인들을 찾아보았으나 모두가 참다운 해탈의 법도, 열반에 이르는 길도 아님을 알게 된 태자는 이렇게 생각했다.

「이 세상에 진정한 도를 이룬 자는 없다. 도는 내

가 판단할 것이다. 사람들은 애욕과 번뇌와 탐착의 사견과 아집에 얽매어 있다. 모든 사견과 아집을 여의고 애욕과 번뇌의 뿌리를 뽑아 가장 높은 정각을 이룸은 오직 나에게 달렸을 뿐이다.」

이렇게 생각한 태자는 마가다국 가야산으로 들어갔다. 이 산은 예로부터 많은 수행자들이 머물던 곳이었다.

「모든 수행자들이 몸과 마음을 드러내 놓고 탐욕에 시달리며 번뇌를 따라 고행을 닦은들 도를 얻을 수 있으랴. 불을 구하려는 사람이 물 가운데에서 나무를 비비며 불이 나기를 바라는 것과 같다. 만일 수행자들이 탐욕에 끌려가지 않고 오욕 경계에 애착하지 않으며 모든 번뇌를 여의고, 그 마음이 고요하여 움직이지 않으면서 고행을 닦는다면 세간을 뛰어넘는 큰 지혜를 얻을 것이다. 그것은 불을 구하는 사람이 마른 나무를 마른 땅에서 비비면 불을 얻는 것과 같다.」

태자는 고요한 선정에 머무르면서 이제까지 그

어떤 고행자들도 경험하지 못한 고행을 닦기로 결심했다.

그 무렵 부왕인 정반왕은 태자를 모셔 오려고 갔다가 그냥 돌아온 우다인과 찬타카를 보며 맥이 풀려 있었다. 정반왕은 다시 콘단냐, 앗사지, 밧디야, 마하아나, 밥파 등 다섯 사람을 태자에게 보내 곁에 머물며 태자의 수행을 돕도록 했다. 또 수행하는데 불편함이 없도록 의복과 음식물 등을 준비하여 가야산으로 보냈다. 하지만 태자는 그것조차 물리쳤다. 다만 다섯 사람만은 함께 수행한다는 조건을 붙여 옆에 머물 것을 허락했다.

태자는 오로지 해탈의 법을 얻고자 고행을 멈추지 않았다.

모든 세속의 탐욕과 번뇌를 끊고, 한마음이 움직이지 않게 하며, 이 몸과 마음에서 일어나는 탐심을 털어버리기 위한 고행이었다.

태자는 하루 쌀 한 숟가락과 참깨 한 숟가락을 먹

었으며, 옷은 몸을 겨우 가리는 베 옷 한 벌이 전부였다. 몸을 씻거나 머리를 깎지도 않았으며 바람이 부나, 비가 오나, 여름이 오나, 겨울이 오나 자리를 뜨지도 않았다.

그렇게 한 해, 두 해가 지나니 살과 피는 다 말라버렸다. 몸은 종잇장 같아 마치 살갗으로 뼈를 싸놓은 인형 같았다.

이렇게 5년 간 고행을 하던 태자는 산 아래의 강가로 내려와 한적한 곳으로 가서 너무 높지도 낮지도 않은 곳으로 갔다. 그곳은 예전에도 성자들이 수행하던 곳이었다. 자리를 잡고 다시 선정에 든 태자는 이전에도 없었고 미래에도 다시는 없을, 사람으로서는 도저히 견딜 수 없는 가장 혹독한 고행을 닦았다.

태자는 아래 위의 이를 맞물고 혀를 입 천정에 고인 채 마음을 거두어 자신의 숨을 관찰했다. 때로는 코와 입을 닫아 호흡의 길을 막았는데 그러면 북치는 소리가 나기도 하며, 온 몸에 뜨거운 기운이 가득차고 겨드랑이와 이마에서 땀이 흐르기도 했다. 더 나아가면 온몸의 골수가 다 빠져나가는 듯 통증이 밀려오며 헛것이 보이기도 했다.

그렇게 고행을 닦은 지 6년 째 되던 해 봄이었다.
부왕은 봄볕을 맞아 동산에 나와 있었다. 새로 피는 나뭇잎과 그윽한 향기를 풍기는 꽃, 즐겁게 지저귀는 새소리가 아름다웠지만 부왕의 눈에는 그 어느 것도 들어오지 않았다.

「싯다르타가 떠난 지 벌써 육년이나 되었구나. 이 아름다운 동산과 왕궁의 쾌락을 버리고 호랑이와 사자와 독사들이 들끓는 숲속에 들어간 지가 6년인데 소식조차 없다니!」

정반왕은 문득 불길한 예감이 들어 대신 우다인을 불렀다.

『태자를 찾아보아라.』

우다인은 서둘러 태자의 수행처로 달려갔다.

하지만 우다인은 마른 덤불 같이 앙상한 뼈대만

남은 채 땅바닥에 쓰러져있는 태자를 보아야 했다.

　머리에서 발까지 진흙과 먼지를 뒤집어쓰고, 신체는 살을 깎아낸 것처럼 가죽에 싸인 채 뼈만 앙상하여, 갈빗대가 지붕이 벗겨진 집의 서까래처럼 불거져 있었다. 그나마 눈동자만은 우물 속에 비친 별 그림자처럼 가물가물 하여 겨우 목숨만은 붙어 있었다.

　함께 있던 다섯 수행자들조차도 그의 죽음을 받아들이고 있었다.

　우다인이 슬피 울며 말했다.

『석가왕족의 태자께서… 그렇게 단정하시고 미묘하시던 몸이 흙덩이가 되시다니요. 지금이라도 가빌라성으로 모시겠습니다.』

　그러자 태자가 말했다.

『우다인이여, 내 몸이 부서져 가루가 될지라도 내가 맹세한 마음은 부서지지 않을 것이다. 만일 내가 도를 이루지 못하고 죽거든 내 시체를 메고 가빌라성으로 돌아가서, 「이 사람은 처음 먹었던 마음을 버리지 않고 끝까지 정진하던 시체」라고 말해주어라.』

4. 수자타의 공양을 받다

6년이란 세월을 하루같이 사람으로는 견디지 못할 고행을 닦아 온 태자는 모든 번뇌의 뿌리를 뽑고, 다시는 어떠한 경계에도 마음이 움직이지 않을 경지에는 도달하였다. 하지만 세간을 뛰어넘는 해날의 사재한 지혜까지는 아직 성취하지 못했다. 이때 태자에게는 이런 생각이 들었다.

「나는 육년의 고행으로 모든 죄악의 뿌리와 종자를 다 뽑아버렸다. 이 이상 몸을 학대하면 해탈의 성도와 일체종지를 성취할 수 없으리라. 이 몸의 힘을 길러서 해탈의 지혜를 성취할 때가 왔다.」

그런 생각에 미치자 태자는 몸을 추스르기로 마음먹었다. 음식물의 분량을 차츰 늘여서 콩 삶은 국물이나 밀가루 부침 등을 먹었으며 버려진 헌 옷을 주워 빨아 입었다.

　니련선하(네란자라) 강에서 목욕을 하고 기운을 차린 태자는 숲속으로 들어가 선정에 들었다.

　그때에 우루벨라 촌장의 딸 수자타는 가빌라성의 태자가 궁을 떠나 수행을 하고 있으며, 그가 세상에서 가장 잘난 사내라는 소문을 들었다. 어느 날 수자타는 네란자라 강변의 숲속에 와서 기도를 드리다가 한 수행자가 선정에 든 것을 발견했다. 피골이 상접했지만 골격이 보통 사람보다 뛰어난 것을 본 수자타는 그가 싯다르타임을 금방 알았다. 그녀는 우유와 꿀에 쌀을 넣어 끓인 유미죽을 올리며 공양받기를 애원했다. 태자는 생각한 바가 있어 그 음식을 받고 수자타에 물었다.

　『그대는 이 유미죽을 주면서 무엇을 원하는가?』

　『저는 태자님의 높으신 이름과 도덕을 흠모하여 왔나이다. 모쪼록 몸 건강하시와 장차 저의 남편이 되어 주소서.』

『나는 왕궁과 부모와 처자를 버리고 집을 떠나 고행을 닦는 사람이니 그것은 당치 않다. 나는 나고 죽음을 뛰어넘는 도를 이루려 한다.』

『태자님, 큰 도를 성취하시어 저를 제자로 삼아주소서』

『그 뜻은 받아 주리라.』

수자타는 날마다 우유와 꿀과 기름으로 끓인 최상의 음식을 태자에게 공양했다.

기력이 회복되자 태자의 몸도 차츰 본모습을 회복했다.

하시만 6년 동안 같이 고행해온 다섯 수행자는 태자가 고행을 버리고 목욕을 하는가하면 처녀에게 유미죽까지 받아 드시는 것을 보고는,「싯다르타가 타락했다. 우리는 이제 여기 있어도 더 이상 얻을 것이 없다」하며 태자를 버리고 바라나시의 사슴동산으로 가버렸다.

5. 번뇌를 물리치다

　함께 고행하던 다섯 수행자가 가버리자 태자는 네란자라 강기슭의 야트막한 동산으로 자리를 옮겼다. 부드러운 풀이 비단처럼 깔려있고 그 가운데 커다란 보리수나무가 그늘을 드리운 곳이었다. 보리수 아래에는 반듯한 바위가 좌대처럼 놓여 있었다. 태자는 바위 위에 부드러운 길상초를 깔았다.
　『이 자리에서 일체지를 얻지 못하면 일어나지 않으리라.』
　최후의 결심을 한 후 태자는 가부좌를 틀고 앉아 선정에 들었다.
　이때 태자의 양미간의 흰 털에서 미묘한 광명이 나와 색계의 가장 높은 하늘인 대자재천에 비치니 그 하늘에 있는 마왕의 궁전이 크게 흔들렸다. 마왕은 정신이 혼미해지며 공포에 떨었다. 마왕은 태자가 정각을 성취하여 부처가 될 징조임을 알았다. 불안해진 마왕은 요염한 미녀 셋을 뽑아서 태자 앞에 보내어 노래와 춤과 갖은 애교로 태자의 깨달음을 방해하게 하였다.

따뜻한 봄볕에 초목이 싹트건만
태자님은 봄이 온 줄 모르시고
젊음의 즐거움을 버리시며
머나먼 깨달음을 구하시는가.
아, 태자님아! 태자님아! 우리들은 태자님을 즐겁게 하려 하네.

하지만 생사의 뿌리를 뽑고야 말겠다고 선정에 든 태자는 조금도 흔들리지 않았다. 마침내 태자의 수행력을 이기지 못한 마녀들은 뼈만 앙상하게 남은 노파로 변하고 말았다. 마녀들은 놀라 어쩔 줄 몰라 하며 태자에게 용서를 빌었다.

『너희들은 착한 과보로 천인의 몸을 받았다. 그러나 덧없는 늙음이 덮쳐 오는데도 모양은 고우나 마음은 단정치 못하구나. 탐욕은 병 속에 독약을 담은

듯 몸을 망치는 근본이므로 죽으면 악도에 떨어지리라. 아귀, 축생의 몸을 받은 뒤에 후회한들 무엇하랴.』

애욕마의 항복을 받은 것이었다.

마녀들의 실패를 본 마왕은 마군 일억팔천을 동원하여 창·칼·활과 맹수·독사·악귀의 험악한 형상으로 칼비·돌바람·벼락불 등으로 천지를 뒤흔들며 정(定)에 든 태자를 습격해 왔다. 그러나 태자는 금강정에 든 채 대선정과 대자비의 법력으로 그들의 경계를 초월하였다. 모든 무기는 미묘한 꽃으로, 모진 비바람은 향기와 상서로운 구름으로 변했다.

그러자 이를 본 천신이 허공에서 찬탄했다.

『보살은 모든 원한의 생각을 놓아 버렸다. 악마여, 너희들의 번뇌 망상은 불을 바닷물에 던지는 것과 같다. 진심(嗔心)을 버려라. 불을 차게 만들고 수미산을 무너뜨릴지라도 보살의 마음을 움직일 수는 없도다.』

마군을 항복 받음으로서 끝없는 진심(嗔心)의 원망과 원한의 경계를 뿌리 뽑았던 것이다.

6. 윤회의 사슬을 끊다

때는 십이월 초이레. 모진 비바람도 잠이 들고 뭇별이 초롱초롱 빛나며 하늘에선 미묘한 음악이 울리더니 대지가 흔들리기 시작했다.

태자는 초선(初禪)에서 다시 2선, 3선, 4선으로 들었다. 고요하고 맑은 선정에서 초야에 숙명지(宿命智)가 열리더니 모든 중생이 이곳에서 죽어 저곳에서 나되, 그 업에 따라 천상·인간·지옥·축생 등 세간의 과보를 받아 나는 것이 거울 속의 그림자 보이듯 했다.

또한 한밤중에는 지혜의 눈으로 중생의 나고 죽는 인연을 관찰하며 고(苦)와 고의 원인(集)과 고가 없어진 것(滅)과 고가 없어지는 곳으로 이르는 길(道)

을 보았다.

다시 선정에서 관찰하니, 늙고 죽음의 결과는 태어남을 인연하며, 존재는 구하고 얻으려는 취함을 인연하고, 취함은 애착을 인연하며, 애착은 감각작용을 인연하고, 감각작용은 접촉을 인연하며, 접촉은 육입(눈·귀·코·입·몸·의식)을 인연하고, 육입은 명색(정신과 육체가 혼합된 생명)을 인연하며, 명색은 식(識)을 인연하고, 식은 행(行)을 인연하며, 행은 무명을 인연하니 이와 같이 십이인연에 의하여 모든 중생은 나고 또 죽고 한다는 것을 알았다.

만일 무명이 없어지면 행이 없어지고 행이 없어지면 식이 없어지고 식이 없어지면 명색이 없어지고 이렇게 육입·촉·수·애·취·유가 없어지면 태어남과 늙고 죽음이 없어지는 이치를 관찰하였다.

십이월 팔일 새벽, 동쪽 하늘에서 샛별이 떠오르는 시각에 태자는 나고 죽는 근본종자인 무명의 뿌리가 끊어지면서 확연한 깨달음을 얻어 모든 법의 가장 높은 정각을 성취하였다.

「아, 기특하도다! 모든 중생들이 다 이와 같은 지혜와 덕성을 갖추었건만 망상에 집착하여 스스로 체득하지 못하는구나. 만일 망상의 집착만 여읜다면 일체지(一切智)·자연지(自然智)·무사지(無師智)를 얻게 되는 것을.」

태자가 비로소 부처의 경계에 올라 석가모니 부처님이 된 것이었다.

때는 삼십 오세 되던 해 십이월 팔일이었다.

상서로운 구름이 가득차고 향기로운 바람이 나부끼며 음악이 울리고 찬란한 광명이 둘러싸더니, 보배 일산 기운데 모든 하늘과 선신들이 나타나 부처님의 깨달으심을 찬탄했다.

정각을 이루신 석가모니 부처님께서는 보리수나무 밑에서 미묘한 깨침의 끝없는 법열 속에서 21일 동안 선정에 드시었다.

제 3편

전법의 길

1. 최초의 설법

깨달음을 이루신 부처님께서는 맨 먼저 누구에게 설법할 것인가를 생각하셨다. 알라라 깔라마선인과 우빠가 라마뿟다선인은 이미 세상을 떠난 뒤였다. 다음으로 떠오른 사람은 네란자라 강가에서 함께 수행하던 다섯 사문들이었다.

부처님은 그들이 고행하고 있는 바라나시 녹야원(사슴동산)까지의 먼 길을 혼자 걸어갔다. 도중에 다른 교단의 수행자와 만나게 되었는데 그 수행자가 부처님을 보더니 물었다.

『당신의 얼굴은 잔잔한 호수처럼 맑습니다. 당신의 스승은 누구이며 어떠한 가르침을 받았습니까?』

『나는 이 세상의 진리를 다 알게 되었소. 나는 내 스스로 깨달았으므로 스승이 없소.』

부처님이 답하자 그 수행자는 고개를 갸웃거리더니 그대로 지나쳤다.

부처님이 녹야원 가까이에 이르자 다섯 사문들이 걸어오고 있는 부처님을 보고 소리쳤다.

『저기 싯다르타가 오고 있다.』

『그럴 리가 있나?』

『아니 틀림없는 싯다르타야.』

『자신의 타락을 후회한 모양이지?』

『싯다르타가 가까이 오더라도 모른 척하세.』

『그래, 타락한 사문에게 우리가 먼저 머리를 숙일 건 없지.』

하지만 부처님의 거룩한 모습이 그들 앞에 나타나자 그들은 자신도 모르게 자리에서 일어나 공손히 머리를 숙여 인사를 드렸다.

부처님이 그들을 보고 말씀하셨다.

『그대들은 내가 와도 일어서지 않기로 했으면서 왜 일어나 인사를 하는가?』

자신들의 생각을 이미 알고 있는 부처님을 보며

다섯 수행자들은 놀라지 않을 수 없었다.

『수행자 고타마여, 여기에 앉으십시오.』

그러자 부처님이 엄숙하게 말씀하셨다.

『이제부터는 나를 여래(如來)라고 불러라. 나는 이제 여래가 되었다.』

여래란 진리에 도달한 사람, 진리의 세계에서 온 사람이란 뜻이었다. 하지만 다섯 수행자는 부처님의 말씀에 반신반의했다.

『내가 너희들에게 여래라 말한 적이 있었던가? 내가 거짓을 말한 적이 있었던가?』

그때서야 다섯 수행자는 부처님의 앞에 무릎을 꿇었다.

그리고 부처님께서는 다섯 수행자에게 최초의 설법을 시작하셨다.

『수행의 길을 걷는 사문은 두 가지 극단의 어느 쪽에도 치우치지 말아야 한다. 두 가지 치우친 길이란, 하나는 육체의 요구대로 자신을 내맡겨 버리는 쾌락의 길이요, 하나는 육체를 너무 학대하는 고행의 길이다. 사문은 이 두 가지 극단을 버리고 중도(中道)를 배워야 한다. 여래는 이 길을 깨달음으로써 열반에 도달한 것이다.

여래가 체득한 법에는 사성제(四聖諦)가 있으니, 고성제(苦聖諦)·집성제(集聖諦)·멸성제(滅聖諦)·도성제(道聖諦)가 그것이다.

고성제란 중생이란 존재와 그 삶이 곧 고(괴로움)라는 것이다. 나고 늙고 병들고 죽는 것이 고요, 사랑하는 사람과 이별하는 것이 고며, 원수를 만나는 것이 고요, 구하는 것이 뜻대로 되지 않는 것이 고며, 정신과 육체로 된 이 자체가 고의 존재이므로 고성제라고 한다.

집성제란, 고라는 결과를 가져오는 원인을 말함이니, 모든 중생이 '나'라는 생각을 일으켜서 탐심·진심·치심의 행업에 들어가게 됨이다.

멸성제란, 고의 원인인 행업을 끊어 버리고 고에서 벗어난 해탈의 결과를 말한다.

도성제란, 고가 없는 해탈의 길이니 그 길에는 바로 보는 것, 바로 생각하는 것 등의 팔정도가 있다.

비구들이여, 성인의 도에 고성제는 마땅히 알아야 할 것이요, 집성제는 마땅히 끊어야 할 것이며, 멸성제는 마땅히 얻어야 할 것이요, 도성제는 마땅히 닦아야 할 것이다. 이것이 고인 줄 알고 그 원인인 집을 끊고 멸을 얻기 위하여 도를 닦는 것이니라. 만일 사람으로서 이 사성제를 알지 못하고 이 사성제에 의하지 않고는 해탈을 얻을 수 없다.

성제란 진실이란 뜻이니 고는 삶의 존재요, 집은 원인이며, 멸은 고를 여읜 결과요, 도는 멸에 이르는 길이니라.』

첫 법문을 들은 다섯 수행자는 법안(法眼)이 열렸다. 다섯 수행자가 부처님께 예배하고 제자가 되길 원하니 부처님은 그들의 머리를 깎고 제자로 받아들였다. 최초의 승가(僧伽)가 시작된 것이었다.

한편 사슴동산 인근에 한 장자의 아들 야사라는 청년이 있었다. 어느날 삶에 대한 회의에 사로잡혀 방황하던 야사의 발길이 우연히 사슴동산으로 향했다. 야사를 본 부처님께서 말씀하셨다.

『이리 오너라. 여기는 괴로움이 없느니라.』

부처님의 말씀은 야사의 타는 듯한 가슴을 시원하게 적셔 주었다.

『거룩한 성자시여, 제 괴로움을 없애 주십시오.』

부처님은 야사가 총명하고 선근이 두터움을 관찰하시고 그를 위하여 법을 설하셨다.

『네 몸과 네가 생각하는 마음은 원래 빈 것이요, '나'라는 주체는 없는 것이며 시시로 변하여 덧없는 것이니 그것이 고(苦)의 존재니라.』

야사는 마음이 열리며 눈이 밝아졌다.

『부처님이시여, 출가를 허락해 주십시오.』

야사가 제자 되기를 청하니 부처님은 그의 출가를 받아주었다.

밤 사이에 아들을 잃은 장자는 아들을 찾아 사슴동

산에 이르러 수행자가 된 야사를 발견했다. 그는 부처님에게 야사가 오직 하나의 외아들임을 호소했다.

부처님은 그를 위해 사람의 존재는 고(苦)요 공이며 무상과 무아이니, 이것을 깨닫고 참다운 도를 깨닫는 것만이 참된 것임을 말씀하시니, 장자도 설법에 감화되어 부처님께 귀의하였다. 최초의 남자 신도가 된 것이다.

또한 야사의 친구 54명도 부처님이 나타나셨고 야사가 출가하여 수행자가 되었다는 말을 듣고 사슴동산으로 왔다. 이들 또한 부처님의 거룩한 위덕에 감화되어 다 같이 머리를 깎고 수행자가 되었다.

이렇게 하여 부처님의 승가는 최초의 다섯 비구와 야사 그리고 그를 따라 출가한 54명을 합하여 60명의 비구가 되었다.

이들 제자들에 대한 부처님의 가르침은 쉬지 않고 계속되었다.

그리고 마침내 그들 모두가 아라한의 경계에 이르자, 부처님께서 말씀하셨다.

『길을 떠나라. 사람들의 이익과 행복, 안락을 위해 법을 설하라.』

2. 전법의 길

사슴동산에서 예순 명의 비구들에게 전법(傳法)의 길을 떠날 것을 선언한 부처님은 그 스스로도 마가다국의 우루벨라를 향해 전법의 길을 나섰다.

마가다국의 수도 왕사성에서 멀지 않은 곳에 위치한 우루벨라에는 나라사람들의 존경을 받는 카사파 3형제가 네란자라 강을 따라 거처하며 수행을 하고 있었다. 그들은 불을 숭배하며 머리를 소라 고동처럼 틀어 올린 결발행자(結髮行者)였다. 그 가운데 큰형 우루벨라 카사파는 강의 상류에서 오백 명의 결발행자를 거느렸고, 강의 중류에서는 둘째 나디 카사파가 삼백 명의 결발행자를, 하류에는 셋째 가야 카사파가 이백 명의 결발행자를 지도하고 있었다.

부처님은 우루벨라 카사파의 수도처로 가서 하룻밤 머물 것을 청했다. 그러자 카사파는 부처님을 시험하고자, 머물 수 있는 방은 독룡이 있는 성화당뿐이라며 머물기가 어려울 것이라며 은근히 거절하였다. 카사파의 말에 부처님이 빙그레 웃으며 말씀하셨다.

『카사파여, 당신에게 지장이 없다면 성화당의 사용을 허락해 주시오.』

『대사문이여, 제게는 지장이 없습니다만 거기에 있는 흉악한 용왕은 독을 가진 독사입니다. 용왕이 당신을 해칠 것입니다.』

　부처님은 재차 카사파에게 말씀하셨다.

『카사파여, 당신에게 지장이 없다면 성화당의 사용을 허락해 주시오.』

『대사문이여, 그럼 마음 편히 쉬어 가십시오.』

　부처님은 성화당으로 들어가 가부좌를 틀고 똑바로 몸을 세우고 앉았다. 한편 독룡은 부처님이 들어오는 것을 보자 독을 뿜어내기 시작했다. 그 순간 부처님은 이렇게 생각하셨다.

「나는 용을 다치지 않고 독룡의 불을 꺼야겠다.」

부처님은 자비의 신통력을 드러내어 화염을 내뿜었다. 부처님과 독룡이 함께 맹렬히 화염을 내뿜으니 성화당은 곧 화염에 휩싸였다. 이것을 지켜보던 결발행자들은 성화당을 둘러싼 채 아쉬움만 터뜨릴 뿐이었다.

『참으로 단정한 대사문이 용한테 죽게 되었다.』

하지만 그 다음날 결발행자들은 깜짝 놀라지 않을 수 없었다. 죽은 줄만 알았던 부처님이 멀쩡한 모습으로 방을 나오는 것이었다. 더구나 부처님의 발우에는 독룡이 다소곳이 담겨 있었다.

『카사파여, 이것이 당신이 숭배하는 용이오.』

그것을 본 카사파는 이렇게 생각했다.

「대사문은 위신력자이며 대신통력자다. 무서운 독을 지닌 용왕의 화력을 그의 화력으로 종식시키다니… 그러나 그는 나와 같은 경계에 이른 수행자는 아니다.」

불교경전 83

그 무렵 카사파는 큰 제사를 준비하고 있었다.
인근의 여러 지방에 사는 사람들이 많은 음식을 준비하여 참석하는 큰 제사였다. 제사를 앞두고 카사파는,「이제 내일이면 나의 큰 제사가 시작된다. 앙가 지방과 마가다 지방의 모든 사람들이 많은 음식을 준비하여 참석하는데, 만약 대사문이 신통변화를 보인다면 그 사문이 받는 존경과 이득이 커져서 내가 받는 존경과 이득은 감퇴하게 될 것이다. 내일은 제발 그 대사문이 오지 않았으면 좋겠다」하고 생각했다.
부처님께서는 카사파의 마음을 신통력으로 아시고 그 다음날엔 북쪽에 있는 평화로운 마을로 가 탁발을 했다. 탁발을 마친 부처님은 아뇩달못가로 가서 공양을 마친 다음 휴식을 취했다.
그러자 제사를 마친 카사파가 부처님이 계신 곳으로 찾아와서 말했다.
『대사문이여, 식사가 준비되었습니다. 오늘은 왜 안 오셨습니까? 우리들은 당신을 기다렸습니다.』

『카사파여, 당신은 이렇게 생각하지 않았습니까? 「지금 큰 제사가 다가오고 있다. 앙가 지방과 마가다 지방 사람들이 많은 음식을 가지고 참석할 것이다. 만약 대사문이 신통력을 행한다면 내가 받는 존경은 감퇴할 것이다. 제발 내일은 대사문이 오지 않았으면 좋겠다」 카사파여, 나는 당신의 생각을 다 알고 있으므로 북쪽 마을로 가서 먹을 것을 얻어먹고 휴식을 취하고 있었소.』

부처님의 말씀을 들은 우루벨라는, 「대사문은 남의 마음을 알 만큼 대위신력자이며 대신통력자이다. 그렇지만 그는 나와 같은 경계에 이르지는 못했다」라고 생각했다.

한편 이때는 추운 겨울 무렵으로 결발행자들이 팔일제를 여는 때였다. 팔일제는 네란자라 강물로 들어가 수신에게 기원하며 몸의 때를 씻어내는 행사였다.

결발행자들이 강물로 들어가자 부처님은 오백 개의 화로를 만들어서 불을 피워 놓으셨다. 결발행자들은 물에서 올라와 저마다 화로에 몸을 녹이면서, 「이러한 화로가 만들어진 것은 사문의 신통력 때문일 것이다」라고 생각했다.

이를 본 카사파는 이렇게 생각했다.

「대사문은 대신통력으로 큰 화로를 만들었다. 그렇지만 그는 나와 같은 경계에 이르지는 못했다.」

그때 때 아닌 구름이 몰려와 비가 쏟아지더니 대홍수가 일어났다.

부처님께서는 이렇게 생각하시었다.

「물을 물리치고 마른 땅으로 슬슬 걸어볼까?」

부처님은 신통력으로 물을 물리치고 마른 땅을 천천히 걸어가셨다. 그때 카사파는 대사문을 물에 떠내려가게 해서는 안 된다고 여기고 부처님이 계시는 곳으로 배를 저어갔다. 그는 부처님께서 물을 물리치고 마른 땅 위로 걷고 계시는 것을 보고 이렇게 말했다.

『대사문이여, 당신은 어디에 계셨습니까?』

『카사파여, 나는 여기에 있었소.』

그 순간 부처님은 공중으로 올라 배 안에 서시었다. 이렇듯 놀라운 광경을 목격한 카사파는 「실로 대사문은 대신통력을 지녔다. 그렇지만 그는 나와 같은 경계에 이른 수행자는 아니다」라는 생각이 들었다.

이때에 이르러 부처님께서는, 「이제는 카사파를 깨닫게 해 주어야겠다」고 생각하셨다.

『카사파여, 당신은 대수행자가 아니며 대수행자가 되는 도 또한 얻지 못하였소.』

모든 위덕을 갖추신 부처님의 자비로운 말씀을 듣자 카사파는 감동하여 부처님의 발에 예배하며 간절히 청했다.

『부처님이시여, 저는 부처님께 출가하여 수도하고자 하오니 승낙하여 주십시오.』

『카사파여, 당신은 오백 명 결발행자들의 지도자이니 먼저 제자들에게 자유로이 행동할 수 있도록 허락해 주시오.』

부처님의 말씀에 카사파는 곧 제자들을 불러 말

했다.

『제자들아, 나는 대사문 밑에서 수행하려고 하니 그대들은 자유로이 행동하라.』

『스승이시여, 저희들은 당신을 신뢰하오니 당신이 대사문 밑에서 수행을 하신다면 우리들도 모두 대사문 밑에서 수행을 하겠습니다.』

그리하여 그들은 불 피우는 제사 도구를 모두 강물에 던져버리고 소라 고동처럼 틀어 올린 머리를 깎은 뒤에 부처님이 계시는 곳으로 가서 부처님의 발에 예배하고 이렇게 말했다.

『부처님이시여, 저희들은 출가하여 수계를 받고자 합니다.』

『오너라 비구들아, 법은 설해졌다. 괴로움을 멸하기 위해서 깨끗한 수행을 하라. 이것이 존자들의 수계이니라.』

한편 강 아래에서 수행하던 둘째 나디 카사파는 상류의 수행자들이 쓰던 휴대품과 제사지내는 도구, 머리다발 등이 물에 떠내려 오는 것을 보고 이렇게 빌었다.

「원하옵나니, 저희 형님에게 재화가 없기를….」

나디는 곧 삼백 명의 결발행자들과 함께 맏형 우루벨라 카사파를 찾아갔다. 나디는 부처님의 제자가 되어 있는 형님을 보고 놀라 물었다.

『형님, 이것이 더 좋습니까?』

『물론이다. 이편이 훨씬 좋다.』

이 말을 들은 나디와 그의 제자들은 머리를 깎고 부처님이 계시는 곳으로 가서 부처님의 발에 예배한 다음 이렇게 말했다.

『부처님이시여, 저희들도 출가하여 수계를 받고 싶습니다.』

『오너라, 비구들아. 법은 설해졌다. 괴로움을 완전하게 멸하기 위해서 깨끗한 수행을 하여라. 이것이 존자들의 수계니라.』

또한 하류의 막내 가야 카사파도 소라 고동처럼 틀어 올렸던 머리다발과 수행자의 휴대품과 제사도구들이 떠내려 오는 것을 보고 속으로 빌었다.

「원하옵나니, 나의 형들에게 아무런 재앙이 없게 하소서.」

이백 명의 제자들을 거느리고 우루벨라 카사파를 찾은 그 또한 똑같이 물었다.

『형님, 이편이 더 좋습니까?』

『물론이다. 이편이 훨씬 좋다.』

그러자 그들도 머리를 깎고 부처님께 예배한 다음 제자로 받아줄 것을 청했다.

『부처님이시여, 저희들도 출가하여 수계를 받고자 합니다.』

『오너라 비구들아, 법은 선해졌다. 괴로움을 완전하게 멸하기 위해서 깨끗한 수행을 하여라. 이것이 존자들의 수계니라.』

이렇게 하여 천명의 제자들이 생기게 되었다.

3. 최초의 절 죽림정사(竹林精舍)

카사파의 무리 천명을 제자로 받아들인 부처님께서는 그들을 데리고 마가다국 왕사성을 향해 천천히 발길을 옮기셨다. 왕사성에 도착하신 부처님께서는 왕사성의 장림원에 있는 큰 묘에 머무르셨다.

이 소문을 들은 마가다국 빔비사라 왕은, 「세존 석가모니는 왕자로서 출가하여 지금 장림원의 묘에 머무르고 있다. 세존 석가모니는 바르게 깨달은 분으로서 지혜와 행을 갖춘 행복한 분이며 세간을 초월한 인격자로서 신들과 인간의 스승이요, 모든 생명을 가진 자들에게 스스로 증득하라고 가르침을 설한다. 그는 원만한 교법을 설하고 청정한 행을 설하니 이와 같은 수행자를 만나는 것은 행복한 일이다」라고 생각하고 십이만 명의 바라문 · 장자 · 거사들과 함께 부처님이 계시는 곳으로 나아갔다.

장림원에 이르니 부처님을 보는 사람들의 표정도 각양각색이어서 경계심을 보이는 사람, 사교적인 말을 하는 사람, 침묵하는 사람, 합장하는 사람 등 다들 제멋대로였다. 또 나라사람들의 존경을 받던 우루벨라 카사파가 부처님 곁에 다소곳이 앉아있는 것을 보고 머리를 갸웃거리고 있었다.

이를 본 빔비사라 왕도,「대사문이 카사파 밑에서 수행을 하고 있는가, 카사파가 대사문 밑에서 수행하고 있는가?」하며 궁금해졌다.

부처님께서 그들의 생각을 아시고 카사파에게 게송으로 물었다.

『우루벨라 카사파여,

고행으로 야윈 사람이라 이르는 당신은

무엇을 보고 제사 도구를 버렸소?

카사파여, 그 도리를 묻고 싶소.

그대는 왜 제사 도구를 버렸소?』

부처님의 물음에 카사파가 공손하게 대답했다.

『바라문의 제사는 색(色)과 성(聲)과 미(味)와 애욕과 여자를 설합니다. 부처님을 알고 그것이 더럽다는 것을 알았기에 제사를 즐기지 않게 되었습니다.』

『카사파여, 그대의 마음은 색과 성과 미를 즐기지 않는다. 신들과 인간의 세계에서 그대가 즐기는 것은 무엇인가?』

카사파가 대답했다.

『저는 집착이 없는 무소유(無所有)를 즐깁니다. 욕망에 집착하지 않고 변화하지 않는 적정의 경지를 보았기에 제사를 즐기지 않게 되었습니다.』

우루벨라 카사파는 자리에서 일어나 상의를 한쪽 어깨에 걸치고 부처님께 예배한 다음 세 번에 걸쳐 공손히 말했다.

『세존이시여, 세존께서는 저의 스승이시며, 저는 제자입니다.』

마가다국의 바라문과 장자, 거사들은 비로소 카사파가 제자로서 수행함을 알고 부처님께 설법을 청했다.

부처님께서 십이만 명의 바라문과 장자, 거사들을 순서에 따라 교화하시니, 즉 보시에 관한 것, 계율에 관한 것, 천계에 태어나는 이야기, 모든 욕망에는 허물과 재앙이 따르며 미혹에서 떠났을 때의 이익에 관한 것 등을 설하셨다. 또 그들이 가르침을 받아들여 편견에 빠지지 않고 청정한 마음을 갖는 것을 보시고 부처님은 최상의 가르침인 사제법을 설하셨다. 그것은 괴로움과 괴로움의 원인과 괴로움을 멸하여 없어진 것과 괴로움이 멸해 없어지는 길을 밝힌 네 가지의 진리였다.

『인연에 의하여 생기는 모든 것은 소멸하는 성질을 가졌다.』

그러자 빔비사라 왕을 위시하여 마가다국의 십이만 명의 바리문과 장자, 거사들은 비유하되, 청정하여 한 점의 때도 없는 천이 완전하게 물이 들듯이 그 자리에서 먼지도 더러움도 없는 법을 보는 눈이 생겼다.

그들 가운데 만 명의 사람들은 재가 신자가 될 것을 맹세했다.

국왕 빔비사라는 법을 보고 법을 얻고 법에 깊이 들어가 의혹을 초월하여 확신을 얻었기에, 부처님께 이렇게 말했다.

『세존이시여, 저는 왕자였을 때 다섯 가지의 소원이 있었습니다. 관정을 받아 왕위에 오르고 싶다는 것이 첫 번째였고, 두 번째는 저의 영토에 깨달은 사람이 들어오는 것이요, 세 번째는 그때 세존을 받들어 모시는 것이요, 네 번째는 세존께서 제게 법을 설해주시는 것이요, 다섯 번째 원은 그때 제가 세존의 법을 이해하는 것이었습니다. 저는 지금 왕자였을 때에 품었던 다섯 가지 소원을 모두 성취하였습니다.

세존이시여, 넘어진 자를 일으키듯이, 가려진 것을 드러내듯이, 방향을 잃은 자에게 길을 가리키듯이, 눈이 있는 자는 보아라하며 어둠 속에 등불을 밝혀주듯이 세존께서는 여러 방편으로 법을 밝히셨습니다. 저는 세존과 법과 승가에 귀의합니다. 저를 신자로 받아 주시면 오늘부터 목숨이 다할 때까지 귀의할 것을 맹세합니다.』

그리곤 부처님을 공양에 초대했다.

부처님은 다음날 비구들과 함께 빔비사라 왕의 궁전으로 가셨다. 빔비사라 왕은 부처님과 비구들에게 손수 음식을 시중들었고, 공양을 마친 후 발우와 손을 씻는 것을 보고야 한 쪽으로 물러앉았다. 그때에 왕에게는 이런 생각이 들었다.

「세존께서 어느 곳에 사시는 것이 좋을까? 마을에서 멀지 않고 가깝지도 않아서 오고 가기에 편리하고, 낮에는 혼잡하지 않고 밤에는 사람들의 소리가 들리지 않아 조용하며 인적도 없는 나의 죽림동산은 어떨까? 나는 죽림동산을 부처님과 비구들에게 기증해야겠다.」

이렇게 결심한 왕이 부처님께 여쭈었다.

『세존이시여, 죽림동산을 세존과 비구들에게 기증하겠습니다.』

부처님께서는 빔비사라 왕의 뜻을 받아들였고, 이곳에 불교 최초의 사원이 조성되었으니 그것이 바로 죽림정사였다.

4. 사리불과 목련존자의 귀의

죽림정사가 세워지던 무렵 왕사성에는 회의론자인 산자야라고 하는 수행자가 이백오십 명의 제자들을 거느리고 있었다. 산자야의 제자 가운데는 사리불과 목련이 가장 큰 제자였는데 이들은 청정한 수행을 하며 다른 제자들을 지도하고 있었다. 총명했던 그들은 금방 산자야와 같은 경계에 도달했고 스승의 가르침만으로는 만족할 수 없었다. 그들은 누구든 먼저 진리에 도달한 사람을 만나면 서로 상대방에게 알리기로 약속했다.

어느 날 부처님의 다섯 제자 가운데 한 분인 앗사지존자가 탁발을 하러 가사를 걸치고 왕사성으로 들어갔는데, 사리불이 거리에서 앗사지존자를 보았다. 그의 행동은 앞으로 나아가고 뒤로 물러서는 것, 앞을 보는 것과 뒤를 보는 것 모두가 단정했으며, 법도에 어긋남이 없었다. 그 모습을 유심히 살펴본 사리불은 속으로 생각했다.

「세간에 존경할 만한 사람으로서 도를 갖춘 사람이 있다면 저 분이야말로 그들 중의 한 분일 것이다. 나는 저 수행자에게 물어보아야겠다.」

그러나 사리불은 곧 생각을 바꾸었다.

「지금은 물을 때가 아니다. 그는 탁발을 하기 위해 집에 들어가 시주를 받고 있으니 그의 뒤를 따라가 보아야겠다.」

그리곤 탁발한 음식의 공양을 다 마칠 때까지 기다렸다가 앗사지존자에게 다가가서 인사를 나누고, 즐거운 말을 교환한 다음 그에게 물었다.

『존자여, 당신의 모든 감가기관은 청정하며 피부의 색깔은 맑고 청결합니다. 당신은 누구이며 누구의 제자입니까?』

『친구여, 나는 세존을 따라 출가하였으며 나의 스승은 세존이십니다.』

『존자의 스승은 무엇을 주장하며 무엇을 설하는 분입니까?』

『친구여, 나는 출가한 지 얼마 되지 않아 교법과

계율에 초보자이므로 당신에게 상세히 말할 수 없고 요약하여 말하겠습니다.』

『존자여, 그것으로 충분합니다. 내게 의미만이라도 말씀해주십시오. 내가 필요로 하는 것은 의미뿐입니다.』

앗사지존자는 부처님의 가르침을 게송으로 간략하게 들려주었다.

모든 존재는 원인에서 생긴다.
여래는 그 원인들을 설하셨다.
모든 법이 끝남도 원인으로 끝난다.
대사문은 이와 같이 설하는 분이다.

게송을 들은 사리불은 그 자리에서, 「인연에 의하여 모이고 생기는 모든 것은 소멸하는 성질을 가졌다」라는 번뇌도 없고 더러움도 없는 진리를 보는 눈이 생겼다.

사리불은 곧 목련을 찾았다. 목련이 멀리서 오는

사리불의 청정해진 얼굴을 보고 물었다.

『친구여, 당신의 감각기관은 청정하며 피부의 색깔은 맑고 청결합니다. 진리를 얻었습니까?』

사리불은 앗사지존자에게 들은 법문을 그대로 전해주었다. 그러자 목련 또한 그 자리에서 번뇌도 더러움도 없는 진리의 눈이 생겼다.

목련이 사리불에게 말했다.

『친구여, 세존의 밑으로 갑시다. 세존은 우리들의 스승이오.』

『친구여, 이백오십 명의 수행자들이 우리를 존경하며 살고 있소. 먼저 그들의 의사를 물어 그들의 길을 가게 합시다.』

이리하여 두 사람은 수행자들이 있는 곳으로 갔다.

『친구들이여, 우리들은 세존에게로 간다. 그 분은 우리들의 스승이시다.』

『저희들은 존자들을 의지하고 존자들을 존경합니다. 존자들께서 대사문 밑에서 수행을 하신다면 저희들도 대사문 밑에서 수행하겠습니다.』

그러나 지혜와 덕망을 갖춘 이들 두 사람을 제자로 두었기에 많은 이익을 얻고 있던 스승 산자야는 그들이 부처님께 가겠다고 하자 적극 만류했다.

『친구들이여, 가서는 안 됩니다. 우리 셋이서 이 대중을 이끌어갑시다.』

사리불과 목련은 세 번에 걸쳐 스승 산자야도 같이 갈 것을 청했으나, 산자야는 끝내 자신의 고집을 꺾지 않았다. 더는 설득이 어렵자 사리불과 목련은 이백오십 명의 수행자들을 데리고 죽림정사로 떠났고, 제자들이 모두 떠나자 산자야는 피를 토하며 쓰러졌다.

사리불과 목련의 무리가 오자 멀리서 이들을 본 부처님께서 말씀하셨다.

『장차 교단의 두 기둥이 될 비구들이 오는 구나.』

사리불과 목련이 부처님께 예배하고 여쭈었다.

『세존이시여, 저희들은 세존 밑으로 출가하여 계를 받고자 합니다.』

『오너라, 수행자들아. 교법은 설해졌다. 괴로움을

소멸하기 위해서 청정한 수행을 하여라.』

이것이 존자들의 수계였다.

5. 사위성의 기원정사(祇園精舍)

코살라국 사위성의 급고독장자는 고독한 사람들에게 음식을 베풀어 주는 덕망 높은 부자였다. 어느 날 장사를 하러 왕사성에 왔던 그는 부처님을 만나뵙고 제자 되기를 청하곤 부처님을 공양에 초대했다. 이 소문을 들은 왕사성의 한 장자가 급고독장자에게 말했다.

『장자여, 당신에게 돈을 드릴 터이니 이 돈으로 부처님과 수행자들에게 공양을 올려주십시오.』

『장자여, 내게도 돈이 있으니 내 것으로도 충분합니다.』

급고독장자는 그의 청을 물리치곤 다음날 훌륭한 음식을 준비시키고 부처님께 알렸다.

『세존이시여, 공양이 준비되었습니다.』

부처님께서는 장자의 저택으로 가시어 제자들과 함께 마련된 자리에 앉으셨다.

급고독장자는 부처님과 수행자들에게 음식을 손수 시중들어 만족시키고, 부처님께서 식사를 마치신 후 발우와 손을 씻고 나자 한쪽에 물러앉아 여쭈었다.

『세존이시여, 비구스님들과 함께 제가 사는 사위성에서 우안거(雨安居)를 지내주십시오.』

『장자여, 수행이 완성된 사람들은 고요한 곳에서 즐깁니다.』

『세존이시여, 알겠습니다.』

부처님께서는 급고독장자에게 법에 따라 가르침을 설하여 기쁘게 하신 다음 자리에서 일어났다.

왕사성에서 일을 마치고 사위성으로 돌아온 급고득장자는 부처님과 대중들이 머물기에 알맞은 장소를 물색했다.

「세존께서 어디에 계시면 좋을까? 마을에서 멀지

도 않고 가깝지도 않아서 왕래하기에 편리하고 조용하며 인적이 없고 홀로 계시기에 적당한 곳은 어딜까?」

급고독장자는 마침내 제타왕자의 동산이 가장 적합한 곳임을 알고 그에게 제안했다.

『왕자여, 제게 동산을 팔지 않겠습니까? 세존께서 머무실 사원을 만들고 싶습니다.』

하지만 팔 생각이 전혀 없었던 제타왕자는 건성으로 대답했다.

『동산 값으로 동산 전체를 금화로 깔아 덮는다면 생각해 보겠소.』

급고독장자는 즉시 모든 수레를 동원하여 동산에 금화를 깔기 시작하였고, 오래지 않아 동산 입구만 남게 되었다. 이를 지켜보던 왕자는, 「이 장자가 이토록 많은 금화를 아까워하지 않는 것은 보통 일이 아니다. 세존이란 분은 대체 어떤 사람일까?」 하는 생각이 들었다.

『장자여, 더 이상 금화를 깔 필요가 없소. 나머지

는 내가 기증하는 것으로 해주시오.』

제타왕자의 말을 들은 급고독장자는, 「이 왕자는 명성이 높은 사람이다. 명성이 높은 사람이 법과 율로 신앙을 갖는다면 부처님과 교단에도 큰 도움이 될 것이다」라 생각하고 그의 청을 받아들였다.

이에 급고득장자는 사리불존자의 조언을 받아 정사와 방사, 강당을 세웠으며 그밖에 보행처와 경행당, 연못 등을 조성하여 부처님과 제자들이 수행하기에 모자람이 없도록 하였다. 한편 제타왕자 또한 자신이 기증한 동산 입구의 땅에 문을 세우니, 사원의 이름도 제타왕자의 이름을 따라 제타바나정사, 즉 기원정사라 했다.

이로써 당시로서는 가장 강대한 대국이었던 코살라와 마가다의 수도에 사원이 서며 전법의 토대가 구축되었으니, 그것이 곧 왕사성의 죽림정사와 사위성의 기원정사였다.

6. 석가족의 출가

 가빌라국의 정반왕은 아들 싯다르타가 마다가의 수도 왕사성에서 위대한 부처님으로 존경받고 있다는 소식을 듣자 하루라도 빨리 아들의 모습이 보고 싶었다. 그러나 정작 부처님께서는 고향인 가빌라국에 가려하지 않으셨다. 정반왕은 여러 번 사신을 보내어 자신의 뜻을 부처님께 알리려 했다. 그러나 그때마다 찾아간 사신들은 부처님의 설법을 듣고 출가하여 왕의 사신으로서의 임무는 까맣게 잊어버리고 수헹에만 힘쓸 뿐이었다.
 왕은 가장 신임하는 대신 우다인을 특사로 보내기로 했다. 왕의 심정을 알고 있는 우다인은 다음과 같이 맹세했다.
『부처님을 만나면 저 또한 출가할 것입니다. 그렇더라도 대왕의 간절하신 뜻은 꼭 전하겠습니다.』
 우다인은 자신의 말처럼 부처님의 설법을 듣고 그 자리에서 출가했다. 하지만 왕에게 맹세한 일만은 잊지 않았다. 몇 달을 두고 기회를 살피던 우다인은 곁에 사람이 없는 틈을 타서 부처님께 말씀드렸다.

『세존이시여, 가빌라에서는 정반왕과 석가족들이 세존께서 오시기만을 기다리고 있습니다. 세존의 가르침을 받고자 기다리고 있사오니 가빌라로 가시는 것이 어떠하겠습니까?』

부처님도 우다인의 말에는 선뜻 동의하셨다.

『이제 때가 되었구나. 떠날 준비를 하여라.』

우다인은 기쁨에 차 먼저 가빌라로 떠났다.

우다인의 전갈을 받은 정반왕의 기쁨은 이루 말할 수 없었다. 왕뿐만이 아니라 가빌라국 전체가 부처님의 방문을 진심으로 반겼다. 석가족들은 자신들이 존경하던 태자가 깨달음을 이루어 세상의 존경을 받고 있다는 사실에 자긍심을 갖고 있었다.

하지만 가빌라에 오신 부처님은 그들의 기대를 무참히 저버렸다.

부처님께서는 가빌라에 도착한 뒤에도 왕궁에는

들르지도 않고 성 밖의 숲에 머무르셨다. 뿐만 아니라 공양시간이 되자 부처님 스스로 발우를 들고 천여 명의 제자들을 이끌고 탁발을 나가셨다.

부처님께서 궁으로 들어오지 않고 거리에서 탁발을 하고 있다는 소식을 들은 정반왕은 단숨에 쫓아나와 부처님께 간청했다.

『가문을 욕되게 하는 일은 그만 두고 어서 들어와 궁전에 머물도록 하오.』

『이것은 출가 사문의 법도입니다.』

하지만 부처님도 부왕의 공양 초대만큼은 거절하지 않았다.

공양을 마친 부처님께서는 부왕과 친족들을 위해 법을 설하셨다. 법을 들은 그들은 부처님을 자랑스럽게 생각했으며, 출가사문의 길도 이해할 수 있었다.

부처님께서 가빌라에 오신 지 며칠도 채 안 되어 석가족 청년들이 출가를 시작하니, 가빌라성은 또 한 번 뒤집히게 되었다. 옛날 정반왕과 야소다라가 겪어야 했던 쓰라린 아픔을 그들의 부모와 아내가 경험해야 했다.

한편 부처님에게는 이모 파자파티가 낳은 이복동생 난다가 있었다. 난다는 장차 왕위를 계승할 후계자였는데 부왕은 부처님께서 가빌라에 계시는 동안 결혼식을 치르려 했다. 신부는 미인으로 알려진 순다리였다.

그러나 결혼식 날이 되자 부처님은 난다를 데리고 니그로다정사로 가셨다. 이 정사는 부처님과 그 제자들을 위하여 정반왕이 마련해 준 정사였다. 정사에 도착한 부처님은 난다에게 부드럽게 말씀하셨다.

『난다야, 출가하도록 하여라.』

난다가 대답을 못하고 주저하자 부처님께서 다시 말씀하셨다.

『난다야, 너는 여인의 아름다움에 잡혀 있구나.』

부처님은 아무래도 출가하는 것이 좋겠다면서 손수 난다의 머리를 깎았다.

형님인 부처님의 뜻을 거스를 수 없었던 난다는

어쩔 수 없이 출가하여 정사에 머물렀다. 하지만 아리따운 순다리의 모습이 떠오를 때마다 그 괴로움을 견딜 수가 없었다. 하루는 난다가 순다리를 잊지 못하여 멍하니 앉아 있는 모습을 보신 부처님께서 난다를 데리고 깊은 숲속으로 들어갔다. 거기에서 흉하게 생긴 원숭이 한 마리를 난다에게 보이며 부처님께서 물으셨다.

『이 원숭이와 순다리를 비교하면 어느 편이 더 아름다우냐?』

『순다리가 훨씬 아름답습니다.』

이번에는 신통력으로 세상에서 볼 수 없는 아름다운 선녀를 보이며 물으셨다.

『이 선녀와 순다리를 비교하면 어떠하냐?』

이번에는 난다도 아무 말도 하질 못했다. 총명한 난다는 깨달은 바가 있어 그 뒤로는 오직 사문의 길만을 걸었다. 후계자로 예정돼 있던 난다의 출가에 정반왕은 크게 놀랐다.

하지만 더욱 놀라운 일이 벌어졌으니 그것은 유

일한 왕위 계승자이자 어린아이였던 부처님의 아들, 라훌라의 출가였다. 라훌라 또한 부처님의 손에 이끌려 출가하자 정반왕과 야소다라는 다시 한 번 쓰라린 고통을 겪어야 했다. 그러나 왕도 이미 출가한 라훌라를 돌려달라고 할 수는 없었다. 왕은 부처님을 찾아 부모의 심정을 말하며, 차후로는 미성년자의 출가는 반드시 부모의 허락을 얻도록 하자고 하니 부처님도 그 의견을 받아들이셨다.

부처님께서 가빌라에 계시는 동안 난다와 라훌라 외에도 밧디야와 아누룻다를 비롯한 석가왕족의 자제 여섯 명이 출가하여 부처님의 제자가 되었다. 이들 중에는 야소다라의 두 동생도 있었는데, 일생동안 부처님을 공경하고 시봉하여 뒷날 다문제일의 칭호를 받는 아난존자와 부처님과 교단에 반역하여 부처님을 괴롭혔던 데바닷타가 바로 그들이었다.

한편 이들 왕족 청년들은 출가하면서 오랫동안 자신들을 보살펴 온 이발사 우팔리에게 지니고 있던 패물들을 주었다. 그러나 우팔리도 패물들을 내

버리고 출가하여 부처님의 제자가 되었으니 그가 바로 계율 지키기에 으뜸이라고 존경받은 우팔리존자였다.

가빌라국과 이웃나라인 콜리국 사이에는 로히니강이 흘렀는데 이들 두 나라는 예전부터 교분이 매우 두터운 사이였다. 싯다르타를 낳은 마야왕비와 그를 길러준 이모, 그리고 태자비 야쇼다라까지 모두 콜리 출신이었다.

이들 두 나라는 쌀을 주식으로 하는 농업국이므로 농사철에는 많은 물이 필요했다. 그런데 어느 해 여름, 가뭄이 들어 로히니 강물은 바닥이 났고 저수지 물도 얼마 남지 않았다. 가빌라와 콜리 사람들이 서로 많은 물을 끌어가려고 다투다 보니 큰 싸움이 벌어졌다. 흥분한 두 나라 사람들은 군대까지 동원했다.

이 소식을 전해들은 부처님은 급히 로히니강으로 가셨다.

『여러분들은 물과 사람 가운데 어느 것이 소중하다고 생각하십니까?』

『물론 사람이 더 중요합니다.』

『그런데 여러분들은 물 때문에 싸우고 있습니다. 내가 오지 않았더라면 몇 사람이 크게 다쳤을 것입니다. 이 일은 싸움으로 해결될 일이 아닙니다.』

하시곤 비유하여 옛 이야기를 하나 들려주셨다.

『사자가 큰 나무 아래에 누워 있었는데 바람이 불어 나무열매가 사자의 얼굴에 떨어졌습니다. 사자는 화가 잔뜩 나서 나무한테 복수하리라 단단히 별렸습니다. 그런지 사흘째 되던 날, 목수가 수레바퀴에 쓸 재목을 찾아 이 산으로 올라왔습니다. 사자는 좋은 기회라 생각하고 목수한테 속삭였습니다.

「수레바퀴에 쓸 목재를 찾고 있으면 이 나무를 베어 가시오.」

목수는 사자의 말대로 그 나무를 베어 넘어뜨렸습니다. 그러자 넘어진 나무가 목수에게 속삭였습니다.

「사자 가죽을 바퀴에 쓰면 아주 질깁니다.」

그 말을 들은 목수는 흡족해서 곁에 있던 사자도 얼른 잡아버렸습니다. 이렇게 사자와 나무는 아무것도 아닌 일로 다투다가 목숨까지 잃은 것입니다.』

부처님의 말씀을 들은 두 나라 사람들은 부끄러워하면서 뿔뿔이 흩어졌다.

7. 여성의 출가

정반왕이 늙어서 병석에 눕게 되었다. 이 소식을 전해들은 부처님은 왕의 임종이 가까웠음을 알고 곧 왕사성을 떠나 가빌라로 가셨다. 정반왕이 부처님께 마지막 설법을 청하니 부처님께서 정반왕의 손을 잡고 말씀하셨다.

『모든 근심을 푸시고 아무 일도 걱정하지 마십시오. 법을 생각하시면서 마음을 편안히 가지십시오.』

정반왕은 부처님과 난다, 라훌라, 아난 등 친족

사문들이 지켜보는 가운데 부처님의 손을 꼭 쥔 채 조용히 숨을 거두었다.

왕이 세상을 떠난 뒤에도 부처님께서는 가빌라성 밖의 니그로다 정사에 한동안 머무르셨는데 하루는 이모이자 왕비인 파자파티가 찾아왔다. 왕비는 부처님께 예배한 뒤에 간곡하게 부탁했다.

『이젠 나도 출가하여 부처님 곁에서 수행의 길을 걷고 싶소. 부디 여인들에게도 출가의 길을 열어 주시오.』

자신을 키워준 이모의 간절한 소원이었건만 부처님께서는 세 번에 걸친 그녀의 청을 단호하게 물리치고 가빌라를 떠나 베살리로 가셨다.

하지만 파자파티 왕비의 결심은 흔들리지 않았다. 그녀는 스스로 머리를 깎고 비단옷 대신 누더기를 걸친 채 맨발로 부처님의 뒤를 따라 베살리로 향하니, 야소다라를 비롯한 많은 여인들이 그녀의 뒤를 따랐다. 파자파티 일행이 돌부리에 채여 피를 흘리는 발로 부처님이 계시는 베살리의 대림정사에 도착하자, 이들을 맞은 아난은 출가에 대한 굳은 신념을 지닌 왕비 일행에게 더 이상 고통을 주어서는 안 된다고 생각을 하곤 부처님께 나아갔다.

『세존이시여, 지금 밖에는 가빌라성에서 맨발로 걸어온 왕비 일행이 여인의 출가를 애원하며 서 있습니다.』

그러나 부처님의 대답은 마찬가지였다. 아난은 파자파티 왕비가 부처님을 키우느라 애썼던 과거를 회상시키면서 다시 한 번 여성의 출가를 간청했다. 그렇게 세 번을 청하고 세 번을 거절당하자 아난이 여쭈었다.

『세존이시여, 만일 여인일지라도 출가하여 부처님의 가르침대로 수행에 힘쓴다면 남자만큼의 성과를 얻을 수 있습니까?』

『그렇다. 여인도 이 법에 귀의하여 지성으로 수행하면 남자만큼의 성과를 얻을 수 있다.』

부처님의 말씀에 용기를 얻은 아난은 거듭하여 왕비의 은혜를 들면서 여인의 출가를 허락해주실 것을 간청했다.

　마침내 부처님의 허락이 떨어지니, 이렇게 해서 최초의 비구니가 탄생하게 되었다.

　하지만 여인으로서는 힘들기만 한 수행여건과 교단 내의 불화를 염려했던 부처님께서는 특별히 비구니에게만은 여덟 가지 계법의 준수라는 조건을 내걸었다.

　『출가한 사문은 청정한 계율을 닦고 세속의 애착을 떠나야 하건만 여인은 세속의 애착이 강하므로 도에 들어가기 어렵다. 따라서 여인이 출가하면 청정한 법이 오래 갈 수 없다. 그것은 잡초가 무성한 논밭에 곡식이 자라지 못하는 것과 같다. 가정에 여인이 많고 사내가 적으면 도둑이 들기 쉽듯이 교단에 여인이 출가하면 청정한 교법이 오백년이나 감하게 될 것이다.

　나는 물이 새지도 넘치지도 않게 하기 위해 둑을 쌓는 것과 같이 교단의 질서를 위해 따로 여덟 가지 계법을 마련할 것이니 출가한 여인은 반드시 이 여

여덟 가지 계법을 지켜야 한다.

　① 백년 된 비구니라도 새로 된 비구를 예배하고 공경해야 하며,

　② 비구를 비방하지 말아야 하며,

　③ 비구의 허물을 말하지 말아야 하며,

　④ 비구니계를 받을 때에는 비구 앞에서 계를 받아야 하며,

　⑤ 참회죄를 범했을 때에는 비구, 비구니의 대중 앞에서 참회해야 하며,

　⑥ 보름마다 비구 대중에게 물어 법문을 할 비구 장로를 청해야 하며,

　⑦ 비구들이 없는 곳에서 안거하지 말아야 하며,

　⑧ 안거를 마친 뒤에는 비구 대중에게 안거 중에 보고 듣고 의심나던 점을 물어야 한다.』

8. 데바닷타의 반역

데바닷타는 아난의 형으로 석가족 왕자들이 출가할 때 함께 출가하여, 부처님 교단에서 으뜸가는 큰 제자 가운데 한 사람이었다. 남달리 큰 야심을 품고 있던 그는 부처님의 뒤를 이어 교단을 이끌고자 하는 뜻을 갖고 있었다. 그러던 중 마가다의 태자 아자타의 후원을 얻게 되자 그의 야심은 더욱 커졌다.

그 무렵 부처님께서는 죽림정사에 계셨는데 여러 제자들이 데바닷타에 관한 소문을 말씀드렸다.

『세존이시여, 아자타 태자가 아침저녁으로 오백 대의 수레에 음식을 실어다가 데바닷타와 그 무리들에게 공양한다고 합니다.』

이 말을 들은 부처님께서 말씀하셨다.

『지금 데바닷타가 누리고 있는 명성과 이익을 부러워해서는 안 된다. 그와 같은 호화로운 사치는 데바닷타에게 아무런 이익을 주지 못하고 파멸을 가져다 줄 뿐이다. 그것은 마치 파초가 열매를 맺으면

시드는 것과 같다.』

며칠 후 부처님께서 제자들과 한자리에 앉아 설법을 시작하려 할 때였다. 데바닷타가 자기를 추종하는 비구들과 함께 찾아와 부처님께 말하였다.

『부처님은 이제 연세도 많으시고 건강도 좋지 않으십니다. 지금부터는 교단을 제게 맡기시고 편히 쉬십시오.』

『난 아직 아무에게도 교단을 맡기려 생각한 적이 없다. 혹 맡긴다하더라도 목련존자와 같은 제자들이 있는데, 어찌 네게 교단을 맡기겠느냐.』

데바닷타를 잘 알고 있는 부처님께서는 단호하게 거절했다. 수많은 대중 앞에서 망신만 당한 데바닷타는 원한을 품은 채 자리에서 빠져나갔다.

얼마 뒤 마가다국의 태자 아자타가 데바닷타의 계책을 따라 부왕 빔비사라 왕을 감옥에 가두고 스스로 왕위에 올랐다. 그러자 데바닷타는 아자타의 힘을 빌어 활 잘 쏘는 병사들을 선발하여 부처님께 보냈다. 그러나 부처님의 곁에까지 간 병사는 몸이 떨려 꼼짝도 할 수가 없었다. 그 모습을 본 부처님께서 물었다.

『어찌하여 그렇게 떨고만 있느냐?』

부처님의 목숨을 헤치려 왔던 병사는 용서를 빌며 그 자리에서 출가하여 부처님의 제자가 되었다.

자객이 실패하자 데바닷타는 직접 부처님을 죽이리라 마음먹고 무리들을 이끌고 부처님께서 자주 올라 설법하시던 영축산 독수리봉으로 갔다. 무리들은 벼랑 위에 숨어 있다가 부처님께서 아래를 지나가는 순간 큰 바위를 굴려 내렸다. 하지만 부처님 머리 위에 떨어져야 할 바위는 나무에 걸려 멎고 말았다. 이를 본 제자들이 걱정하자 부처님께서는 태연하게 말씀하셨다.

『여래는 폭력에 의해 목숨을 잃는 법이 없다.』

이번에도 음모가 실패로 돌아가자 데바닷타는 부처님을 향해 성질이 사나운 코끼리를 풀어 놓았다. 하지만 술 취한 코끼리마저 부처님 앞에 이르자 순하게 꿇어앉았다.

데바닷타의 음모는 또 실패로 돌아갔다. 어떠한 폭력도 여래의 법 앞에서는 무력했던 것이다. 그러나 그로 인해 부처님께서 가장 아끼시던 교단이 분열되기까지 했으니, 노년에 벌어진 데바닷타의 반역은 부처님의 마음을 가장 아프게 한 사건이었다.

9. 두 제자의 죽음과 가빌라국의 멸망

부처님께서 노년에 이르자 교단의 두 기둥이었던 사리불과 목련존자가 먼저 열반에 들었다.

부처님께서 가장 아꼈던 사리불존자는 마가다의 한 가난한 마을에서 열반에 들었다. 곁에서 사리불존자를 간호했던 어린 춘다는 유물인 바릿대와 가사를 갖고 와 바치며 그의 죽음을 부처님께 알려드렸다.

『세존이시여, 여기 사리불존자의 바릿대와 가사가 있습니다.』

사리불존자는 부처님의 많은 제자 가운데서도 지혜가 으뜸인 수제자였다. 그런 제자가 자신보다 먼저 세상을 떠났으니 그 슬픔이 얼마나 컸을까. 하지만 부처님은 담담한 표정으로 아난과 춘다의 슬픔을 달래주셨다.

『너희들은 내가 하던 말을 잊었느냐? 가까운 사람도 언젠가는 이별해야 하는 법, 세상에 무상하지 않은 것이 없으니 모든 것은 세월을 따라 변해 간다. 너희들은 언제든지 너희들 자신에게 의지하되 남에게 의지해서는 안 되느니, 법에 의지하고 다른 것에는 의지하지 말아라.』

사리불존자가 열반에 든 지 얼마 안 되어 이번에는 목련존자가 열반에 들었다는 소식이 전해졌다. 뛰어난 두 제자의 열반은 부처님께 커다란 슬픔을 안겨주었다. 그들을 잃은 마음이 얼마나 허전하셨는지, 부처님께서는 두 제자가 없는 법석을 보며 이런 말씀을 하시기까지 했다.

『사리불과 목련이 보이지 않는 모임은 텅 빈 것만

같구나.』

 하지만 부처님께서는 제자를 잃은 안타까움을 토로하긴 했어도 마냥 슬픔에 잠겨있었던 것만은 아니었다. 오히려 이를 통해 집착에서 떠나는 수행을 강조했던 분이 부처님이셨다.

 부왕 정반왕의 죽음에 이은 가장 아끼던 두 제자의 죽음, 그리고 데바닷타의 배반 등은 부처님의 마음을 아프게 한 가장 대표적인 사건들이었다. 하지만 만년에 이르러 또 다시 부처님께 큰 충격을 주는 비극적인 사건이 발생했다.

 부처님의 나라 가빌라를 호시탐탐 노려오던 코살라가 드디어 군사를 일으킨 것이었다. 이 소식을 들은 부처님께서는 군사가 지나갈 들녘으로 나아가 뙤약볕이 내리쪼이는 고목나무 아래에 앉아서 코살라의 군사를 기다렸다. 군사를 이끌고 오던 코살라의 젊은 왕 비루다카도 부처님을 보고는 어쩔 수 없이 말에서 내려 부처님께 절한 다음 이렇게 물었다.

『세존이시여, 우거진 나무도 많은데 하필이면 잎이 하나도 없는 나무 밑에 앉아 계십니까?』

『왕이여, 친족이 없는 것은 그늘이 없는 나무와 같지요.』

이 말을 들은 왕은 부처님의 뜻을 거역할 수가 없어 군대를 돌려 돌아갔다. 비루다카왕은 얼마 뒤 다시 가빌라를 향해 진군했으나 이때도 부처님이 길을 막고 앉아 계시자 군사를 되돌렸다. 하지만 그가 세 번째 군사를 일으켰을 때는 부처님도 더 이상 그의 군사를 막지 않으셨다. 지난 세상에 진 빚은 받아야 한다는 것을 알고 계셨기 때문이었다.

비루다카왕은 서슴없이 가빌라를 공격했고, 살생을 하지 말라는 부처님의 가르침을 따르던 석가족들은 저항도 하지 않은 채 참살당하고 말았다.

제 4편

열반의 길

1. 지계의 이익과 파계의 재화

노년에 이르러 부처님께서 왕사성에 계실 때였다. 어느 날 부처님께서 아난을 불렀다.
『아난아, 암라수원으로 가자.』
부처님은 비구 대중과 함께 암라수원에 머무르면서 많은 말씀을 주셨다.
『이것은 계(戒)다. 이것은 정(定: 삼매)이다. 이것은 지혜다. 계와 함께 닦아진 정은 결과도 크고 이익도 크다. 정과 함께 닦아진 지혜는 결과도 크고 이익도 크다. 지혜와 함께 닦아진 마음은 애욕과 번뇌, 생존의 번뇌, 견해에 관한 번뇌, 무지의 번뇌 등 모든 번뇌에서 해탈한다.』
암라수원을 떠날 때가 되자 부처님께서 말씀하셨다.

『아난아, 나란다로 가자.』

나란다로 가신 부처님은 비구 대중과 그곳에서 얼마간 머무신 뒤에 다시 아난을 불렀다.

『아난아, 파다리 마을로 가자.』

파다리 마을에 도착하신 부처님은 그 마을의 재가 신자들에게 말씀하셨다.

『거사들아, 계를 범한 파계자한테는 다섯 가지 재화가 있다. 파계자는 방일로 인해 커다란 재물의 손실을 받으니 이것이 첫 번째의 재화요, 파계자에게는 나쁜 명성이 있게 되니 이것이 두 번째 재화이며, 파계자는 바라문의 집회거나 거사의 집회거나 사문의 집회거나 어떠한 집회에 가더라도 불안하고 당황할 것이니 이것이 세 번째 재화요, 파계자는 혼미 속에서 죽어가니 이것이 네 번째 재화며, 파계자는 신체가 무너져 죽은 다음 악처, 악취, 재난처의 지옥에 태어나니 이것이 다섯 번째 재화이다.

거사들아, 계율을 지키는 자에게는 다섯 가지 이익이 있다. 계율을 지키는 자는 정진으로 인해 큰 재물을 얻게 되니 이것이 첫 번째의 이익이요, 지계자는 좋은 명성이 높아지니 이것이 두 번째 이익이며, 지계자는 바라문의 집회거나 거사의 집회거나 사문의 집회거나 어떠한 집회에 가더라도 자신을 가지며 당황하지 않으니 이것이 세 번째 이익이요, 지계자는 혼미함이 없이 죽어가니 이것이 네 번째 이익이며, 지계자는 신체가 무너진 뒤에 선취, 천계에 태어나니 이것이 다섯 번째 이익이다.』

부처님께서는 파다리 마을 재가 신자들에게 밤이 이슥토록 법에 따라 갖가지를 가르치고 격려하며 기쁘게 힌 다음 돌려 보내셨다.

2. 창녀 암바팔리의 귀의

부처님께서 여행을 계속하여 강가(갠지스) 강 연안까지 가셨을 때는 강물이 강둑을 넘치고 있었다. 어떤 사람은 배를 구하고 어떤 사람은 뗏목을 만들어서 강을 건너려고 했다.

　그런데 부처님께서는 굽혔던 팔을 펼치듯이 이쪽 언덕에서 모습을 감추더니 비구 대중과 함께 저편 언덕에 서시었다. 그리고는 아난에게 말씀하셨다.

　『아난아, 고디 마을로 가자.』

　『세존이시여, 그렇게 하겠습니다.』

　고디 마을에 머무르시면서 법을 펴신 부처님이 다시 아난을 불렀다.

　『아난아, 나디카 마을로 가자.』

　나디카 마을로 가서 많은 교화를 하신 부처님이 아난에게 말씀하셨다.

　『아난아, 베살리로 가자.』

　부처님께서는 비구 대중과 베살리의 망고동산에 머무르셨다.

　망고동산은 암바팔리라는 창녀의 소유였는데 그녀도 부처님께서 망고동산에 머무신다는 소문을 들었다. 암바팔리는 곧장 수레를 타고 부처님을 찾아 예배한 다음 한쪽에 앉았다. 부처님은 그녀에게 법에 따라 교시하고, 훈계하고, 격려하여 그녀를 기쁘게 하셨다. 창녀 암바팔리는 기쁨에 겨워 부처님께 청하였다.

『세존이시여, 내일 비구스님들과 함께 저의 공양을 받아 주십시오.』

부처님은 침묵으로 승낙하셨다.

다음날, 암바팔리는 맛있는 음식을 준비한 다음 부처님께 알맞은 시각을 고했다.

『세존이시여, 음식이 준비되었습니다.』

부처님께서는 비구 대중들과 함께 암바팔리의 집으로 가셨다. 암바팔리는 부처님과 비구 대중에게 음식을 손수 시중들어 만족케 한 뒤, 부처님께서 식사를 마치신 뒤에 한쪽에 앉아 공손하게 말했다.

『세존이시여, 저의 망고동산을 부처님과 스님들께 기증하고자 합니다.』

부처님께서는 침묵으로 승낙하시고 법에 따라 그녀를 기쁘게 하시었다.

3. 열반에 드실 것을 예고하시다

베살리 암바팔리의 동산에 머무르시던 부처님은 그곳에서 멀지 않은 죽림 마을로 가셨는데, 안거철이 되자 비구 대중들에게 이르셨다.

『비구들아, 너희들은 베살리 주변으로 가 동료와 지인(智仁)을 의지하여 안거에 들어가거라. 나도 이 죽림 마을에서 안거에 들겠다.』

대중들을 보낸 부처님은 곧 안거에 들어갔지만 오래지 않아 무서운 병이 생겨 극심한 통증에 시달려야 했다. 부처님은 깊은 선정에 머물면서 고통을 이겨냈다. 하지만 열반에 드실 때가 이르렀음을 안 부처님은 이렇게 생각하셨다.

『나를 시봉하는 사람들에게 말하지 않고, 비구들을 돌아보지 않은 채 열반에 든다는 것은 온당한 일이 아니다. 이 병을 이기고 수명을 머물러 있도록 해야겠다.』

그렇게 해서 부처님께서 병에서 회복하신 뒤였

다. 아난이 부처님께 말씀드렸다.

『세존이시여, 저는 세존께서 안온하심을 보았습니다. 저는 세존께서 참아 이기시는 것을 보았습니다. 세존의 병으로 저의 몸은 술에 취한 것처럼 가눌 수도 없었습니다. 그렇지만 「세존께서 비구들에 대해서 무엇인가 말씀이 없이는 열반에 드시지 않을 것이다」라고 생각하자 마음이 편해졌습니다.』

『아난아, 너희들은 내게 무엇을 기대하는가? 나는 내외의 구별 없이 법을 설했다. 여래의 법에 있어서는 아무 것도 제자들에게 감추어 둔 게 없고 스승에게 다른 뜻이란 존재하지 않는다. 「나는 비구들을 이끌 것이다」라든가 혹은 「비구들은 나를 의지하고 있다」라고 생각하리라 믿는 것은 너의 생각이다. 아난아, 여래는 「내가 비구들을 이끌 것이다」든가 「비구들이 나를 의지하고 있다」라고 생각하지 않는다. 그런데 여래가 비구들에 관하여 무엇을 말하겠느냐? 이제는 더 이상 말할 것이 없다. 나는 이미 늙어서 나이 팔십이 되었다. 낡은 수레가 가죽

끈의 도움으로 움직이듯이 여래의 몸도 가죽 끈의 도움으로 존속하고 있다.

아난아, 이 세상에 있을 때는 자기 자신을 섬으로 생각하고, 자기 마음을 섬으로 생각하며, 다른 섬에 의지하지 마라. 또한 법을 섬으로 하고 마음을 의지처로 하되 다른 것을 의지처로 하지 말라.』

부처님께서 베살리에 도착한 이튿날이었다.

걸식을 하고 돌아오시는 길에 차바라의 사당에 이르시자 아난에게 말씀하셨다.

『아난아, 등이 아프구나. 여기서 잠깐 쉬어 가자.』

아난은 시원한 나무그늘 밑에 자리를 깔아드렸다. 부처님은 기뻐하시며 고요히 앉아 삼매에 드시더니 잠시 후에 아난에게 말씀하셨다.

『아난아, 베살리도 즐거운 곳이요, 밧지도 즐거운 곳이며, 열여섯 나라의 어느 도시나 촌락도 즐겁지 않은 곳이 없구나. 아난아, 사신족을 얻은 사람은 한 겁이나 혹은 반 겁 동안이라도 목숨을 이 세상에 머물게 할 수가 있느니라.』

그러나 아난은 마음이 어두워져 부처님이 하신 말씀의 의미를 살피지 못해 아무런 대답도 하지 못했다.

부처님께서는 아난에게 물러가 있으라고 하셨다. 아난은 부처님과 좀 떨어진 곳에 자리를 잡고 선정에 들었다.

그런데 이때에 대지가 크게 진동하였다. 아난이 놀라 부처님께 나아가 여쭈었다.

『부처님이시여, 이 대지가 움직이는 것은 무슨 까닭입니까? 저는 숲속에서 꿈을 꾸었는데, 무성하게 자란 큰 나무가 별안간 폭풍우에 꺾이는 것을 보았습니다. 혹시 부처님께서 열반에 드실 징조는 아닌지요?』

『아난아, 나는 지금부터 석 달이 지나면 열반에 들 것이다.』

부처님의 말씀을 들은 아난이 놀라 슬퍼하며 말씀드렸다.

『부처님께서 열반에 드심이 어찌 이렇게 빠르십니까?』

『아난아, 슬퍼해서는 안 된다. 일체의 유위법(有爲法)은 만나면 반드시 갈라지는 것이다. 내가 일겁을 더 머문다고 하더라도 너희들을 만난 이상 언젠가는 갈리지 않을 수가 없다. 그러므로 내 일에 대하여 괴로워하지 말라. 내 육신은 없어질지라도 내가 말하여 남긴 묘법의 법신은 언제든지 남아 있지 않겠느냐?』

오후가 되자 부처님께서 아난에게 말씀하셨다.

『아난아, 주변에 있는 비구들을 모두 불러 강당에 모이게 하여라.』

아난은 사방에 전달하여 비구들이 강당에 모이자 부처님께서 말씀하셨다.

『비구들이여, 내가 지금까지 너희들에게 말한 여러 가지의 가르침에 대하여 항상 생각하고 외우고 익혀서 버리지 말라. 천하의 사람들이 스스로 마음을 바르게 가지면, 모든 하늘은 이를 위하여 기뻐하고 인간도 이 때문에 복을 받게 된다. 너희들은 욕심을 눌러서 자기를 이기지 아니하면 안 된다.

몸을 단정히 하고 뜻을 단정히 하며, 말을 단정히 하여라. 성내는 마음을 버리고, 탐심을 버리고 항상 죽음에 대하여 생각해 보라. 마음이 삿된 일을 하고자 하거든 눌러서 하지 못하게 하고, 마음이 음욕을 따라가고자 할 때에도 따라가서는 아니 되며, 부귀한 것을 부러워할지라도 들어주어서는 아니 된다.

비구들이여, 나의 가르침은 세상을 구제하는 청정한 도다. 너희들은 중생의 복을 위하고, 인간과 천상의 번영을 위하여 이것을 닦고 이것을 전하라.

비구들이여, 37조도품(助道品)은 모두 선행의 근본이다. 이것으로 마음을 닦아 탐하지 말고 다투지 말며, 속이지 말고 희롱하지 말며, 질투하지 말고 교만하지 말며, 지혜와 자애와 공경의 눈으로 나의 육체 이외의 정법의 진신을 보는 것이 좋다. 정법의 진신을 보아야 내가 항상 너희들의 곁을 떠나지 않고 있음을 알게 된다.

너희들은 이 법 가운데서 서로 화목하고 공경하여 싸움을 하지 말라. 나의 법을 지켜 같이 배우고 번영과 즐거움을 같이 하여라. 마음을 쓸데없는 곳에 써서 목숨을 쓸데없이 버리지 말고 깨달음의 정기로 도의 과실을 이루어, 세상으로 하여금 이 과실을 먹고 배부르게 하기에 힘써라.

　비구들이여, 나는 이 법을 깨달아 남을 위하여 설하였다. 이 법은 너희들로 하여금 해탈에 이르게 할 것이다, 너희들은 이것을 받아 행함이 좋을 것이다. 나는 이제 석 달이 지나면 열반에 들 것이다.』

　비구들은 이 말씀을 듣고 놀라고 슬퍼하며 몸을 땅에 던져 소리 높여 부르짖었다.

『부처님이시여, 원하옵건대 이 세상에 더 머무시어 열반에 들지 마시옵소서. 일체 중생은 모두 무명의 어둠 속에서 헤매고 있나이다. 부처님이시여, 원컨대 이 세상의 배가 되어 주시옵소서.』

『너희들은 그쳐라. 육신은 약하며 번갯불과 같은 것이다. 천상의 천신들도 죽고 지상의 왕자도 죽는 것이다. 빈부와 귀천을 막론하고 세상에 나서 죽지 않는 자는 아무도 없다. 너희들은 깨끗하게 살며 항상 해탈을 구함에 방일하지 말라. 나의 생애는 지나갔다. 나는 이제 편안한 곳으로 간다. 너희들은 삼가고 경계하며 마음을 지켜라.

내가 말한 모든 법이 너희들의 스승이다. 법을 잘 받드는 것은 나를 받드는 것과 같다. 내가 세상에 있는 것과 같이 받들어 조금도 달리하지 말라.』

4. 부처님을 보내는 슬픔

탁발을 마치신 부처님께서 베살리 시내를 바라보며 말씀하셨다.

『아난아, 이것이 여래가 베살리를 보는 마지막이 될 것이다. 아난아, 반다 마을로 가자.』

『세존이시여, 그렇게 하겠습니다.』

베살리의 릿차비족에게 이 말이 전해지니 그들은

놀라서 가슴을 두드리며 부르짖었다.

『아. 슬픈 일이다. 이제부터 우리는 누구에게 귀의하여야 할 것인가?』

릿차비족들은 수레를 몰아 황급히 부처님께 달려가 발에 절하고 여쭈었다.

『부처님이시여, 부처님께서 돌아가신다면 일체 중생은 눈을 잃는 것과 같이 다시 무명의 어두움에 헤맬 것입니다. 무명 중생이 어떻게 부처님의 가르침을 판단하여 도를 행하겠습니까?』

『과거의 모든 부처의 몸도 이 세상을 떠나가셨다. 어찌하여 나 혼자만이 유위의 멸망하는 법칙을 거슬러 죽음을 면할 수 있겠느냐? 너희들은 걱정하고 괴로워하지 말라.』

『원컨대 말씀하여 주시옵소서. 우리들은 가르치심을 실천하겠습니다.』

『너희들은 즐겁게 화목하여 서로 거슬러서는 안 된다. 다 같이 가르치고, 선한 일을 생각하며, 계율을 지키고, 예절을 실행하며, 부모와 어른을 공경하고, 친척과 친목하며, 서로서로 순종하여야 한다. 나라 안에 있는 조상이나 성현의 사당에 제사를 잘 모셔라. 여래의 정법을 잘 받들고, 비구와 비구니를 공경하며, 깨끗한 신앙심으로 남녀를 애호하라.

릿차비 사람들이여, 정법에 의하여 나라를 다스리고 삿되게 백성을 학대하지 말며, 인과의 이치를 배우고 진실한 도를 믿어라. 육신은 없어졌을지라도 정법 가운데 살아있는 여래는 멸하지 아니함을 아는 그 사람이야말로 진실로 법을 아는 사람이니, 여래는 항상 그 사람을 수호할 것이다. 그 사람은 오래시 않아서 도를 이를 것이며, 그 나라가 번영하고 백성의 살림이 풍족할 것이다. 너희들은 죽음에 이르기까지 반드시 이 가르침을 받들어 행하라.』

『부처님이시여, 저희들은 죽을 때까지 반드시 가르침을 지키겠사옵니다.』

5. 최후의 공양

부처님께서 파바성에 이르러 성 밖에 있는 동산의 숲에 머무르니, 때는 이월 십사일이었다. 이 동산은 대장장이 춘다의 소유였는데 참으로 한적한 곳이었다.

성중의 사람들이 부처님을 찾아뵙고 절하고 물러앉으니, 부처님께서 그들에게 말씀하셨다.

『지혜 있는 자가 집에 있을 때는 생업에 종사하여 부지런히 벌고 검박하고 절제 있는 생활을 하며, 네 가지 일을 해야 한다.

첫째는 부모봉양과 처자부양에 힘쓰고, 둘째는 손님접대와 아랫사람의 급식에 힘쓰며, 셋째는 친척보조와 친구접대에 힘쓰며, 넷째는 나라에 세금을 잘 바치며 사문의 공양에 기쁨을 얻는 것이 좋다. 이렇게 몸을 보존하고 집을 편안하게 하면 현세에 힘과 빛과 부와 이름을 얻고, 죽어서는 복을 얻어 천상과 같은 좋은 곳에 태어난다.』

사람들은 부처님의 말씀을 듣고 기뻐하면서 헤어졌다.

춘다도 부처님이 여러 제자들과 같이 자기 동산에 오셨다는 말을 듣고 기쁜 마음으로 찾아가 부처님 발에 절하고 아뢰었다.

『부처님이시여, 내일은 저희 집으로 오셔서 공양을 받아 주소서.』

부처님은 잠자코 허락하셨다. 춘다는 기뻐서 집으로 돌아가 밤이 새도록 정성을 다하여 공양 올릴 음식을 장만했다.

다음 날 부처님께서 여러 비구들과 함께 오시니, 춘다는 자기 손으로 부처님과 비구들에게 공양을 올렸는데, 부처님께는 특별히 버섯 요리를 올렸다.

춘다의 집에서 공양을 마친 뒤, 부처님께서 아난을 불렀다.

『아난아, 구시나가라로 가자.』

『세존이시여, 그렇게 하겠습니다.』

하지만 부처님께서는 얼마 가시지 못해 음식 드

신 것이 잘못되어 극심한 복통과 설사에 시달려야 했다. 부처님은 걸음을 멈추고 길가의 나무 밑에 고요히 쉬면서 아난에게 말씀하셨다.

『아난아, 목이 마르구나. 개천에 가서 맑은 물을 길어다 다오.』

『부처님이시여, 조금 전에 상인들이 오 백대의 수레를 끌고 개천 상류를 지나며 물을 흐려 놓았습니다. 물을 길어 오더라도 잡숫지 못합니다. 부처님이시여, 여기서 멀지 않은 곳에 카쿳타강이 있으니, 거기 가셔서 목을 축이시고 발을 씻으시는 것이 좋을 줄로 생각합니다.』

아난이 물 떠오기를 주저하자 부처님께서는 세 번이나 되풀이해 청하셨다. 아난은 할 수 없이 부처님의 발우를 가지고 냇가로 내려갔다. 그런데 흙탕물이 흐르던 개천에는 맑은 물이 흐르고 있었다.

그때에 카란의 제자 푹쿠사가 길을 가다가 나무 밑에 계신 부처님의 빛나는 얼굴을 보고 앞으로 나아가 절하며 칭송하더니, 옆의 시종에게 말했다.

『금색으로 만든 가사 두벌을 가지고 오너라. 부처님께 올려야겠다.』

시종이 가사를 가지고 오자 푹쿠사가 가사를 올리며 말했다.

『부처님이시여, 저를 불쌍히 여기시어 이것을 받아 주옵소서.』

『너를 위하여 한 벌만 받겠다. 다른 한 벌은 아난에게 주어라.』

그가 기뻐하며 한 벌은 부처님께 올리고, 다른 한 벌을 아난에게 바치자 아난이 말했다.

『푹쿠사여, 좋은 일을 하였다. 나도 기쁘게 받으리라.』

부처님께서 그를 위하여 법을 설하시니 푹쿠사가 듣기를 마치고 간절히 청했다.

『부처님이시여, 이제 부처님과 법과 성중에 귀의합니다. 원하옵건대, 저에게 정법의 가르침을 받게 하여 신도가 되는 것을 허락하여 주소서. 이제부터 목숨이 다할 때까지 살생과 도둑질과 음행과 거짓말과 술 마시는 것을 금하겠습니다.』

　다시 길을 나섰지만 부처님의 병세는 점점 악화되었다. 고통을 참는 부처님의 모습은 아난이 뵙기에도 송구스럽고 안쓰럽기 그지없었다.
　아난은 죄스러운 마음을 이기지 못해 혼잣말로 읊조렸다.

　이와 같이 나는 들었네.
　대장장이 춘다의 음식을 잡수시고
　현자는 병에 걸리시었네
　죽는 것과 같은 심한 병에
　전단향 나무의 버섯을 잡수시고
　심한 병을 스승께서 앓으시었네.
　설사를 하시면서도
　구시나가라로 나는 가리라

　물 맑고 기분 좋은

구손강에 이르러
부처님은 너무나도 지치신 기색으로
세상에 비길 데 없는 교주
여래는 건너시었네.
교주는 목욕하고 물을 마시고
비구들의 선두에 서시었네.

이 세상에 법을 설하시는 교주
망고 숲으로 가시었네.
춘다라고 부르는 비구에게
「내가 누울 자리를 네 겹으로 깔아라」
부처님의 분부를 받은 춘다는
빨리 자리를 네 겹으로 깔았네.
여래는 지치고 지친 기색으로 누우시고
춘다는 면전에 앉았네.

그러자 부처님께서 아난에게 말씀하셨다.
『아난아, 누군가가 춘다에게 후회하는 생각을 일

으키게 할지 모른다.「여래는 춘다가 바친 음식을 잡수시고 열반에 들어 간 것이니 춘다, 너에게는 이익이 없고 공덕도 없다」라고.

 그러나 아난아,「여래는 춘다가 바친 공양을 잡수시고 열반에 들어가셨으니 춘다는 이익이 있고 공덕도 있다. 나는 그 말을 세존의 면전에서 듣고 친히 받아들였다. 그대의 공양에는 다른 공양보다 훌륭한 큰 이익이 있으며, 그대의 공양에는 두 가지 큰 공덕이 있다. 그대의 공양을 받으신 다음 여래가 무상의 바른 깨달음을 나투신 것과 또 집착이 남지 않은 무여열반에 들어간 것이다」아난아, 춘다의 후회하는 마음을 이와 같이 없애주어야 한다.』

 부처님께서는 자신이 열반한 뒤, 춘다가 공양을 잘못 올려 부처님을 열반에 들게 했다고 비난받을 것을 염려하셨던 것이었다.

6. 부처님의 네 성지를 생각하라

구시나가라의 사라나무 숲에 도착한 부처님은 더 이상은 걸을 수가 없을 만큼 병세가 악화되었다.

『아난아, 피로하구나. 너는 나를 위해서 사라쌍수 사이에 머리를 북으로 하여 누울 자리를 펴거라.』

아난은 부처님의 뜻을 받들어 사리쌍수 사이에 부처님께서 누우실 자리를 깔았다. 세존께서는 오른쪽 겨드랑이를 밑으로 하고 발 위에다 발을 겹치고 사자와 같이 누우셨다.

알맞은 시간이 되어 아난이 부처님께 여쭈었다.

『부처님께서 세상에 생존하여 계시면 복덕을 가진 사람이나 덕행을 가진 노인들이 부처님을 찾아뵐 수 있기에 법문을 듣고 복을 얻을 수 있는데 이제 부처님께서 돌아가시면 그 사람들은 오지 않을 것입니다. 저희들은 어떻게 해야 합니까?』

『아난아, 내가 탄생한 가빌라국의 룸비니 동산을 생각하는 것도 좋고, 내가 성도한 네란자라의 보리

수 아래를 생각하는 것도 좋으며, 내가 처음으로 법을 설한 사슴동산을 생각하는 것도 좋으며, 사라쌍수의 동산을 생각하는 것도 좋다. 그렇게 하면 너희들은 복을 얻으리라. 내가 말한 이 네 곳은 너희들이 의지할 곳이 된다.

아난아, 신심이 있어서 여래의 공덕을 생각하며 한 송이의 꽃이라도 허공에 흩으면 그 인연으로 열반의 이치를 깨닫게 될 것이고, 여래의 이름을 듣는 자도 열반의 이치를 깨닫게 될 것이다.

아난아, 여래는 모든 복전 가운데 제일이 되느니라. 나는 모든 귀의처가 되고 모든 집이 되며, 어두운 가운데 등불이 되고, 눈 먼 자에게는 눈이 되느니라.』

아난이 다시 여쭈었다.

『찬나라는 비구가 있습니다. 그는 성품이 경망하고 거칠어 누구에게든지 욕을 하고 달려들기를 좋아하며 매일같이 많은 비구들과 싸움을 일삼고 있습니다. 부처님께서 돌아가신 뒤에는 어떻게 하면 좋겠습니까?』

『너희들은 그와 상대하여 말을 하지 않는 것이 좋다. 그리하면 그도 반성하고 바른 길로 들어설 때가 있으리라.』

『만일 많은 여자들이 찾아와서 비구들과 만나려고 할 때에는 어떻게 하는 것이 좋겠습니까?』

『만나주어서는 안 될 것이다.』

『만일 만나지 않을 수 없는 긴박한 때에는 어찌합니까?』

『설령 만나주더라도 서로 얘기를 주고받지는 말아라.』

『만일 도를 듣겠다고 청하면 어찌합니까?』

『그녀들을 위하여 법을 설하는 것은 좋을 것이다. 그러나 늙은이는 어머니로 생각하고, 자기보다 나이 많은 이는 누이로 생각하며, 조금 연소한 자는 손아래 누이동생으로 생각하고, 어린 자에게는 딸로 생각하여 너희들의 몸과 말과 뜻에 깊이 주의하는 것이 좋다.』

『부처님께서 생존하시던 때에 공양을 올리는 것과 돌아가신 뒤에 공양을 올리는 것에 공덕의 차이가 있습니까?』

『조금도 차이가 없다. 여래의 법신은 영구히 존재하기 때문이다. 아난아, 여래를 보는 것은 성인의 법을 보는 것이고, 성인의 법을 보는 것은 성인의 무리를 보는 것이며, 성인의 무리를 보는 것은 열반을 보는 것이다. 그러므로 삼보는 상주하여 변함이 없어서 언제나 중생이 돌아갈 곳임을 알아야 한다.』

아난이 또 여쭈었다.

『부처님께서 열반에 드신 뒤에 장례는 어떻게 모셔야 합니까?』

『너는 그 일에 대하여 마음 쓸 것이 없이 오직 도를 지키는 것이 좋다. 나를 위하여 시봉할 시간에 너의 선근을 위해 너의 온몸을 바치는 것이 좋다. 내게서 들은 것을 기쁜 마음으로 다른 사람에게 설해주는 것도 좋다. 장례식은 천신이나 바라문, 왕이나 청신사들 가운데서 어진 이들이 나와 내 몸을 장사지내 줄 것이다.』

『그들은 어떤 방법에 의하여 장례를 모시게 됩니까?』

『모든 나라에서 제 나라의 왕을 장례하는 법에 의할 것이니라.』

『그 법은 어떤 것입니까?』

『내 시신을 거둔 다음에 탕을 끓여서 깨끗이 씻고, 솜으로 싸서 금관에 넣어 향유를 뿌리고 향으로 싸서 관을 봉한 다음, 좋은 장소로 운반하여 불에 태우고, 시리를 거두어 탑을 세울 것이다. 지나다니는 사람들은 탑에 절하고 꽃을 올리며, 향으로 공양을 올려서 공덕을 닦을 것이다. 이것이 왕을 장례하는 법식이다.』

이 말씀을 들은 아난은 근심을 이기지 못하고, 가만히 뒤에 있는 방으로 가 숨은 채 홀로 탄식하였다.

「나는 아직 무상의 도를 얻지 못했는데, 부처님께

서 이제 나를 버리고 열반에 드시는구나. 나는 어느 때나 해탈의 길을 밟을 것인가. 나는 누구를 위하여 아침에 물을 긷고, 저녁에는 자리를 깔아드리며, 걸식을 나갔다가 돌아오실 때마다 얼굴을 씻게 하고 손과 발을 씻게 하여 드릴 것인가.」

이렇게 생각하고 한숨을 쉬다가, 미친 듯이 뛰쳐나와 나뭇가지에 기대고 가슴을 치며 울고 있었다.

그때 부처님께서 곁에 있는 비구에게 물으셨다.

『아난은 어디 갔느냐?』

『나무 밑에 가서 울고 있습니다.』

부처님이 비구를 불러 말씀하셨다.

『아난에게 가서 내가 찾는다고 전하여라.』

비구가 아난에게 전하니, 아난은 돌아와서 부처님께 절하고 옆에 섰다. 부처님이 아난을 보시고 측은하게 생각하시어 말씀하셨다.

『아난아, 나는 너를 위해 일체의 모든 행은 다 무상한 것이라서 만나는 자는 반드시 헤어지는 것이라고 가르쳤다. 그런데 너는 이제 와서 왜 근심하고 울고만 있느냐? 아난아, 너는 옛날부터 나를 시봉해왔고 나에게 무슨 일이든지 입의 혀처럼 힘써 주었다. 너의 몸과 입과 뜻은 항상 깨끗하여 티가 없었다. 이제부터 모든 생각을 비우고 힘써 정진하며 공부하여라. 그러하면 얻어지는 복은 한량이 없을 것이다.

모든 비구들아, 아난이 저렇게 슬퍼하는 것은 얼마 가지 않아 해탈을 얻을 징조다. 비구들아, 옛날부터 모든 여래는 다 아난과 같은 시자가 있었고 이후의 모든 여래도 다 아난과 같은 시자가 있을 것이다. 비구들아, 아난은 심심이 견고하고 마음이 정직하며, 몸이 건강하여 항상 부지런히 정진하며 게으른 일이 없었다. 아난의 지혜는 깊고 묘하며 내가 설한 법을 남김없이 기억하고 있다.

비구들아, 아난은 나의 기거동작과 모든 생활을 잘 알고, 누가 와서 나를 만나려고 할 때에는 나를 위하여 때가 좋은가, 어떤가를 헤아려 만나게 했다. 내가 어느 때에는 비구를 만날 것인가, 어느 때에는 비구니를 만나고, 어느 때에는 청신남 청신녀를 만나며, 어느 때에는 바라문·제왕·장자 거사와 또는 모든 사람을 만날 것인가를 다 헤아리고 있었다. 그러므로 저들이 편리하게 와서 나를 만나며 내게서 법문을 듣고 많은 공덕을 얻게 된 것이다. 이것은 다 아난이 때의 적당함을 헤아려 저들을 내게 안내해 준 까닭이다.

비구들아, 전륜성왕이 거동하여 지방에 갔을 때에 이 왕의 모습을 보는 자는 바라문이나 다른 왕자나 대신 등 누구든 모두 기뻐하며 왕의 말을 듣고, 또 헤어지게 될 때에는 애석하게 여겨 견디지 못한다. 사람들이 아난을 대하는 것도 또한 이와 같다.』

부처님은 여러 비구들에게 아난을 찬양하여 말씀하신 뒤에 다시 아난에게 말씀하셨다.

『아난아, 내가 열반에 들면 해탈을 얻을 기회가 없어질까 하고 괴로워하거나 슬퍼하지 말라. 내가 성도한 뒤에는 너에게 말한 일체의 가르침과 계율이 모두 다 너의 스승이니, 너는 이것을 지키고 믿어야 한다.

 나는 세상의 아버지요 세상의 벗이다. 그리하여 아버지로서 또는 벗으로서 하지 아니하면 안 될 일을 다 하여 마쳤다. 너는 내가 열반에 든 뒤에도 이것을 생각하고 실행하여 게을리 하지 않으면 큰 제자들과 같이 세상을 인도하고 크게 불사를 닦으리라. 아난아, 부질없이 몸과 마음을 피로하게 하지 말라. 너는 반드시 해탈을 얻어 나의 정법을 널리 유포하고 인천을 지도할 것이다.』

 이 말씀을 듣고 아난의 근심은 적어졌다.
 『부처님이시여, 부처님의 가르치심을 듣고 마음이 편안하고 후련해 졌습니다. 그러나 여쭈어 볼 말씀이 있습니다.

 부처님이시여, 여기에서 멀지 않은 곳에 베살리가 있고, 마가다국의 라자가하가 있고, 가빌라국 등도 있어 어느 곳이든지 모두가 백성들이 번영하고 불법이 융성합니다. 그러함에도 어찌하여 그런 훌룡한 곳으로 가시지 않고 이 시골 구석의 나라인 구시나가라에서 열반에 드시려 하십니까?』

『그런 말 하지 말라. 미천하고 가난한 집이라도 왕이 거동하면 귀해지는 것이요, 아무리 값이 싼 약이라도 그 약을 먹고 병이 나으면 사람들이 기뻐한다. 아난아, 이 성은 보잘 것 없으나 묘한 공덕으로 장엄되어 있는 곳이다. 이곳은 오랜 옛적부터 모든 여래와 보살이 수행하던 곳으로, 나 또한 여기에 와서 왕이 되었던 적도 있었다. 이제 내가 이곳에 와서 열반에 드는 것은 이 땅에 대한 옛날의 은혜를 갚으려 함이니라.』

『불가사의한 일입니다. 이제부터 저는 다시는 이 땅이 변변치 않다는 말을 입에 담지 않겠습니다.』

부처님께서 아난에게 다시 말씀하셨다.

『너는 성 안에 들어가 여러 사람들에게 오늘밤에 여래가 열반에 들 것이니, 의심나는 일이 있거든 와서 물어보라고 알리어라.』

아난과 비구들이 성 안으로 들어가 부처님의 말씀을 전하니, 이 소식을 들은 사람들의 슬피 우는 소리가 성을 넘쳐 났다. 소문은 왕궁에까지 전해졌고 왕은 깜짝 놀라 아신태자에게 명했다.

『너는 곧 부처님이 계신 곳으로 달려가 내가 올리는 말씀이라 전하고, 부처님께서는 궁전으로 들어오셔서 열반에 드시는 것이 아비의 소원이니 곧 들어오시라 하여라. 어떻게 해서든지 청하여 모시고 오너라.』

아신태자는 급히 부처님이 계신 곳으로 가서 아난을 통해 왕의 소원을 부처님께 아뢰었다. 부처님께서 태자를 보겠다고 하시니 부처님께 나아간 태자가 여쭈었다.

『모든 중생은 깊은 바다에 빠져 잠기려 합니다. 오직 부처님만이 이것을 건져주실 수 있습니다. 그런데 열반에 드시겠다고 하시니 실로 놀랍고 뜻밖의 일입니다. 부처님의 열반은 왜 이렇게 빠르신지요? 천지가 캄캄합니다. 부처님이시여, 천하를 비추던 해도 서산으로 넘어가는데, 하물며 부처님의 열반을 누가 막겠습니까? 그러나 열반에 드시려거든 이 수풀 속에서 돌아가시지 마시고, 원하옵건대 저의 아버지의 궁전으로 들어오십시오. 이것은 저의 소원일 뿐만 아니라 제 아비의 소원이옵니다.』

『아신아, 세상은 참이 아니기 때문에 즐거운 것이 될 수가 없는 것이다. 지혜가 있는 자는 반드시 여래를 만나 법문을 듣기를 원하며, 신심을 갖고 계율을 지키며 보시를 베풀고, 많이 듣고 많이 배우는 것이다. 그러므로 세상의 더러운 업을 여의고 세세생생의 부귀를 받고 이름이 널리 알려지며, 필경에는 해탈을 얻게 된다.

아신아, 돌아가서 왕에게 고맙다고 전해다오. 하지만 이 땅은 나의 숙연이 깊은 곳으로 나의 최후의 몸을 이 곳에 둘 것이니라.』

태자가 돌아가 부처님의 말씀을 전하자, 왕은 오늘 밤에 부처님이 돌아가신다는 소식을 성중에 알리고 시민들과 함께 사라나무 숲으로 나왔다.

아난은 수많은 사람들이 한 명씩 부처님을 뵙게 하려면 밤을 새워도 끝낼 수가 없었으므로 무리를 지워서 뵙도록 하곤 부처님께 말씀드렸다.

『부처님이시여, 구시나가라의 말라인들이 부처님의 발아래 절하옵니다.』

부처님이 그들을 위로하자, 왕이 여쭈었다.

『부처님이시여, 원컨대 가르쳐 주십시오. 저희들은 가르침을 받들어 실천하겠습니다.』

『너희들은 슬퍼하지 말라. 나는 생사가 없는 깨끗한 곳으로 간다. 열반은 항상 고요하고 영원히 근심이 없는 곳이니 나를 위히여 근심하지 말라.

너희들은 선행을 생각하고 악행을 멀리하며, 전일의 잘못을 고치고 돌아올 복덕을 닦아라. 덕행에 힘쓰고 어진 사람과 친하여라. 일이 생길 때에는 생각을 깊이 하여 처리하고 졸렬하게 처리하지 말라. 사람의 목숨은 얻기 힘든 것이니 만민을 불쌍히 여겨라. 지혜가 밝은 자는 귀하게 여기고 어리석고 미련한 자는 용서하며, 가난한 자에게는 베풀어주고 없는 자는 도와주어라. 백성을 대하되 아들과 같이 하고, 정사를 바로 하여 모든 원망이 없게 하며, 모든 백성에게 이익을 주어 상하가 항상 즐기게 하라. 이것이 영겁토록 복되는 길이다. 이 길은 나를 만나는 길이며 모든 고통의 그물에서 벗어나는 길이다.

도를 행하는 것은 마음에 있는 것이니, 반드시 나를 보는 것이 필요하지 않다. 병자가 의사를 못 만나더라도 그의 처방에 의하여 약을 먹으면 병고를 없애는 것과 같다.

누구든 내가 가르친 대로 행하지 않는다면 나를 만나더라도 이익이 없는 것이요, 나와 같이 있을지라도 나를 떠나서 멀리 있는 것과 같다. 누구나 도를 행한다면, 나와 멀리 있을지라도 나와 가까이 있는 자라 말할 수 있을 것이다. 너희들은 방일하지 말고 부지런하여라.』

7. 마지막 제자 수밧다의 귀의

 그때에 구시나가라의 나이 많은 외도 수밧다는 백이십 살이나 먹은 노인이었지만 박학다문하여 사람들의 존중을 받고 있었다. 그는 성의 사람들이 모두 부처님의 임종을 보러 간 것을 알고 이렇게 생각했다.

「나는 도에 관한 여러 가지 책을 보았다. 부처님이 세상에 출현하시는 것은 우담바라의 꽃이 피는 것과 같아서 극히 드물다고 했다. 내 마음 가운데에는 아직도 의심이 있다. 부처님이 아니면 이것을 누가 밝혀주겠는가? 밤은 깊었지만 여쭈어 봐야겠다. 때를 놓치면 큰일이다.」

 수밧다는 부처님이 계신 사라나무 아래로 가다가 숲 밖에서 아난을 만났다.

『나는 고타마께서 열반에 드신다는 소식을 듣고 만나 뵈러 왔소. 청컨대 그분이 열반에 들기 전에 내가 그 가르침을 받게 해 줄 수 없겠소?』

『수밧다여, 그 뜻은 좋으나 부처님께서는 임종이 가까웠으니 번거롭게 아뢸 수가 없습니다.』

수밧다가 세 번이나 간절히 요청했지만 아난은 끝내 거절했다. 이때 두 사람의 대화를 들은 부처님께서 아난을 부르셨다.

『아난아, 내 마지막 제자 될 사람을 막지 말라. 수밧다의 요청을 허락하고 내게로 데리고 오너라. 나는 그를 만나고 싶다. 그는 마음이 곧고 지혜가 총명한 사람이므로 내게 와서 의심을 풀어보려고 하는 것이지, 희롱을 하러 온 사람이 아니다.』

아난은 어쩔 수 없이 수밧다를 부처님 앞으로 인도했다. 수밧다는 좋아서 어쩔 줄 몰라하며 기쁨에 넘쳐 부처님 발에 절하고 꿇어앉아 여쭈었다.

『부처님이시여, 세상에는 여러 종류의 학자가 있으며 제각각 큰 스승이라고 합니다. 푸라나, 막칼리, 산자야, 아지타, 파쿠다, 니간타 등이 다 그런 분들입니다. 이 분들은 자기가 설하는 바를 정견이라 하고 다른 이의 것은 사견이라 하며, 자기의 소행을 해탈의 인연이라 하고 다른 이의 소행은 생사의 인연이라 하며 서로 배척하고 싸웁니다.

　부처님이시여, 어떤 것이 참으로 생사의 인연이 되고 해탈의 인연이 되는 것입니까? 저네들도 진리를 알고 있다고 하오리까? 모르는 것도 있다고 하오리까? 청컨대 가르쳐주시기 바랍니다.』

『수밧다여, 그대를 위하여 설하겠소. 8정도가 해탈의 도이므로 8정도를 가지면 해탈의 인연이 되고, 8정도를 가지지 않으면 생사의 인연이 되오.

　수밧다여, 저 육사외도들은 사견을 가지고 있으니 금세와 후세에 대하여 스스로 지은 과보를 받게 되는 것이오. 그들은 8정도를 믿지 않고 조물주라는 귀신에게 제사를 드리고 점을 쳐서 복을 구하고 있소. 그들은 삿된 생각을 가지고 있으니 뜻에 따라 욕심과 분노를 일으키는 것이오.

　그들은 삿된 말을 가지고 있으니 거짓말과 꾸미는 말과 비방과 아첨하는 말을 쓰는 것이오. 또한 그들은 삿된 업을 범하고 있으니 살생하고 음란한 짓을 좋아하는 것이오. 그들은 삿된 생활을 하고 있으니 악을 그치지 않고 선을 행하지 않는 것이오. 그들은 삿된 노력을 하고 있으니 도에 의지하지 않고 의식을 탐하는 것이오. 그들은 삿된 염원을 가지고 있으니 항상 즐거움을 탐하고 어진 사람을 미워하는 것이오. 그들은 삿된 선정을 가지고 있으니 천상에 나서 쾌락을 받는다는 욕심만 키우고 해탈의 큰 일을 돌아보지 않는 것이오. 그러므로 육사외도들은 정견의 인연도 아니며 해탈의 인연도 아닌 것이오.

수밧다여, 나는 출가하여 보리수나무 아래에서 8정도를 굴렸고 도를 깨친 뒤 45년 동안 바른 견해, 바른 생각, 바른 말, 바른 행, 바른 생활, 바른 정진, 바른 집중, 바른 선정을 굴리며 펼쳐왔소.

수밧다여, 사람들은 흔히 생각하기를 업보가 다해야 고통이 다하는 줄 알지만, 실제는 그렇지 않소. 번뇌가 다해야 업의 고통도 다하는 것이오.

수밧다여, 만일 업과 인연을 끊어야만 해탈을 얻

는다면 일체 성자도 해탈을 얻지 못할 것이오. 중생의 근본 업은 처음과 끝이 없는 것이오. 8정도는 처음과 끝이 없는 두터운 업을 닦는 것이오. 만일 고행만을 힘써서 도가 얻어진다면 일체의 축생들도 다 도를 얻을 것이오. 몸을 조복한다 하여 고생만 시킨다고 도가 얻어지지 않소. 먼저 마음을 조복하여야 도를 얻는 것이오. 이 8정도가 참된 해탈의 인연이라는 것을 알아야 하오.

이것이 여래의 일체종지인 것이오. 의심이 있거든 물으시오. 나는 싫어하지 않소.』

이 말씀을 들은 수밧다가 말씀드렸다.

『부처님이시여, 저는 깨달아 알았습니다. 저는 지금까지 신봉해오던 미천한 도를 버리고 청정한 행을 취하고자 합니다. 청컨대 저의 출가를 허락하여 주십시오.』

부처님께서 출가를 허락하니 수밧다는 곧 머리를 깎고 비구가 되었다. 부처님께서 다시 그를 위하여 사성제의 도를 설하시니 수밧다는 곧 도를 얻었다.

부처님께서 아난에게 말씀하셨다.

『나는 사슴동산에서 교진여 등 다섯 비구를 처음으로 구제한 뒤로 오늘 마지막으로 수밧다를 제도하였다. 이제 제도할 자를 다 제도하여 마쳤다. 이제부터 너희들은 나의 도를 받들고 서로서로 전하여 부지런히 가르치면, 나의 도는 미래세까지 머물며 멸하지 않을 것이다.

아난아, 수밧다는 외도였으나 나는 그의 선근이 익은 것을 알고 허락하여 도에 들게 하였다. 내가 간 뒤에 외도들이 와서 불도를 구하거든, 너희들은 4개월 동안 그의 뜻을 살핀 뒤에 행을 보아서 허락하여라.』

그러자 수밧다가 아뢰었다.

『부처님이시여, 4개월은 짧습니다. 40년 동안 경을 배우게 하고 그 뒤에 입도를 허락하신다 하더라도 저는 순종하겠습니다. 3~4년 동안은 행자로 지낸 뒤에 사미로 들게 하십시오. 4개월은 너무 짧습니다.』

『수밧다여, 네 말이 맞다. 틀림없는 말이다. 나는 너의 뜻이 돈독함을 알고 있다. 너의 말은 거짓이 없다.』

수밧다가 다시 여쭈었다.

『부처님이시여, 저는 부처님께서 열반에 드시는 것을 뵈올 수가 없습니다. 그러므로 제가 먼저 열반에 들고자 하오니 허락하여 주십시오.』

부처님께서 허락하니 수밧다는 부처님에 앞서 세상을 떠나고 말았다.

8. 부처님의 열반과 다비식

밤이 깊어 자정이 가까워진 시각이었다.

『너희들은 고요히 하여라. 나는 이제 열반에 들겠노라.』

부처님께서는 마지막 말씀을 남기시곤 곧 고요한 적정에 들어 초선에 들어가셨다. 초선에서 출정(出

定)하여 제2선에 드시고, 제2선에서 출정하여 제3선에 드시고, 제3삼선에서 출정하여 제4선과 공처정, 식처정, 무소유처정, 비상비비상처정에 차례로 들고난 뒤에 멸수상정에 드셨다.

그리고 멸수상정에서 출정하여 거꾸로 비상비비상처정, 무소유처정, 식처정, 공처정, 제4선, 제3선, 제2선을 거쳐 초선에 드셨다가 다시 초선에서 출정하여 제2선, 제3선, 제4선에 드셨다가 제4선에서 출정하여 곧바로 열반에 드셨다.

그 순간 대지가 진동하고 하늘에서 북이 울리며 꽃비가 내렸다.

이때 사바세계의 주인인 범천이 게를 설했다.

세간에 생명 가진 모든 것은
마침내 신체를 버릴 것이다.
이 세상에 비길 데 없는 사람
십력(十力)을 갖춘 스승
정각자가 열반에 들어가듯이.

또 제석천은 다음과 같은 게를 설했다.

제행(諸行)은 무상하니
생멸의 성질을 가진 것이다.
생하면 멸하고 또 멸하니
제행의 적멸(寂滅)은 즐거움이라.

부처님께서 열반에 드신 뒤 7일 동안은 말라 사람들의 바람대로 공양을 올리게 했다. 7일이 지나자 말라 사람들은 부처님께서 말씀하신대로 깨끗한 새 솜으로 성체를 싸서 금관에 모신 뒤에 향수를 뿌리고 아름다운 꽃을 올렸다. 그리곤 성체를 화장하기 위해 보관사의 절 앞뜰로 성체를 모셔갔다. 사람들은 뜰 가운데에 향나무 장작을 쌓아놓고 그 위에 금관을 모신 뒤에 향유를 붓고 횃불을 붙였다. 하지만 세 번이나 불을 붙였지만 도무지 불이 붙지 않았다.

이상하게 여긴 사람들이 아나율한테 그 까닭을 물으니 그가 말했다.

『가섭을 기다리시느라고 그런가 봅니다.』

이 무렵, 가섭은 부처님께서 열반에 드셨다는 소식을 듣고 5백 명의 제자들과 함께 구시나가라를 향해 걸음을 재촉하고 있었다. 한낮이 되어 가섭 일행이 나무 밑에서 쉬고 있을 때였다. 아유라는 외도의 수행자가 머리에 아름다운 꽃을 꽂고 앞을 지나갔다. 그를 보고 가섭이 물었다.

『어디서 오는 길이요?』

『구시나가라에서 옵니다.』

『그렇다면 우리 스승의 일을 알고 있소?』

『고타마는 구시나가라 성 밖의 사라쌍수 아래에서 아흐레 전에 열반에 들었소. 그 유체는 제자들에 의해 지금 보관사 절에서 화장을 하려 하오. 내가 지금 머리에 꽂은 꽃도 거기에서 얻은 것이오.』

가섭 일행은 다비식이 끝나기 전에 도착하기 위해 걸음을 재촉하여 보관사로 갔다.

가섭은 향나무 장작더미 위에 모셔진 금관에 절하고 통곡하며, 세 번 주위를 돌았다. 그리고 게송을 읊자 부처님의 두 발이 관 밖으로 나왔다.

부처님의 높고 거룩하신 덕
이루 헤아려 다할 수 없나니
묘하고 높으시어 세상을 뛰어났네.
저 여기 엎드려 예배합니다.

쌓으신 덕 세상에 지극히 높아
무엇으로 거기에 비하리까?
더없이 맑으신 인천의 세존이시여
저 여기 엎드려 예배합니다.

삿된 길을 돌이켜 바른 길로
최상의 성자로서 적정지에 드시니
저 이제 그 법신에 귀의합니다.

가섭이 게송을 끝내는 순간, 저절로 불이 붙더니 삽시간에 향나무와 금관을 태우고 사리만을 남겼다.

9. 사리의 분배

부처님의 사리는 구시나가라의 말나족이 거두었다.

그러자 마가다 국왕 아자타가 부처님께서 열반하셨다는 소식을 듣고 구시나가라의 말나족한테 사람을 보냈다.

『세존도 왕족이고 나도 같은 왕족이니 내가 세존의 사리 일부를 받는 것은 마땅하다. 나도 세존의 사리탑을 만들어 제사를 지내야겠다.』

베살리의 릿차비족도 말나족한테 사람을 보내 세존의 사리를 요구했다.

『세존도 왕족이고 우리도 같은 왕족이니 우리가 세존의 사리 일부를 받는 것은 마땅하다. 나도 세존의 사리탑을 만들어 제사를 지내야겠다.』

또 가빌라성의 석가족도 말나족에게 사람을 보냈다.

『세존은 우리 종족의 가장 뛰어난 친족이다. 그러므로 우리들도 마땅히 사리탑을 만들고 제사를 지내야겠다.』

그러자 이번에는 말나족도 나섰다.

『세존께서는 우리들 마을에서 열반에 드셨다. 우리도 사리의 일부를 받아야겠다.』

이렇게 하여 여덟 나라에서 서로들 사리를 가져가겠다고 다툼이 벌어지자 도나(香性)라는 한 바라문이 나섰다.

그대들은 나의 말을 들으시오.
우리들의 붓다는 인욕을 말하셨다.
내자대비한 부처님의 시리분배에
다투는 일은 좋지 않다.
우리들은 모두가 돕고 화합하여
서로 사이좋게 여덟으로 분배하자.
널리 사방에 탑을 세우자
대중은 성현의 신자이어라.

대중들은 도나 바라문의 중재를 받아들였다.

『바라문이여, 그대가 세존의 사리를 여덟으로 나누어 평등하게 분배하시오.』

도나 바라문은 세존의 사리를 여덟으로 나누어 평등하게 분배한 다음 모인 사람들에게 말했다.

『그대들이여, 이 병(사리를 담았던)은 내게 주시오. 나도 사리탑을 만들어 제사를 지내고 싶소.』

대중들은 도나 바라문의 공을 인정해 병을 주었고, 도나는 병을 가져다가 탑을 세웠다.

또한 사리 분배가 끝난 뒤에, 「세존께서 구시나가라에서 열반하셨다」라는 소문을 들은 모리아족도 사리 분배를 요구했으나, 말나족은 「세존의 사리는 분배되어 일부분도 없다. 그러니 재라도 원한다면 가져가도 좋다」고 거부했다. 모리아족은 어쩔 수 없이 사리를 수습하고 남은 재를 가져가 회탑을 세웠다.

제 5 편

근본교리

1. 사성제(四聖諦)와 십이연기(十二緣起)

사성제 - 고·집·멸·도

6년 동안의 고행 끝에 35세 되던 십이월 팔일에 깨달음을 이루신 부처님은 21일 동안 선정에 드신 후 가장 먼저 제도할 사람을 관찰하셨다. 그리고 수년간 같이 고행했던 콘단냐, 앗사지, 밧디아, 마하아나, 밥파 등 다섯 비구를 생각하셨다. 그들이 숙세의 선근이 있기에 법을 들으면 깨침을 얻을 수 있음을 아신 부처님은 그들이 수행하고 있던 사슴동산을 찾아 다섯 수행자에게 사성제를 설하셨다.

『여래가 깨달은 법에 사성제가 있으니 곧 고성제(苦聖諦) 고집성제(古集聖諦) 고멸성제(苦滅聖諦) 고멸도성제(苦滅道聖諦)이다.

고성제란 모든 중생들은 고(苦)의 존재란 뜻이다.

나고 늙고 병들어 죽는 것이 고이며, 구하는 것이 뜻대로 되지 않는 것, 사랑하는 사람과 이별, 원수와 만남 그리고 정신과 육체로 된 이 신명(身命) 자체가 고의 집합체이므로 고성제라 한다.

  고집성제란 고의 원인을 가져오는 원인으로서 무명을 말하니, 모든 중생이 이 무명으로부터 '나'라는 생각을 일으키고 그 행업으로부터 생사에 들어가게 된다.

  고멸성제란 고의 원인인 무명과 행업을 제거하여 본능의 영원성이 끊어지고 생사의 고해를 벗어나 해탈의 결과를 받는 것이다.

  고멸도성제란 고가 없는 해탈 열반에 이르는 길로 이를 팔정도(八正道)라 하며, 팔정도란 고와 집을 멸하는 여덟 가지의 길로서 바른 견해(正見)·바른 생각(正思惟)·바른 말(正語)·바른 행동(正業)·바른 생활(正命)·바른 정진(正正進)·바른 집중(正念)·바른 선정(正定)이다. 팔정도로 고와 집을 멸해 버린 것이 진여도(眞如道)이므로 고멸도성제라 한다.

성인의 도에 마땅히 알 것과 끊을 것, 얻을 것과 닦을 것이 있으니, 고성제는 마땅히 알 것이요, 고집성제는 마땅히 끊을 것이며, 고멸성제는 마땅히 얻을 것이며, 고멸도성제는 마땅히 닦을 것이다. 그러므로 고의 원인을 알고 그 원인인 집을 끊고 멸을 얻기 위하여 도를 닦는 것이다.

고를 알고 집을 끊고 멸을 얻으면 이것이 도이니, 멸을 얻기 위해서 팔정도를 수행하라.』

이 법문을 들은 다섯 수행자는 그 자리에서 깨달음을 얻어 예배하고 부처님의 제자가 되었으니, 그들이 바로 부처님의 첫 제자 다섯 비구였다.

십이연기

부처님께서 구루국 캄마라는 마을에 계실 때 아난이 연기법을 여쭙자 부처님은 다음과 같이 말씀하셨다.

『이는 사제법의 고집성제(古集聖諦=집제)이며 집제란 ①무명(無明) ②행(行) ③식(識) ④명색(名色) ⑤육입

(六入) ⑥촉(觸) ⑦수(受) ⑧애(愛) ⑨취(取) ⑩유(有) ⑪생(生) ⑫노사(老死)로서 고의 원인을 말한다.

아난아, 만일 어떠한 사람이 「어떠한 인연으로 ⑫늙고 죽음(노사)이 있느냐」고 물으면 「⑪태어남(생)의 인연으로 늙음과 죽음이 있다」고 말하리라.

또 「⑪어떠한 인연으로 태어남(생)이 있느냐」고 물으면 「⑩존재(유)의 인연으로 ⑪태어남(생)이 있다」고 하리라.

「어떤 인연으로 ⑩존재(유)가 있느냐」고 물으면 「⑨취착(취)을 인연으로 ⑩존재(유)가 있다」고 하리라.

이와 같이 ⑨취착(취)은 ⑧갈애(애)를 인연으로, ⑧갈애(애)는 ⑦감수(수)를 인연으로, ⑦감수(수)는 ⑥접촉(촉)을 인연으로, ⑥접촉(촉)은 ⑤육입(안이비실신의)를 인연으로, ⑤육입은 ④명색(정신과 육체)를 인연으로, ④명색은 ③의식(식)의 인연으로, ③의식(식)은 ②행을 인연으로, ②행은 ①무지(무명)를 인연으로 일어난다고 말한다.

또한 ①무명은 무명을 인연하여 ②행이 있고, 행을 인연하여 ③식이 있고, 식을 인연하여 ④명색이 있으니, 이와 같이 명색을 인연하여 ⑤육입이 있고, 육입을 인연하여 ⑥촉이 있고, 촉을 인연하여 ⑦수가 있고, 수를 인연하여 ⑧애가 있고, 애를 인연하여 ⑨취가 있고, 취를 인연하여 ⑩유가 있고, 유를 인연하여 ⑪태어남이 있고, ⑪태어남으로 ⑫늙음과 죽음이 있으므로 근심걱정과 슬픔과 괴로움이 있는 것이다. 이것이 모두 괴로움의 덩어리이므로 온취(蘊取)라 한다.

아난아, 모든 중생이 ⑪태어남이 없다면 ⑫늙음과 죽음이 없으리라. 이것이 태어남으로 인하여 늙음과 죽음이 있다는 것이다.

⑩존재(有)의 인연으로 ⑪태어남이 있다 함은 예를 들어 욕계·색계·무색계의 모든 존재가 없다면 모든 중생의 태어남이 있을 수 없으므로, 유의 인(因)이 없으면 태어남의 연(緣)과 늙음과 죽음의 과(果)도 없다는 것이다.

⑨취착(취)의 인연으로 ⑩존재(유)가 있다 함은 욕취(欲取: 모든 번뇌의 집착) · 견취(見取: 견해의 집착) · 계금취(戒禁取: 계율에 대한 집착) · 아어취(我語取: 나라는 주관의 집착) 등에 대한 취착심이 '나'와 '내 것'이라는 생각을 일으켜 존재를 세운다는 것이다.

⑧갈애(애)를 인연으로 ⑨취착(취)이 있다 함은 색(色) · 성(聲) · 향(香) · 미(味) · 촉(觸) · 법(法)의 여섯 가지 감각 대상에 대한 좋고 싫어함이 취착을 일으킨다는 것이다.

⑦감수의 인연으로 ⑧갈애(애)가 있다 함은 눈(眼) · 귀(耳) · 코(鼻) · 혀(舌) · 몸(身) · 마음(意) 등의 감각기관이 바깥 대상을 받아들임으로서 좋고 싫어함을 느낀다는 것이다.

아난아, 이렇듯 ⑦감수를 인연으로 ⑧갈애가 생기고 갈애를 인연으로 구하는 마음이 생기고, 구하는 인연으로 이익심이 생기고, 이익심의 인연으로 용(用: 수용)이 생기고, 용의 인연으로 탐욕이 생기고, 탐욕의 인연으로 착심이 생기고, 착심으로 시기심이 생기고, 시기심의 인연으로 지키려는 마음이 생기며, 지키려는 마음에서 보호하는 마음이 생기며, 이 보호하려는 마음 때문에 총칼을 들고 서로 싸우며 송사하고 악담하며 거짓말하는 등 무수한 죄악이 생기는데, 이 모두가 갈애로 인한 인과응보니라.

⑥접촉을 인연으로 ⑦감수가 있다 함은, 감수란 대상에 대한 느낌이니 눈(眼)·귀(耳)·코(鼻)·혀(舌)·몸(身)·마음(意) 등의 감각기관이 바깥 대상과 접촉한 뒤에야 그 대상에 대한 좋고 싫어함을 느낄 수 있다는 것이다.

⑤육입(眼耳鼻舌身意)을 인연으로 ⑥접촉이 있다 함은 중생한테 눈·귀·코·혀·몸·마음을 통해서만이 바깥 경계와 접촉할 수 있으므로, 육입이 없이는 접촉이 없다는 것이다.

④명색(정신과 육체)을 인연으로 ⑤육입이 있다 함은 중생이 의식작용과 그 의식이 깃들어있는 몸이 없다면 눈·귀·코·입·몸·마음도 없을 것이기에

육입은 명색을 인연한다는 것이다.

③식을 인연으로 ④명색이 있다 함은 식이 모태에 들지 않으면 모태에서 명색이 구성될 수 없다는 것이다. 부모의 정혈이 있다 하더라도 식이 화합되지 않으면 모태에서 명색을 구성할 수 없으므로 식 작용도 끊어질 것이고 아기도 성장하지 못한다.

또한 아난아, ④명색을 인연으로 ③식이 함께 하는 것이다. 만일 식이 명색의 근거를 얻지 못하면 식이 의존할 데가 없게 될 것이니 미래에 태어나고 늙고 죽는 존재의 근거조차도 없게 될 것이다. 그래서 명색을 인연으로 식이 함께 한다고 하는 것이다.

아난아, ①무명이 집성제의 근본이 되어 무명의 ②행으로 식을 일으키고, 식과 명색이 선후로 교차하면서 끝없는 윤회고를 일으키므로 끊임없이 태어나고 늙고 죽고 또다시 태어나고~를 반복하는 것이다. 이렇듯 윤회가 그치지 않는한 식은 명색의 인이 되고, 명색은 식의 인이 되어 함께 하는 것이다.』

부처님께서 기원정사에 계실 때 사제법을 설하셨다.

『멸제라 함은 무엇인가. 멸제란 애욕과 탐착과 번뇌가 다하여 남음이 없고 다시 일어나거나 짓지 않는 것이니 이것을 멸제 또는 고진제(苦眞諦)라 한다.

또한 멸제란, 고의 원인인 집제를 관찰하고 팔정도를 방편으로 하여 ①무명이 없어지면 ②행이 없어지고, 행이 없어지면 ③식이 없어지고, 식이 없어지면 ④명색이 없어지고, 명색이 없어지면 ⑤육입이 없어지고, 육입이 없어지면 ⑥촉이 없어지고, 촉이 없어지면 ⑦수가 없어지고, 수가 없어지면 ⑧애가 없어지고, 애가 없어지면 ⑨취가 없어지고, 취가 없어지면 ⑩유가 없어지고, 유가 없어지면 ⑪생이 없어지고, 생이 없어지면 ⑫노사가 없어져 일체의 근심고통과 번뇌망상이 없어진다. 이것을 고의 원인이 없어진 멸제라 한다.』

집제의 십이인연이 고제의 사고팔난을 형성하므로, 도제의 팔정도를 인연으로 멸제의 열반락을 득하니 이것이 사제법이며 곧 중생이 부처가 되는 길이다.

팔정도

어느 날 사리불존자는 사슴동산에서 대중들에게 사제법을 설하셨다.

『도제란 고를 없애고 멸제에 이르는 팔정도를 말하며 팔정도란,

①정견(正見 : 바른 견해)

②정사유(正思惟 : 바른 생각)

③정어(正語 : 바른 말)

④정업(正業 : 바른 행동)

⑤정명(正命 : 바른 생활)

⑥정정진(正精進 : 바른 정진)

⑦정념(正念 : 바른 집중)

⑧정정(正定 : 바른 선정)이다.

정견이란 고제·집제·멸제·도제의 사제를 바로 이해하는 지혜로 어떤 것이 악업이며 어떤 것이 악

업의 근본인지를 알며, 또한 어떤 것이 선법이며 어떤 것이 선법의 근본인지를 아는 지혜요. 이것이 부처님 제자의 정견이며, 그 보는 것이 올바르고 법을 대할 때 깨끗한 신심을 가지면 정법에 통달하게 될 것이오.

악법이란 살생하고 도둑질하는 것이며 사음·망어·악구·양설·잡담·간탐·성냄·사견 등을 말함이요, 또한 악법의 근본이란 탐심·진심·치심을 말하는 것이오.

선법이란 산 목숨을 죽이지 않고 주지 않는 것을 가지지 않는 것이며, 사음·망어·악구·양설·잡담·간탐·성냄·사견 등을 떠난 것을 말하며, 선법의 근본이란 탐하지 않는 것, 성내지 않는 것, 어리석지 않는 것이오.

부처님의 제자로서 이와 같이 악법과 악법의 근본을 알고 또 선법과 선법의 근본을 알면 그는 탐(貪)의 번뇌와 진(瞋)의 번뇌를 제거하고, '나는 있다'고 하는 아상과 아만을 버리며 무명을 끊고 지혜를 밝혀 현실의 고를 면하니, 이것이 수행자의 정견으로 깨끗한 신심으로 가지고 정법을 통달하게 되는 것이오.』

이 법문을 들은 비구들이 기뻐하며 물었다.

『부처님의 제자로서 지금 말씀하신 것 외에 정견으로써 깨끗한 신심을 가지고 정법을 통달할 다른 법문이 있습니까?』

『그렇소. 부처님의 제자로서 고와 고의 원인을 알고 고를 없앨 줄 알며 고를 없애는 도를 알면, 이것이 수행자의 정견으로써 깨끗한 신심을 가지고 정법을 통달하게 되는 것이오.

고라는 것은, 나고 늙고 병들고 죽는 것이며, 근심·슬픔·번민이 고며, 구하는 것이 얻어지지 않는 것, 그리고 정신과 육체의 모임인 오온(색수상행식)이 고인 것이오.

고의 원인이란, 목마른 갈애가 근본이 되어 애욕과 탐욕을 끌어내며 그 인연으로 나고 죽는 고가 일어나므로 갈애를 고의 원인이라 하오.

갈애를 끊어버리면 고가 끊어지게 되는데, 고를 없애는 도라는 것이 팔정도이니, 정견에서부터 정정에 이르는 것이오. 이것이 고를 알고 고의 원인을 알며 고를 없애고 고를 없애는 도를 알아서 탐심의 번뇌와 진심의 번뇌를 끊고 현실의 고를 없애게 하는 것이오.

정견이란, 모든 것이 인연을 쫓아 나는 것을 바로 보는 것이며, 그런 자는 법을 보는 자이며 법을 보는 자는 정견을 가진 것이오.

정사유란, 번뇌망상을 멀리하고 삼독심을 멀리함이오.

정어란, 망어·기어·양설·악구를 멀리하고, 도리에 맞는 참된 말을 하는 것이오.

정업이란, 살생·도둑질·음행 등을 멀리하고 계행을 지키는 것이오.

정명이란, 부정한 장사나 복술 등의 수단을 멀리하고 정당한 도로써 의식을 얻어 신명을 보존하는 생활이오.

정정진이란, 아직 일어나지 않은 나쁜 마음은 나지 못하게 하고, 이미 일어난 나쁜 마음은 없애 버리며, 아직 일어나지 않은 착한 마음은 일어나게 하고, 이미 일어난 착한 마음은 지키고 키우기를 끊임없이 노력하는 것이오.

정념이란, 오직 마음을 한 곳에 집중하여 몸과 마음과 법을 바로 관찰하고 탐·진·치의 삼독심에서 일어나는 번뇌를 없애는 것이오.

정정이란, 모든 욕심과 어지럽고 흩어진 마음을 제거하고 선정에 드는 것이니 제1선(一禪)을 거쳐 제2선, 제3선, 제4선에 들어감을 말하는 것이오.

제현들이여, 이것이 부처님께서 말씀하신 사제법의 팔정도인 것이오.』

『아함경』

2. 십팔 심소연경(十八心所緣境)

부처님께서 기원정사에 계실 때 외도의 사견을 깨뜨리신 후 제자들에게 말씀하셨다.

내가 깨닫고 너희들을 위하여 설하는 법은 육대(六大), 육처(六處), 그리고 십팔심소연경이다.

육대란, ①지대 ②수대 ③화대 ④풍대 ⑤공대 ⑥식대(地水火風空識)로서 모든 중생과 우주는 이 육대의 인연으로 구성되는 것이다.

육처란, 중생들이 가지고 있는 감각기관으로서 ①눈 ②귀 ③코 ④입 ⑤몸 ⑥마음을 말하며 모든 중생은 이 여섯 가지 감각기관으로 바깥 세계를 비추어 보고 느끼고 알며 활동하는 것이다.

심소연경이란, 사람의 여섯 가지 감각기관과 그 대상이 되는 색·소리·냄새·맛·촉감·의식경계인 여섯 가지(六境)가 서로 맞대어져 그로 인하여 일어나는 여섯 가지 분별 작용(六識: 안식·이식·비식·

설식 · 신식 · 의식)을 말한다.

모든 법은 육대, 육처, 십팔심소연경을 벗어나서 있을 수 없다.

육근(六根)이란 육경에 의지하여 육식을 일으키어 경계를 인식하게 하는 근원으로 안근 · 이근 · 비근 · 설근 · 신근 · 의근을 말한다.

육경이란 육식으로 인식하는 경계로서 · 색경 · 성경 · 향경 · 미경 · 촉경 · 법경을 말한다.

안근(眼根)은 안식(眼識)을 내어 색경(色境)을 인식하고,
이근(耳根)은 이식(耳識)을 내어 성경(聲鏡)을 인식하고,
비근(鼻根)은 비식(鼻識)을 내어 향경(香鏡)을 인식하고,
신근(身根)은 신식(身識)을 내어 촉경(觸境)을 인식하고,
의근(意根)은 의식(意識)을 내어 법경(法境)을 인식한다.

육식(六識)이란 객관적 만유의 대상인 육경(색 · 성 · 향 · 미 · 촉 · 법) 대하여 보고, 듣고, 냄새 맡고, 맛보고, 접촉하여 대상을 알아차리는 인식작용을 말한다,

육대(지수화풍공식)는 본래 '나'와 '나의 것'이 아

니건만 중생들이 집착하여 '나'라는 생각을 일으켜 부모의 태에 들어가 명색인 정신과 육체가 된다. 그리고 이 명색으로 인하여 육근과 육경, 육식이 시간으로는 삼세인과를 유발하고 공간으로 한 찰나에 응하면서 생노병사와 근심과 걱정, 슬픔과 번민을 일으키니 모두가 오온에 의한 것이다.

오온은 색온·수온·상온·행온·식온(色受想行識蘊)을 말한다. 색온은 몸과 같은 물질이며, 수온은 감각작용, 상온은 사고작용, 행온은 의지작용, 식온은 인식능력을 말한다.

색에는 지수화풍인 사대가 있는데 이 사대는 안으로는 우리의 몸에 있어서 사지·백골·오장·육부·눈·귀·몸·입 등의 모든 기관이 되고 밖으로는 땅과 바다와 더운 기운과 바람이 된다.

목재와 돌과 흙과 풀 등의 인연으로 빈 땅에 집이 세워지는 것과 같이, 이 몸은 뼈·힘줄·피·살·가죽 등의 인연으로 몸을 이루는 것이다.

보는 눈이 성하더라도 바깥 경계를 대하지 않거

나 또는 바깥 경계를 대할지라도 주의하여 마음의 분별을 일으키지 않으면 의식작용이 나타나지 않고, 주의하여 분별할 때만이 의식작용이 일어나는 것이므로 이런 상태의 색을 색온이라 한다.

이 색온에 대해 분별하여 감수작용을 일으키는 것을 수온이라 하며, 사고작용을 하는 것을 상온이라 하며, 의지작용을 하여 취하고 버리는 것을 행온이라 하고, 그것을 인식하는 작용을 식온이라 한다. 이렇게 하여 바깥 세계와 이 몸 내부의 모든 기관이 오온에 포섭되어 취착의 인을 일으키는 것이다.

그러므로 모든 것이 인연으로 좇아 나는 이치를 보는 자는 법을 볼 것이며, 법을 보는 자는 인연생(因緣生)의 이치를 볼 것이다.

오온은 인연생의 법이므로 오온에 대해 탐욕과 집착을 놓아버리는 것이 고를 없애는 인연이 되는 것이다.

육근과 육경, 육식으로 구성되는 십팔계(十八界: 十

八心所緣境)가 색온·수온·상온·행온·식온인 오온을 내고 거두니 이것이 만상이요 만법이며 십팔심소연경이다.

십팔은 육근, 육경, 육식을 말하며 심(心)은 일체유심조(一切唯心造)와 만법 유식변(萬法唯識變)의 심식(心識)을 말하고 소(所)는 소조사대(所造四大: 地水火風)의 형상과 색상을 종합하여 소라 한다.

연(緣)은 십이인연으로서 십팔계가 오온을 취하면 십이인연을 일으켜서 집제(集諦)가 되고 집제는 고제(苦諦)를 일으키며, 십팔계가 오온을 버리면 멸제(滅諦)가 되어 도제(道諦)를 이루는 근본이므로 인연생 인연멸의 연이다.

경(境)은 육근, 육경, 육식의 십팔계와 심식의 심과 소조사대의 소와 십이인연의 연을 분별하여 버리고 취하는 작용이므로 경(境)이라 한다.

『아함경』

3. 사념처관(四念處觀)

부처님께서 구루국에 캄마에 계실 때, 비구들에게 말씀하셨다.

『비구들이여, 여기 중생의 죄악과 근심과 슬픔과 괴로움과 번민을 없애고 열반을 체득하는 길이 있으니 곧 사념처법이니라. 과거세의 여래도 이 법에서 열반을 증득하였고 현재, 미래세의 모든 여래도 이 법에서 열반을 증득하리라.

이 사념처법의 네 가지는 어떤 것인가? 비구들이여, 비구는 몸(身), 감수(受). 마음(心), 법(法)의 네 가지를 똑바로 관찰하고 끊임없이 정진하여 바른 생각, 바른 지혜로써 세상의 허욕과 번뇌를 놓아버려야 한다.

비구들이여, 어떤 것이 몸을 바르게 관찰하는 법인가?

비구가 숲속이나 나무 밑이나 혹은 고요한 곳에서 다리를 포개고 몸을 바로 하고 앉아 오직 한 생각으로 숨을 고르게 하되, 길게 들이쉬고 내쉴 때에는 길다는 것을 알고, 짧게 들이쉬고 내쉴 때에는 짧다는 것을 알라. 이렇게 온몸으로 숨을 들이쉬고 내쉬는 것을 감득하여 번뇌가 다른 데로 달아나지 못하게 하라.

이와 같이 몸을 관찰하되 가고 머물며 앉고 누웠을 때에도 각각 그 상태를 바로 보아서 생각이 밖으로 흘러가지 않게 하라. 세상 어떤 물건에도 집착하지 말고 오직 이 몸을 관찰하는데 머물게 하라.

이렇게 이 몸이 굽히고 펴며 움직이고 머무는 상대를 보아 생각이 흩어지지 않게 하면, 어떤 지시이나 생각으로 드러나는 경계와 몸에 대한 경계에도 집착하지 않게 된다.

비구여, 가죽 속에 부정물로 채워진 이 몸을 관찰하되 이 몸은 밖으로는 털, 가죽, 손·발톱 등이 있고 안으로는 살, 피, 뼈, 골수 등이 있으며 거기에서 나오는 가래, 침, 눈물, 땀, 대·소변 등의 액체가 몸속으로 흘러 통하고 혹은 몸 밖으로 흘러나오는 현상을 명확히 보아 드러내니, 마치 자루 속에 벼, 조, 밀, 보리, 콩, 쌀 등의 곡식이 담겨있는 것을 눈 있는 자가 풀어보고 헤아리듯이 이 몸은 가지가지의 부정물로 채워진 몸이라고 보아야 한다. 이와 같이 몸을 관찰하고 그 실상을 눈앞에 드러내면 세상 어떠한 경계에도 집착하지 않게 된다.

비구들이여, 우리의 몸과 마음이 때와 곳에 따라 그 감수하는 작용에 대해 어떻게 관찰할 것인가?

감수의 작용에는 세 가지가 있다. 즉 괴로움을 느끼는 작용과 즐거움을 느끼는 작용, 괴롭지도 즐겁지도 않음을 느끼는 작용이다. 비구가 즐거움을 느낄 적에 「나는 즐거움을 느낀다」는 걸 알고, 괴로움을 느낄 적에는 「나는 괴로움을 느낀다」는 걸 알며, 괴롭지도 즐겁지도 않음을 느낄 적에는 「나는 괴롭지도 즐겁지도 않음을 느낀다」고 알아야 한다. 또한 몸으로 즐거움을 느낄 적에는 「내 몸이 즐거움을 느낀다」는 걸 알고, 마음으로 즐거움을 느낄 적에는 「내 마음이 즐거움을 느낀다」는 것을 알라.

이와 같이 괴로움의 감수와 괴롭지도 즐겁지도 않은 감수도 그러할 것이니라. 이렇게 자기 몸과 마음을 좇아 일어나는 괴로움과 즐거움, 괴롭지도 즐겁지도 않은 세 가지 감수를 여실히 관찰하고 또한 어떤 사람의 이와 같은 감수작용을 객관적으로 관찰하되 혹은 그 작용이 일어나는 것을 관찰하고 혹은 그 작용이 꺼지는 것을 관찰하면 그 감수가 눈앞에 나타나니 감수가 시시로 변천하여 고정된 괴로움이나 고정된 즐거움이 없음을 알게 되어 세상의 어떤 것에도 집착하지 않는 것이다.

　비구들이여, 어떤 것이 마음을 관찰하는 법인가?

　비구가 마음에 탐심이 일거든 「이것은 탐심이구나」알고, 탐심을 여의었거든 탐심을 여읜 줄을 알며, 진심이 있거든 진심이 있는 줄을 알고, 진심을 여의었거든 진심을 여읜 줄을 알며 이와 같이 어리석은 마음, 뒤바뀐 마음, 넓은 마음, 좁은 마음, 고요한 마음, 산란한 마음, 해탈한 마음, 해탈하지 못한 마음을 낱낱이 관하되, 안팎으로 관하여 마음이

나는 것을 관하고 또 꺼지는 것을 관하여 눈앞에 대하듯 하게 되면 세상의 어떤 집착도 놓아버리게 되는 것이다. 비구들이여, 이것이 마음을 바로 관찰하는 법이다.

비구들이여, 어떤 것이 법을 관찰하는 법인가?

비구는 다섯 가지 법을 관찰하는데 그 다섯 가지란 비구가 안으로 ①탐욕이 있으면 있는 줄 알고 ②탐욕을 여의었으면 여읜 줄 알며 ③탐욕이 일어나지 않았더라도 일어난 것으로 관하고 ④이미 일어났을 때에는 없는 것으로 관하며 ⑤이미 없어진 것은 미래에도 일어나지 않을 것으로 관하는 것이다.

또한 안에 ①성내는 마음이 있으면 있는 줄 알고 ②없으면 없는 줄 알며 ③일어나지 않은 것은 일어난 것으로 관하고 ④이미 일어난 것은 없어진 것으로 관하며 ⑤이미 없어진 것은 미래에도 일어나지 않을 것으로 관하는 것이다.

마음이 혼침하여 조는 상태에 있거든 혼침 상태인 줄 알고, 그것을 여의었으면 여읜 줄을 알며, 이미 없어진 것은 미래에도 일어나지 않을 것으로 관하는 것이다.

 마음이 소란할 때에는 이것이 소란한 것인 줄 알고, 없어졌으면 없어진 줄을 알며, 일어나지 않았거나 일어났거나 또는 이미 없어진 때에도 이와 같이 관해야 하는 것이다.

 혹은 마음에 의혹이 있거든 의혹이 있는 줄 알고, 없어졌으면 없어진 줄 알며, 일어나지 않았거나 일어났거나 이미 없어진 때에도 또한 이와 같이 관해야 하는 것이다.

 이처럼 안으로 관하고 밖으로 관하며, 일어나는 것과 꺼지는 것을 관하여 그것이 명료하게 눈앞에 드러날 때에 세상의 모든 집착을 여의게 되는 것이다.

 비구들이여, 이것이 다섯 가지 덮음에 대하여 법을 관하는 것이다.』

『비구들이여, 오온법에 대하여 관찰해야 하느니,

물질은 무상한 것이며 색이 나고 꺼지는 것은 인연에 따른 것이다. 「이렇게 이것은 감수 작용이고 이것은 감수 작용이 나고 꺼지는 것이며 상과 행 그리고 식도 또한 그러하다」라고 관하는 것이다.

이와 같이 오은이 성질이 무엇인지 또한 그것이 나고 꺼지는 실상이 눈앞에 드러나면 세상 어떤 것에도 집착하지 않나니, 이것이 오온법을 관찰하는 법이다.

비구들이여, 비구는 여섯 곳에 대하여 법을 관찰해야 한다. 눈·귀·코·혀·몸·뜻은 안에 있는 여섯 가지 감각기관이며 빛·소리·냄새·맛·촉감·법은 밖의 여섯 경계다.

눈과 빛의 인연으로 나는(生) 지각으로 인한 집착을 알고, 아직 일어나지 않는 집착은 일어난 것으로 관하고, 이미 일어난 집착은 없어진 것으로 관하며, 이미 꺼진 집착은 미래에 나지 않을 것으로 관하는 것이다. 이와 같이 귀와 소리에 있어서, 코와 냄새, 혀와 맛, 몸과 촉감, 의식과 분별법에 있어서도 또한 그렇게 관하라.

이처럼 안팎으로 여섯 가지 법을 관찰하여, 나고 꺼짐을 여실히 보아 눈앞에 드러나면 세상의 어떤 것에도 집착하지 않는 것이다.

비구들이여, 비구는 이와 같이 사성제와 십이인연과 팔정도를 관찰하여 초선, 2선, 3선, 4선의 선정을 성취하는 것이다.』

『비구들이여, 이 사념처관을 육년 내지 오년, 또는 일 년간이라도 철저히 닦는 자는 성문, 연각 중 하나를 잊고 보살지를 얻을 수 있다.

비구들이여, 이 사념처관을 7개월, 아니 단 1개월 동안이라도 법대로 닦으면 악업을 여의고 성인의 도에 들어가게 될 것이다. 또는 반달이 아니면 단 하룻밤 사이라도 지극히 닦으면 그만한 좋은 과보를 얻게 될 것이다.

비구들이여, 이것은 중생의 죄악을 깨끗이 하기 위하여 근심과 슬픔에서 건져내고 괴로움과 번민을 없애며 정법을 깨달아 열반을 증득하기 위한 유일한 것이니 이것이 곧 사념처관이다.』

『아함경』

4. 사무량심(四無量心)

부처님께서 가섭에게 말씀하셨다.
『가섭아, 자(慈)・비(悲)・희(喜)・사(捨)의 사무량심을 닦아라.

가섭아, 여래는 헤아릴 수 없는 방편을 가지고 중생을 교화한다. 중생이 만일 재물을 구하면 여래는 어진 임금으로 화해서 그 요구에 따라 갖가지의 물건을 주어 마음을 기쁘게 해주고, 무상정진의 도를 가르쳐서 편안하게 해준다. 또한 어떤 중생이 오욕을 탐하면 여래는 묘한 오욕으로써 그의 소원을 채워주고, 그 뒤에 무상정진의 도를 가르쳐서 편안하게 해준다. 또 중생이 부귀영화를 누리며 잘나고 높은 체하면 여래는 그를 위하여 잘 섬겨서 그의 마음에 들게 한 뒤에, 그로 하여금 무상정진의 도에 들게 한다. 또 중생이 고집을 세워 제가 하는 일만 옳다고 하면 나는 꾸짖고 달래어 그의 고집을 항복받은 뒤에 무상정진의 도에 들어 편안하게 하여 준다.

가섭아, 이러한 방편은 허망한 것이 아니다. 여래는 연꽃과 같아서 많은 죄악 가운데 있을지라도 더럽혀지는 일이 없는 것이다.

가섭아, 자(慈)는 탐욕의 마음을 끊고, 비(悲)는 성내는 마음을 끊고, 희(喜)는 고통을 끊고, 사(捨)는 탐욕과 성냄과 차별을 보는 마음을 끊는다.

가섭아, 보살은 헤아릴 수 없이 많은 중생에 대하여 세 가지로 구별한다. 친한 사람과 원한을 가진 사람과 그 중간의 사람들이다. 친한 사람 가운데도 세 가지 구별이 있다. 보살은 가장 친한 자에게는 좋은 즐거움을 주고, 중하로 친한 자에게도 좋은 즐거움을 준다. 그러나 원한을 가진 자에게는 적은 즐거움을 주고, 중간쯤의 원한을 가진 자에게는 중간쯤의 즐거움을 주고, 최하의 원한을 가진 자에게는 최상의 즐거움을 준다.

보살은 부모와 원수를 대할 때에도 평등한 마음으로 대하여 조금도 차별이 없으니 이것이 곧 자(慈)의 성취인 것이다.

그러나 이는 아직 대자(大慈)가 아니니, 대자는 실로 성취하기 어려운 것이다. 자(慈)는 잃어버리기 쉬워서 수풀로 달리는 사슴과 같다. 성난 마음을 푸는 것은 돌에 글자를 새기는 것 같고 인자한 마음이 풀어지는 것은 물 위에 글자를 새기는 것과 같다. 성난 마음은 불덩이와 같고 인자한 마음은 번갯불과 같다.

가섭아, 보살이 초지(初智)에 머물 때에는 악한 사람을 대할지라도 마음에 차별이 없어서 그의 허물을 보지 않고 성을 내지 않으므로 대자(大慈)라고 할 수 있다.

가섭아, 모든 중생을 위하여 이로움과 즐거움이 되지 않는 일을 없애 버리니 이것이 대자이며, 모든 중생을 위하여 이로움과 즐거움을 주니 이것이 대비이며, 모든 중생에게 마음의 환희를 내는 것이 대희(大喜)이며, 일체의 법을 볼 때 평등하여 차별을 두지 않고 나의 즐거움을 버리어 중생에게 주는 것을 대사(大捨)라 한다.

이 사무량심은 모든 선행의 근본이 되는 것이다.

5. 육바라밀(六波羅密)

어느 날 부처님과 천인(天人)이 게송으로 문답히였다.

『어떤 것이 드는 칼이며
어떤 것이 독한 약이요
어떤 것이 타는 불이며
어떤 것이 어둠입니까?』

『악한 말이 드는 칼이요

탐하는 마음이 독한 약이며
성내는 마음이 타는 불이요
무명이 가장 어두움이니라.』

『어떤 사람이 이익 얻으며
어떤 사람이 손해 당하고
어떤 갑옷이 가장 굳으며
어떤 칼이 가장 잘 듭니까?』

『보시하는 자가 이익을 얻고
보시 받는 자가 손해를 당한다.
인욕이 제일 굳은 갑옷이요
지혜가 제일 잘 드는 칼이니라.』

『무엇을 도둑이라 하며
무엇을 지혜인의 재물이라 하고
하늘과 땅 사이에
도둑질은 누가 능합니까?』

『사견을 도둑이라 이르며
계행을 지혜인의 재물이라 하고
하늘과 땅 사이에
도둑은 계행을 범한 사람이니라.』

『누가 가장 안락하며,
누가 제일 부귀하고,
누가 항상 단정하며
누가 항상 추합니까?』

『욕심이 없으면 안락하고
족한 줄 알면 제일 부귀하며
계행을 가지면 항상 단정하고
계행을 파하면 항상 추하다.』

『누가 착한 권속 되오며
누가 악한 원한을 품고
무엇이 극중한 고통이 되고

무엇이 제일의 낙이 됩니까?』

『복이 좋은 권속이 되고
죄는 악한 원한이니라.
지옥은 고통이 되고
나지 않음이 제일이 낙이 되리라.』

『무엇이 즐거우나 마땅치 않으며
무엇이 마땅하나 즐겁지 않습니까?
무엇이 극히 더운 병이 되고
누가 참으로 어진 의원입니까?』

『욕심은 즐거우나 마땅치 않고
해탈은 마땅하나 즐겁지 않다.
탐심이 극히 더운 병이 되고
여래가 제일가는 의원이니라.』

『무엇이 이 세간을 덮으며

이 세간은 누구에게 매혹됩니까?
무엇이 친한 벗을 버리게 하고
무엇이 천상 가는 길을 방해합니까?』

『무명이 세간을 덮어 버리고
세간은 우리에게 매혹 당한다.
간탐이 친한 벗을 버리게 하고
집착이 천상길의 장애가 된다.』

『어떤 물건이 불에도 타지 않고
바람도 그것을 부수지 못하며
물도 그것을 썩히지 못하는데
그것은 자유로이 세간을 가집니까?』

『덕은 불에도 타지 않고
심한 바람도 부수지 못하며
물도 그것을 썩히지 못하지만
덕은 세상을 자유로이 갖는다.』

『무엇이 국왕과 도둑에게
용맹스럽게 마주서서 대항하며
사람이거나 사람 아닌 것에
침노하거나 침노당하지 않습니까?』

『덕은 국왕과 도둑에게
용맹스럽게 마주서서 대항하며
덕은 사람과 사람 아닌 것에도
침노하거나 침노당하지 않는다.』

『제 마음엔 아직도 의심이 있으니
원컨대 부처님께서 풀어 주소서.
금세나 후세나 무엇이 있어
자기를 끝끝내 속이나이까?』

『재물이 많고 권속이 많으면
오히려 복덕을 닦지 못하고
금세나 후세나 재물 때문에

스스로 속임을 받는 것이다.』

어느 천자(天者)가 문수보살에게 물었다.
『수행자가 간탐하는 마음을 버리지 않고도 보시바라밀을 성취할 수 있습니까?』
『그런 사람도 있다.』
『어째서 그런 사람도 있습니까?』
『수행하는 보살이 중생을 성숙시키기 위하여 보리심을 버리지 않는다면, 버리지 않는 것은 간탐이지만 중생을 성숙시키는 것은 보시바라밀을 성취하는 것이 된다.』
『수행하는 보살이 파계를 하고도 지계바라밀을 성취할 수 있습니까?』
『그런 사람도 있다. 수행하는 보살이 중생을 섭취하는 것은 구족계(具足戒)가 아니지만, 중생을 섭취하여 성숙하게 하는 것은 지계바라밀을 성취하는 것이다.』
『수행자가 인욕하지 않고도 인욕바라밀을 성취할

수 있습니까?』

『그런 사람도 있다. 수행하는 보살이 외도를 버리는 것은 인욕을 못하는 것이다. 그러나 보리의 법인을 완전히 익히므로 인욕바라밀을 성취하는 것이 된다.』

『수행하는 보살이 아만심이 높고도 정진바라밀을 성취할 수 있습니까?』

『그런 사람도 있다. 수행하는 보살이 벽지불과 아라한의 도를 즐기지 않는 것은 아만이지만, 일체지를 발휘하기 위하여 대승을 즐기며 게으름이 없는 마음으로 보리를 생각하면 정진바라밀을 성취하는 것이 된다.』

『수행하는 보살이 산란심으로 선정바라밀을 성취할 수 있습니까?』

『그런 사람도 있다. 수행하는 사람은 꿈에도 벽지불이나 아라한과를 즐기지 않는다. 그것은 산란심이지만 무상의 보리를 구하여 선정바라밀을 성취한다.』

『수행하는 보살이 지혜가 없어도 지혜바라밀을 성취할 수 있습니까?』

『그런 사람도 있다. 수행하는 보살이 지혜가 적어서 세속의 도깨비나 주문 등이 사람을 놀라게 하고 요란케 하는 것을 보고도 방편으로 구호할 지혜는 없지마는, 보리심을 위하므로 불지를 염하여 지혜바라밀을 성취하는 것이다.』

부처님께서 어느 날 저녁 대림강당의 뜰에서 대중에게 설법하셨다.

『시리불이어, 모든 법은 있는 것도 아니고 없는 것도 아니며, 나는(生) 것도 아니고 없어지는(滅) 것도 아니라고 생각하며 바라밀에 마음을 두어야 한다. 참다운 보시에는 베풀 사람도 없고 베풀 물건도 없으며 베풂을 받을 사람도 없는 것이다.

계율로써 번뇌를 억제할 때에도 「계를 지킨다」, 「번뇌를 억제한다」는 생각이 없이 지계바라밀을 행하라. 실상에 있어서는 「허물을 범한다」, 「범하지 않는다」는 것이 없는 까닭이다.

다른 사람으로부터의 괴롭힘을 참을 때에도 「다른 사람이 나를 괴롭힌다」는 생각이 없이 인욕바라밀을 행하라. 괴롭힘에 의해서 움직일 마음이 본래 없는 까닭이다.

힘을 써도 「힘쓴다」는 생각이 없이 정진 바라밀을 행하라. 힘쓰고 게으르다는 것도 본래 없는 까닭이다.

생각을 할 때에도 「생각한다」는 생각이 없이 선정바라밀을 행하라. 선정은 닦고 안 닦는 구별이 본래 없는 까닭이다.

물건에 「집착한다」는 생각이 없이 지혜바라밀을 행하라. 모든 법의 체나 상은 다 잡을 수 없는 까닭이다.

사리불이여, 공(空)·성(性)·상(相)의 모든 것은 얻을 수 없는 것이다. 이렇다고도 저렇다고도 할 수 없는 것으로 알고 지혜바라밀을 행하라. 모든 것은 무상하여 잡을 수 없는 것이다.

사라불이여, 일체의 지혜를 얻어서 번뇌를 떠나 모든 번뇌를 떠난 경계에 이르려거든 지혜바라밀을 닦아야 한다. 이 지혜바라밀을 닦으면 사견을 가진 사람의 법을 따르거나 믿지 않으며, 번뇌가 일더라도 불·법·승에 의지하므로 기쁨을 얻게 된다.

  사리불이여, 어떤 사람이 지혜바라밀을 닦으면 여러 천신들이 기뻐하며, 그 사람이 음행을 떠나 처음부터 끝까지 청정행을 닦도록 마음속으로 바란다. 왜냐하면 음욕은 불과 같아서 마른 풀에 불붙는 것과 같이 자기 몸을 태우고 또한 더러운 것이어서 자기와 남을 더럽히며 원수와 같이 틈을 엿보기 때문이다.

  사리불이여, 지혜바라밀을 닦을 때에는 지혜바라밀을 보지 말 것이며 지혜바라밀의 이름도 보지 말 것이며, 행하고 행하지 않는 구별도 하지 말라. 왜냐하면 색의 본성이 공하기 때문에 공을 색이라 하는 것이니, 본래 색의 자성이 공한 때문이다.

  자성에는 생(生)도 없고 멸(滅)도 없으며, 더러운

것도 없고 깨끗한 것도 없다. 이렇게 관해서 생도 보지 않고 멸도 보지 않으며, 더러움도 보지 않고 깨끗함도 보지 않는 것이 지혜바라밀을 닦는 것이다. 세상에서는 임시로 이름 지어놓고도 그 이름에 사로잡혀 분별을 일으키고 집착을 일으킨다. 「나」라는 것, 「사람」이라 하는 것도 모두 얻을 수 없는 공이지만 시대를 따라 임시 이름을 지었을 뿐이니, 그것에 무슨 집착을 일으키겠는가.

사리불이여, 이 지혜바라밀을 닦아 모든 번뇌를 떠나고 위없는 깨달음을 얻어 한량없는 중생을 구제하겠다고 서원하지 않으면 안 된다. 그리하여 공(空), 무상(無常), 무아(無我)의 법을 따라 다시는 물러서지 않는 깨달음을 증득하여 모든 중생을 위한 참다운 복밭이 되어야 한다.』

그때에 수보리가 부처님께 여쭈었다.

『부처님이시여, 대승에 나아가 대승을 탄다고 하는데 이 대승은 무엇이며 어디서 출발하여 어디로 가고 어디에 머무르며 또 누가 타는 것입니까?』

『수보리야, 육바라밀이 대승이다. 일체의 지혜에 계합하는 마음으로 안팎의 모든 보시를 중생과 더불어 보리로 회향하는 것이 보시바라밀이다.

스스로 십선(十善)을 닦고 또 다른 사람에게도 행하도록 하는 것이 지계바라밀이다.

스스로 일체 번뇌를 참으며 다른 사람에게도 참게 하는 것이 인욕바라밀이다.

인내와 절제로 자신을 정화하고 다른 사람에게도 윤리와 도덕을 가르치는 것이 정진바라밀이다.

선정에 들어 신징의 과를 받지 않고 다른 사람에게도 선정에 들게 하는 것이 선정바라밀이다.

일체의 법에 집착하지 않고 다른 사람에게도 집착을 떠나게 하는 것은 지혜바라밀이다.

이와 같이 육바라밀을 닦되 육바라밀에 걸려 있지 않고 구속되지도 않는 자가 대승을 타는 자다.』

『반야 계열부』

6. 보살이 되는 32법

부처님께서 가섭존자에게 말씀하셨다.
『가섭이여, 보살은 이름만으로 보살이 되는 것이 아니며 착한 법을 닦고 평등한 마음을 행하므로 보살이라 불리는 것이다. 다시 말하면 서른두 가지의 법을 성취해야 보살이라 할 수 있다.

① 항상 중생을 위하여 깊이 안락을 구하며
② 중생을 모두 일체 지혜에 머물게 하며
③ 다른 사람의 지혜를 마음속으로 미워하지 말며
④ 교만심을 깨뜨리고 깊이 불법을 즐기며
⑤ 진실한 이를 보호하고 공경하여 친근하며
⑥ 믿고 친한 사람에 대한 마음이 평등하며
⑦ 말에 항상 웃음을 머금고 먼저 법을 구하며
⑧ 하는 바 사업을 중간에서 쉬지 않으며
⑨ 널리 중생을 위하여 대비심을 평등하게 행하며
⑩ 마음에 게으름이 없어 많이 듣기를 좋아하며
⑪ 내 허물을 찾고 남의 허물을 말하지 말며

⑫ 보리심으로 모든 계율을 행하며
⑬ 은혜를 베풀고도 갚음을 바라지 않으며
⑭ 계행을 항상 보호하고 지키며
⑮ 중생들에게 인욕을 행하며
⑯ 부지런히 정진을 행하며
⑰ 선정을 끊임없이 밤낮으로 닦으며
⑱ 방편지혜를 널리 행하며
⑲ 사섭법(四攝法)에 응하며
⑳ 선하고 약한 중생에게 두려움이 없으며
㉑ 일심으로 법을 들으며
㉒ 세상일에 마음을 집착하지 않으며
㉓ 소승을 탐구하지 않으며
㉔ 대승에 항상 큰 이익이 있는 것을 보며
㉕ 악지식을 여의며
㉖ 선지식을 가까이하며
㉗ 네 가지 범행을 이루며
㉘ 다섯 가지 신통에 능하며
㉙ 항상 참된 지혜에 의지하며

㉚ 중생에게 정행(正行)을 버리지 않으며

㉛ 항상 진실한 법을 귀하게 여기며

㉜ 모든 일에 보리를 으뜸으로 삼는 것이다.

가섭이여, 만일 어느 사람에게 이 32법이 갖추어져 있으면 그를 보살이라 할 것이다.』

『방등경』

7. 52보살의 발원

부처님께서 사위성의 기원정사에 계실 때 보살들에게 말씀하셨다.

『여러 어진 자여, 누가 이 악한 세상에서 능히 어려움을 참아가면서 정법을 수호하고 모든 방편으로 중생을 성취시키겠는가?』

그때에 여러 보살들이 차례로 일어나 부처님께 여쭈었다.

『나는 능히 참고 견디어 후세에 여래께서 백천만억 겁에 모으신 아눗다라샴막삼보리를 받아가져서 무량한 중생에게 이익이 많게 하겠나이다.』

미륵보살

『나는 능히 참고 견디어 모든 악한 중생을 불쌍히 여기며 수호하겠습니다.』

금강보살

『나는 능히 참고 견디어 중생들의 모든 희망하는 바를 충족시켜 주겠습니다.』

문수보살

『나는 능히 참고 견디어 모든 중생으로 하여금 무명을 덜어 버리게 하겠나이다.』

지승보살

『나는 능히 참고 견디어 모든 중생들로 하여금 일체 악한 법을 여의게 하겠나이다.』

법승보살

『나는 능히 참고 견디어 모든 중생들로 하여금 공덕법이 아닌 것을 여의게 하겠나이다.』　월승보살

『나는 능히 참고 견디어 안락한 법으로써 일체 중생들로 하여금 해탈을 얻게 하겠나이다.』

일승보살

『나는 능히 참고 견디어 한량없는 중생의 이익을 성취하겠나이다.』

무외보살

『나는 우치가 없는 법을 설하여 모든 중생들로 하여금 듣고 알아서 지혜를 성취하게 하겠나이다.』

발타바라보살

『나는 큰 원을 발하여 다함이 없는 중생들로 하여금 모두 성취하게 하겠나이다.』

무진의보살

『나는 일체 중생으로 하여금 항상 넉넉히 보시하게 하겠나이다.』

월광보살

『나는 모든 중생에게 안락한 근본을 주겠나이다.』

묘목보살

『나는 번민하는 모든 악취 중생들에게 귀의처가 되어 주겠나이다.』

관세음보살

『나는 구제를 얻지 못한 악취 중생들에게 모두 구제를 얻게 하겠나이다.』

대세지보살

『나는 조복되지 못한 모든 중생들로 하여금 모두 조복하게 하겠나이다.』

선수보살

『나는 소승법을 즐기는 모든 중생들로 하여금 모두 해탈을 얻게 하겠나이다.

묘음보살

『나는 천하고 악하고 더러운 중생들로 하여금 모두 성취를 얻게 하겠나이다.』

희락보살

『나는 모든 축생세계에 있는 중생들로 하여금 모두 해탈을 얻게 하겠나이다.』

광적보살

『나는 바른 도리를 나타내 보여 중생들로 하여금 성취하게 하겠나이다.』

입무생보살

『나는 안락과 이익으로 일체 중생들에게 베풀어 모두 참다운 지혜를 얻게 하겠나이다.

애견보살

『나는 아귀세계에 있는 중생을 불쌍히 생각하여 모두 해탈을 성취하게 하겠나이다.』

부사의보살

『나는 순수하지 못한 중생으로 하여금 모두 능히 순수하게 하겠나이다.』

일광보살

『나는 중생들의 일체 소원을 모두 충족하게 하겠나이다.』

비바라결보살

『나는 모든 중생을 위하여 악도의 문을 닫겠나이다.』

대기력보살

『나는 적은 법을 즐기는 중생으로 하여금 해탈을 얻게 하겠나이다.』

단의보살

『나는 항상 찬탄하는 것으로써 모든 중생에게 이익이 되게 하겠나이다.』

주무외보살

『나는 중생들이 가지가지 즐거워하는 바를 따라서 해탈하게 하겠나이다.』

길승보살

『나는 모든 중생을 위하여 변함이 없는 도를 설하겠나이다.』

주무량보살

『나는 가지가지 법을 즐기는 중생들이 즐기는 바를 따라서 나타내 보이겠나이다.』

법무외보살

『나는 중생들이 즐거워하는 일을 보여주어서 성취하게 하겠나이다.』

묘의보살

『나는 중생들을 사랑하고 수호하여 그들이 성취를 얻게 하겠나이다.』

무구염보살

『나는 중생으로 하여금 모두 그 숙명을 알게 하겠나이다.』

마니광보살

『나는 바른 노력으로써 중생들을 구제하겠나이다.』

광덕보살

『나는 중생들이 고뇌를 끝끝내 끊어버리게 하겠나이다.』

현덕보살

『나는 모든 보배를 중생들에게 보시하여 그들로 하여금 안락을 얻게 하겠나이다.』

보수보살

『나는 빈궁한 중생들로 하여금 빈궁을 여의게 하겠나이다.』

최승의보살

『나는 중생들로 하여금 번뇌에 대한 두려움을 여의도록 하겠나이다.』

단체전보살

『나는 중생들을 위해 바른 길을 보여주겠나이다.』

금강장보살

『나는 구하는 것이 많은 중생들에게 구하는 것이 넉넉하게 하겠나이다.』

현덕색상보살

『나는 항상 청정한 모든 법의 행을 중생들에게 연설하겠나이다.』

법출요보살

『나는 모든 중생들의 일체 장애를 덜어주겠나이다.』

금강체보살

『나는 항상 바른 법으로써 중생들을 해탈하게 하겠나이다.』

법익보살

『나는 중생들을 위해 모든 악독을 없애겠나이다.』

무소유보살

『나는 모든 중생을 위해 선법을 보여 주겠나이다.』

월상보살

『나는 항상 법으로써 중생들을 이익되게 하겠나이다.』

사자의보살

『나는 낮은 곳에 처한 중생들을 제도하겠나이다.』

의자광보살

『나는 바른 도를 중생들에게 보여 악한 세계를 끊게 하겠나이다.』

불공덕보살

『나는 몸에 색상을 나투어서 중생들을 해탈하게 하겠나이다.』

금강광보살

『나는 손해 본 중생들로 하여금 이익 되게 하겠나이다.』

덕길승보살

『나는 일체 중생을 구제하고 지옥문을 닫겠나이다.』

지세보살

『나는 모든 중생으로 하여금 생사를 해탈하게 하겠나이다.』

지감로보살

『나는 중생들을 위하여 항상 광명을 놓아 일체 결박을 끊겠나이다.』

광명보살

『방등경』

제 6편

계율의 제정

1. 계율(戒律)의 시작

부처님께서 소라파국으로부터 비구 오백 명과 함께 비란야 마을까지 오셔서 만다라 나무 숲에 머무르실 때였다. 비란야 마을 사람들이 부처님께 예배드리니 부처님께서 여러 가지 방편으로 그들을 위해 법을 설하셨다. 그러자 그들 중 가장 어른인 비란야브라흐민은 부처님께서 여름철 안거를 그곳에서 지내 주실 것을 간청하였다. 부처님께서는 잠자코 그 뜻을 받아들여 여름철 우기를 그곳에서 지내기로 하셨다.

비란야는 즐거운 마음으로 집에 돌아가 부처님과 대중들에게 올릴 공양을 마련하려고 하는데, 그만 천만 마의 심술로 정신이 이상하게 되어 모든 일을 잊어버렸다. 그로 인해 부처님과 오백 명의 비구들은 공양을 받을 수 없는 곤란한 처지가 되었다. 게다가 그 해는 큰 흉년이 들어 많은 백성들이 굶어죽는 형편이었다.

그때 마침 파리국의 말 장사꾼이 오백 마리의 말을 몰고 지나가다가 비란야의 마을에서 우기를 보내고 가려고 마을로 들어왔다. 비구들이 그에게 가서 먹을 것을 구걸하니 말 장사꾼은, 「먹을 것이라고는 말이 먹을 보리밖에 없는데 이것이라도 드시겠습니까?」 하면서 부처님 몫으로는 한 홉, 비구들에게는 반 홉씩의 말먹이 보리를 날마다 올리기로 하였다.

아난존자는 부처님 몫을 받아 찧고 갈아서 밥을 만들어 드렸으며 여러 비구들도 각기 찌고 삶은 보리로 끼니를 이어가며 지냈다.

어느 날 목련존자가 부처님께 여쭈었다.

『부처님이시여, 백성들이 굶어죽는 형편이라 비구들이 끼니를 얻기가 매우 힘이 들고, 비록 굶지는 않으나 음식이 너무도 험하기에 모두들 얼굴이 마르고 기운을 차리지 못합니다. 제 생각 같아서는 울단월같은 먼 지방에는 쌀이 얼마든지 있으니 신족통 있는 비구들은 그곳으로 날아가서 잘 먹고 오면 어떠할까 하옵니다. 부처님께 신통 있는 비구들은 가도 좋다고 허락하여 주십시오.』

『네 말과 같이 신족통 있는 비구들은 날아가서 잘 먹고 온다 하더라도 신족통이 없는 비구들은 어떻게 할 것이냐?』

『신족통 있는 이들은 각자 가게 하고 신족통 없는 이들은 저의 신족통으로 모두 데리고 가겠습니다.』

『그런 밀 밀라. 지금 니희들은 그럴 수도 있겠지만 이다음 세상의 비구들을 보아서라도 하지 않아야 될 일이다. 비구는 반드시 생각하여야 할 일과 생각하지 않아야 할 일이 있고, 반드시 하여야 할 일과 하지 말아야 할 일이 있다. 생각하지 않아야 할 일을 생각하고, 하지 말아야 할 일을 하면 올바른 불법이 이 세상에 오래 머물 수 없는 것이다.』

하고 목련존자의 청을 거절하셨다.

바로 이때에 조용한 숲속에서 머물고 있던 사리불존자는 문득 이런 생각을 했다.

「어떠한 인연으로 불법이 오래갈 수 있고, 어떠한 인연으로 불법이 이 세상에 없어지게 될까?」

사리불존자가 곧 부처님 앞에 나아가 이 뜻을 여쭈니, 부처님께서 사리불존자에게 말씀하셨다.

『사리불이여, 지나간 세상의 여러 부처님의 올바른 법이 세상에 머문 것을 보면 어떤 부처님의 법은 오래갔고 어떤 부처님의 법은 오래가지 못하였다. 바른 법을 오래가게 한 부처님은 반드시 계율을 제정하여 제자들이 계율을 지님으로써 바른 법을 닦아 익히는데 싫증이 나지 못하도록 하였으며, 바른 법이 오래 가지 못한 부처님은 계율을 말씀하지 않으셨다. 그것은 해야 할 일과 하지 말아야 할 일, 생각해야 할 일과 생각하지 말아야 할 일, 또한 반드시 끊어야 할 일과 마땅히 갖추어 지켜야 할 일 등을 말씀하시지 않았어도 부처님과 훌륭한 제자들이 살아있는 동안에는 잘못됨이 없었기 때문이다. 하지만 부처님과 큰 제자들이 돌아가신 뒤의 세상에는 갖가지 성씨와 갖가지의 이름을 가진 수많은 사람들이 불법에 들어와서 갖가지의 성질로 제 마음을 부리게 되니 부처님의 바른법도 쉽게 없어지게 되었던 것이다.

비유하자면 여러 가지 좋은 꽃들을 높은 탁상에 올려만 놓고 붙들어 묶는 노끈이 없으면 오래지 않아서 바람에 흩어지고 마는 것과 같다.

사리불이여, 부처님의 올바른 법이 이 세상에 오래 머물게 하려면 반드시 엄격한 계율이 있어야 한다.』

『부처님이시여, 그 계율의 법을 지금 곧 말씀해주셔서 모든 비구들로 하여금 깨끗한 행을 닦아 바른 법이 오래갈 수 있도록 하여 주십시오.』

『사리불이여, 아직 가만 있거라. 여래는 스스로 때를 알고 있느니라. 앞으로 모든 비구들이 명예와 이익에 이끌리게 되면 곧 유루법을 범하게 되리니, 그것을 막기 위해 계율을 제정할 것이니라. 아직은 잘못된 일을 저지른 적이 없지 않느냐. 해어지지 않은 새 옷을 미리 기울 필요는 없지 않겠느냐?』

　　입으로는 말조심, 생각은 깨끗하게
　　몸으로 나쁜 짓 하나 없이
　　세 군데로 하는 짓이 모두 깨끗하면,
　　이렇게 닦는 것이 열반의 길이로다.

　대신 부처님께서는 때가 이를 때까지 다만 이 게송에 의지해서 수행할 것을 당부하셨다.

　또한 부처님께서 베살리에 계실 적에도 흉년이 들어 생활에 곤란을 당하였다.
　그러자 수제나비구는 자기의 집안이 부유했으므로, 「요즈음같이 밥 얻기가 곤란할 때에는 여러 스님들을 모시고 고향집 근처에 가서 지내면 의·식·주 걱정을 안 해도 되고 공부에도 도움이 될 수 있을 것이며, 고향 사람들도 보시를 닦아 여러 가지 복덕을 짓게 될 것이다」라고 생각하고 곧 여러 스님들을 청하여 함께 고향으로 갔다.

그때 수제나의 어머니는 아들이 비구스님들을 모시고 고향에 돌아온다는 소문을 듣고 아들을 따로 만나 말했다.

『수제나야, 아버지가 돌아가시고 나니 재산은 많은데 남자가 없구나. 나라 법에 남자 없는 집의 재산은 관청에서 몰수하니 네가 이 집안을 돌보지 않으면 집안이 어찌 되겠느냐? 이 어미의 원을 들어 집으로 오도록 하라.』

하지만 수제나는 본래 깨끗한 행을 즐기고 위없는 도를 닦는 뜻이 견고하므로 그런 말이 귀에 당길 리가 없었다. 수제나의 어머니는 몇 번이나 권하고 타이르다가 집으로 돌아와 며느리를 불러 일렀다.

『네 몸엣 것이 있을 때가 되거든 내게 말하여라.』

며칠 뒤 며느리가 때가 되었다고 알려 주니 수제나의 어머니가 말했다.

『들어가서 시집올 때 입었던 좋은 옷들을 차려입

고 잘 꾸미고 나오너라.』

그리하곤 어머니는 며느리를 데리고 아들을 찾아가 애원했다.

『수제나야, 네 색시가 예쁘지 않느냐? 네 아버지의 많은 유산이 관청에 몰수당하는 것이 아깝지 않느냐? 제발 중노릇을 그만두고 집에 가서 살자.』

이렇게 몇 번이나 권했지만 수제나는 꿈쩍도 하지 않았다. 그러자 수제나의 어머니가 생각 끝에 다시 청했다.

『그렇다면 집에 가서 사는 것은 그만두고 자식이나 하나 낳아다오. 그래야 자손이라도 끊어지지 않게 하질 않겠느냐.』

『어머니, 그것쯤은 어렵지 않습니다.』

그때는 부처님께서 계를 정하기 전이었으므로 수제나는 허물이라고 생각하지 않았다. 수제나는 아내와 잠자리를 가졌고 아홉달 뒤에는 사내아이를 낳았다.

하지만 수제나 비구는 아내와 잠자리를 가진 뒤

로 언짢은 생각에 늘 우울하게 지냈다. 그러자 같이 공부하던 비구들이 이상히 여기고 물었다.

『수제나 스님은 오랫동안 깨끗한 행을 닦아 청정하건만 요즘은 어찌하여 우울해 보입니까?』

『나는 깨끗하지 못한 행동을 저질렀소. 그래서 마음이 불안합니다.』

이 말을 들은 비구들이 이 일을 부처님에게 여쭈었다. 부처님께서는 비구들을 모아놓고 대중 앞에서 수제나를 불러서 사실을 물으셨다.

『수제나야, 너는 들리는 말과 같이 깨끗하지 못한 짓을 하였느냐?』

『네, 부처님. 깨끗하지 못한 짓을 범하였습니다.』

그러자 부처님께서 꾸짖어 말씀하셨다.

『그것은 수행자가 할 짓이 아니며, 깨끗한 행이 아닐뿐더러 올바른 법을 따르는 행동이 아니므로 절대로 해서는 안 될 일이다. 수제나여, 어찌 깨끗한 불법에 들어와, 애욕과 번뇌를 끊고 열반에 들어간다는 것을 잊었는가?』

그리고는 다시 비구들에게 말씀하셨다.

『비구들이여, 차라리 남근을 독사의 입에 댈지언정 여자의 몸에는 대지 말라. 이러한 인연은 악의 세계에 떨어져서 헤어날 수 없게 되는 것이다. 애욕은 선법을 태워버리는 불꽃과 같아서 모든 공덕을 없애버리는 것이며, 시퍼런 칼날을 밟는 것과 같다. 험한 가시덤불에 들어가는 것과 같고 성난 독사를 건드리는 것과 같으며 더러운 시궁창과 같은 것이다.

이제 수제나가 어리석은 짓을 해서 처음으로 이러한 유루처의 잘못을 저지르고 말았다. 오늘부터는 모든 비구들을 위하여 계율을 제정해서 시행케 하니, 여기에는 열 가지의 뜻이 있느니라.』

① 교단의 질서를 잡기 위해서며
② 대중을 기쁘게 하기 위해서며
③ 대중을 안락하게 하기 위해서며
④ 믿지 않는 이를 믿게 하기 위해서며
⑤ 믿는 이를 더 굳게 믿게 하기 위해서며

⑥ 다루기 어려운 이를 잘 다루기 위해서며
⑦ 부끄러운 줄 알고 뉘우치는 이를 안락하게 하기 위해서며
⑧ 현재의 실수를 없게 하기 위해서며
⑨ 미래의 실수를 없게 하기 위해서며
⑩ 올바른 법이 오래가게 하기 위해서다.

부처님께서는 이렇게 열 가지의 의미를 말씀하시고 계율의 조문을 선포하셨다.

이것은 부처님의 교단이 생긴 지 다섯 해만의 일이었다. 이때부터 때와 장소에 따라 비구들의 잘못을 보실 적마다 분별하여 말씀하셨다.

2. 근본 사계(四戒)

부처님께서 기원정사에서 많은 대중과 계실 때였다. 아난존자가 다음 세상의 중생들을 이롭게 하기

위해 여쭈었다.

『부처님께서 세상을 떠나신 뒤의 말법세상에 사특한 무리들이 나와서 그릇되게 주장하는 법들이 강가의 모래알처럼 많을 적에, 부처님 법을 배우려는 사람들은 그 마음을 어떻게 가다듬어야 온갖 마장을 물리치고 보리심에서 물러남이 없이 위없는 공부를 능히 성취할 수 있습니까?』

부처님께서 아난의 물음을 칭찬하시면서 답하셨다.

『아난아, 너의 물음과 같이 말세에 헤매는 중생들을 구호하는 방법은 그 마음을 올바르게 자리 잡게 하는 것이다. 수행하는 데에는 마음을 거두는 계율과, 계로 인해 생기는 정(定)과, 정으로 인하여 생기는 혜(慧) 등 이렇게 무루(無漏)를 얻는 세 가지의 공부가 있는 것이다.

아난아, 육도(六道)의 중생들이 음란한 마음만 없으면 바로 생사를 해탈할 수 있다. 수도하는 목적은 본래 번뇌를 끊고자 하는 것이지만 음란한 마음을 끊지 않으면 절대로 번뇌를 벗어날 수 없다. 설사 선정이나 지혜가 생겼다 하더라도 음행을 끊지 아니하면 반드시 마도(魔道)에 떨어지나니, 으뜸은 마왕이 되고 중간은 그 백성이 되며 끝으로는 그들의 계집이 될 것이나, 그들도 떼거리가 있어 제각기 위없는 도를 얻었다 할 것이다.

내가 열반에 든 뒤 말법시대에는 이러한 악마의 무리들이 세상에 성행하여 음행을 탐하면서도 선지식 노릇을 하여 무지한 중생들을 하여금 애욕과 사견의 구렁에 빠지게 할 것이다.

네가 세상 사람들에게 삼매를 닦게 하려거든 제일 먼저 음욕부터 끊게 하라. 이것이야말로 모든 부처님의 첫 번째 맑고 깨끗한 가르침이다.

아난아, 음욕을 끊지 않고 수도한다는 것은 모래를 삶아 밥을 지으려는 것과 같다. 모래를 가지고는 비록 백천 겁을 삶더라도 밥이 될 수 없는 것과 같이 음행하는 몸으로 불과를 얻는다는 것은 있을 수 없는 일이다. 아무리 묘하게 깨닫는다 하여도 근본이 음욕이기 때문에 삼악도에 떨어져 헤어날 수 없는데 어떻게 열반의 길을 닦아 증득하겠는가?
 이렇게 하는 말은 부처님의 말씀이고 이렇게 하지 않는 말은 악마의 말이다.

 아난아, 이 세계 육도 중생들이 누구나 산 것을 죽일 마음이 없다면 생사를 해탈할 수 있을 것이다. 수도하는 목적은 번뇌를 끊어 벗어나려는 것이지만 죽일 마음을 끊지 않고는 번뇌를 벗어날 수 없다.
 선정과 지혜가 생겼더라도 죽일 마음을 끊지 아니하면 반드시 귀도(鬼道)에 떨어져서 으뜸은 힘센 귀신이 되고 중간은 나는 귀신이 되고 끝으로는 땅에 다니는 귀신이 될 것이니, 저 귀신들도 떼거리가 있어 제각기 위없는 도를 얻었다 할 것이다.
 내가 열반에 든 뒤의 말법시대에 이런 귀신들이 세상에 성행하며 고기를 먹고도 보리를 얻을 수 있다고 할 것이다.
 아난아, 비구들에게 다섯 가지 깨끗한 고기는 먹어도 된다고 하였으나 이 고기는 모두 나의 신통력으로 만들어진 것이어서 본래 생명이 없는 것이다. 저 더운 열대지방에는 땅이 찌는 듯하고 습기가 많고 모래와 돌이 많아서 푸성귀가 나지 못하기에 나의 대비신력으로 고기라는 것을 그곳 비구들이 먹었지만, 여래가 열반에 든 뒤에 중생의 고기를 먹는 자를 어찌 불제자라 하겠느냐? 고기를 먹는 수행자는 설사 마음이 열리어 삼매를 얻었다 하더라도 흉악한 귀신인 것이다. 그들은 반드시 생사의 고통바다에 빠져서 서로 죽이고 잡아먹기를 그치지 아니할 것이니 이런 사람이 어떻게 삼계를 뛰어 넘을 것인가?

네가 세상 사람들에게 삼매를 닦게 하려거든 산목숨 죽일 생각을 끊게 하여라. 이것이 부처님의 맑고 깨끗한 두 번째 가르침이다.

아난아, 산목숨을 죽이며 수도한다는 것은 제 귀를 막고 큰소리를 치면서 남이 듣지 못하기를 바라는 것과 같으므로 숨길수록 나타나는 것이다.

청정한 비구나 보살들은 살아있는 풀을 함부로

밟지 않는 것인데 대자대비를 행하면서 어찌 중생의 피와 살을 먹을 것이냐?

비구들이 명주실이나 비단 가죽신을 쓰지 않고 가죽옷 털붙이와 짐승의 젖이나 젖으로 만든 음식까지도 멀리 하면 비구는 세간에서 묵은 빚을 갚아 버리고 다시는 삼계에 나지 않게 될 것이다. 어떤 일이 있어도 중생의 살과 가죽을 먹거나 입지 말라. 그렇게 하면 그는 해탈할 것이다.

이렇게 하는 말은 부처님의 말씀이요 이렇게 하지 않는 말은 악마의 말이다.

아난아, 또 이 세상 육도중생들이 훔칠 마음이 없으면 생사를 해탈할 수 있을 것이다. 수도하는 목적은 번뇌를 벗어나는 것인데 훔치는 마음을 끊지 않으면 번뇌를 벗어날 수 없다. 수도하여 선정과 지혜가 생겼더라도 훔칠 마음을 끊지 않으면 반드시 사도에 떨어져 으뜸은 정령이 되고 중간은 도깨비가 되며 끝으로는 귀신들린 사람이 될 것이나, 저 요물들도 떼거리가 있어 제각기 위없는 도를 얻었노라 할 것이다.

　내가 열반에 든 뒤 말법시대에는 요물들이 세상에 성행하여 간사와 협잡을 부려 선지식 노릇을 하며, 사람들을 현혹케 하고 가는 곳마다 남의 집 살림을 망하게 할 것이다. 내가 비구들에게 걸식하게 하고 익혀 먹지 않게 한 것은 온갖 탐욕을 버리고 보리를 이루어 완전한 해탈만을 얻으라 한 것인데, 이러한 도둑들이 나의 법복을 거짓으로 입고 여래를 팔아 가지가지 업을 지으면서 모두 불법이라고 하며, 출가하여 계율 지키는 비구들을 오히려 그르다 하고 소승(小乘)이라 비방하며 한량없는 중생들을 무간지옥에 떨어지게 할 것이다.

　내가 열반에 든 뒤 어떤 비구나 신도가 삼매를 닦으려는 마음을 내어 여래의 형상 앞에 등불을 켜거나, 팔에 연비를 하거나, 향 하나라도 태우면 과거세의 묵은 빚을 한꺼번에 갚아버리고 다시 세상일에 매달리지 않고 모든 번뇌를 벗어버리게 될 것이다.

　설사 그 자리에서 위없는 도를 깨닫지 못하더라도 이 사람은 불법과 인연이 지어진 것이니, 이렇게 불보살님과 조금이라도 인연을 맺지 않으면 하염없는 도를 이루더라도 반드시 인간계에 돌아와서 묵은 빚을 갚아야 보리를 증득하게 될 것이다.

　아난아, 세상 사람들에게 삼매를 닦게 하려거든 남의 물건 훔치는 것을 끊게 하여라. 이것이 부처님의 맑고 깨끗한 세 번째 가르침이다.

　아난아, 훔치는 짓을 끊지 않고 수도하는 것은 새는 그릇에 물을 부어 가득 차기를 바라는 것과 같으니, 비록 미진 겁을 지나도 새는 그릇이 가득 찰 수 없는 것이다.

　만일 비구들이 물건을 모아두지 아니하고 빌어온 밥을 남기어 배고픈 중생에게 돌려주며, 사람들이 모인 곳에서 합장예배하고 어떤 이가 때리거나 욕하여도 칭찬하는 것 같이 여기며, 몸과 마음을 모두 버려 중생들과 함께 하고 여래가 방편으로 한 말을 그르치게 하지 아니하면 진정한 삼매를 얻을 것이다.

 이렇게 하는 말은 부처님 말씀이요, 이렇게 하지 않는 말은 악마의 말이다.

 아난아, 이 세계 육도중생들이 비록 몸과 마음에 죽이고 훔치며 음행하는 일이 없어서 세 가지 행실이 원만하더라도, 큰 거짓말을 하면 곧 삼매가 깨끗하지 못하고 애욕과 사견의 악마가 되어 여래의 종자를 잊어버리게 된다.

 큰 거짓말이란 알지 못하는 것을 알았다 하고 증득하지 못한 것을 증득하였다 하는 것이다. 이 세상에서 가장 높은 도인 노릇을 하고자 하는 이는 다른 이에게 말하기를 「나는 이미 수다원과, 사다함과, 아나함과, 아라한도, 벽지불승 그리고 십지와 여러 보살들의 지위를 얻었다」하며 그들의 예배와 공양을 구하나, 그러한 자는 영원히 선근이 없어지고 다시는 지혜가 생기지 못하며 삼악도에서 헤어날 수 없을 것이다.

내가 열반에 든 뒤 보살이나 아라한들을 시켜서 말법시대의 중생들을 제도하기 위하여 혹 수행자나 거사, 국왕, 벼슬아치, 처녀, 총각, 음란한 여자, 과부, 도둑, 백정 등으로 몸을 나타내어 그들과 함께 일하며 그들로 하여금 삼매에 들게 하더라도 「나는 보살이다, 나는 아라한이다」하며 부처님의 비밀을 누설치 못하게 하고, 다만 죽을 무렵에나 은근히 유언할 수 있다 하였는데 어찌 중생들을 혼란케 하는 큰 거짓말을 할 것인가?

네가 세상 사람들에게 삼매를 닦게 하려거든 큰 거짓말을 끊게 하여라. 이것이 부처님의 맑고 깨끗한 네 번째 가르침이다.

아난아, 만일 큰 거짓말을 끊지 않고 수도하는 자는 마치 똥을 깎아서 향을 만드는 것과 같으므로 향기를 구할 수가 없는 것이다. 나는 비구들에게 곧은 마음이 도의 바탕이라고 했다. 평소에도 언제나 꾸미는 말이 없어야 하는데 어찌 거짓으로 도인이라

할 것인가? 마치 거지가 「나는 왕이다」고 하다가 잡혀서 사형을 받는 것과 같은 것이다.

수행이 곧지 못하면 굽은 과보를 받을 것이니 보리를 구하려 하나 배꼽 씹으려는 사람과 같은 것이다.

만일 비구의 마음이 활줄같이 곧으면 모든 일에 진실하며 삼매에 들어가되 마장이 없어 보살의 위없는 도를 성취할 것이니라.

이렇게 하는 말은 부처님의 말씀이요, 이렇게 하지 않는 말은 악마의 말이다.

아난아, 네가 마음집는 방법을 묻기에 나는 이와 같은 계율을 말하였다. 보살도를 구하는 자로 누구나 이 네 가지의 계율을 깨끗하게 지키면 마음으로 짓는 세 가지의 업과 말로 짓는 네 가지의 업이 생길 인연이 없어질 것이다.

아난아, 이 네 가지 계율을 지키면 마음이 온갖 경계에 끌리지 않아 악마의 장난은 생기지 않는다.

『반야계율부』

3. 신도 오계(五戒)

부처님께서 성도하시던 해에 녹야원에서 다섯 비구를 제도하시고 장자의 아들 야사를 제도한 다음 날이었다.

야사의 아버지는 집을 나간 외아들이 돌아오지 않자 아들을 찾아 강가에 이르러 아들이 남긴 신을 발견하고 「혹시 물 건너 녹야원으로 가지 않았을까?」하고 강물을 건너 부처님의 처소를 찾았다. 부처님께서 그를 위하여 여러 가지 방편으로 법을 설하시니, 그 자리에서 법안이 열리고 마음이 열려 부처님께 신도가 되기를 원하였다. 그러자 부처님께서 그를 위하여 삼귀의와 오계를 차례대로 설해 주셨다.

① 진리를 깨달으신 부처님께 귀의합니다.
② 변함이 없는 올바른 불법에 귀의합니다.
③ 불법을 닦는 스님들께 귀의합니다.

또 삼귀의를 마친 다음에 오계를 일러 주셨다.

① 산목숨을 죽이지 말라.
② 주지 않는 물건을 가지지 말라.
③ 간음하지 말라.
④ 거짓말을 하지 말라.
⑤ 술을 마시지 말라.

이와 같은 조문을 말씀하시고는, 「이것을 지키겠느냐?」하고 물으시니 야사의 아버지는, 「목숨이 다할 때까지 지키겠습니다」하며 맹세하였다.
이리하여 야사의 아버지는 부처님께 교단이 생긴 이래 처음으로 삼귀의와 오계를 받은 신도가 되었다.

『반야계율부』

4. 사미 십계(十戒)

부처님께서 처음으로 고국을 방문해 가빌라성의 니그로다동산에 머무르실 때였다.

부처님께서 걸식을 하고 동산으로 돌아가시는 것을 본 라훌라의 어머니 야소다라가 어린 아들에게 말했다.

『저기 오시는 분이 너의 아버지인 부처님이시란다. 부처님한테 가서 네게 물려줄 유산을 달라고 하여라.』

라훌라는 줄달음쳐 부처님께 달려가 예를 올리곤 유산을 물려달라고 청했다.

부처님께서는 아무 말 없이 성 밖의 동산으로 걸음을 옮기셨고, 유산을 물려달라며 부처님의 뒤를 따르던 라훌라는 어쩔 수 없이 부처님과 비구대중이 머물던 동산까지 따라가게 되었다.

동산에 이르자 부처님께서 사리불존자를 불렀다.

『라훌라를 출가시켜 사미로 수행케 하라.』

사리불존자는 부처님의 알려준 예법에 따라 라훌라의 머리를 깎고 가사를 입히고 무릎을 꿇어 합장하게 한 뒤에, 삼귀의를 세 번 시키고 사미십계를 일러 주었다.

① 목숨이 다하도록 중생을 죽이지 말라.
위로는 부처님, 성인, 스님, 부모님으로부터 아래로는 모든 날아다니고 기어다니는 보잘 것 없는 벌레에 이르기까지 내 손으로 죽이거나, 남을 시켜 죽이거나, 죽이는 것을 보고 좋아하지 말라. 물을 걸러 먹고 등불을 덮고 고양이를 기르지 말며, 은혜를 베풀어 가난한 이를 구제하여 편안히 살게 하며 죽이는 것을 보면 자비스런 마음을 내라.
② 목숨이 다하도록 훔치지 말라.
귀중한 금과 은에서 바늘 한 개, 풀 한 줌까지라도 주지 않는 것은 갖지 말라. 상주물이나, 시주의 것이나, 관청의 것이나, 대중의 것이나 온갖 물건을 빼앗거나 훔치거나 속여 가지지 말라. 세금을 속이

고 찻삯이나 뱃삯을 안 내는 것도 훔치는 것이니, 차라리 손을 끊을지언정 옳지 못한 재물은 갖지 말라.

③ 목숨을 다하도록 음행하지 말라.

마을에 있는 신도의 오계에는 사음만 못하게 하였으나, 집을 나온 출가자는 음행을 완전히 끊어야 하므로 세간에 있는 여자나 남자를 간음하면 안 되는 것이다.

사람들은 음욕으로 인하여 몸도 망치고 집안도 폐하거니와 세속을 벗어나 중이 되고서 어찌 음욕을 범할 것인가. 나고 죽는 근본은 음욕이니, 음란하게 사는 것은 정결하게 죽는 것만 못하다.

④ 목숨이 다하도록 거짓말을 하지 말라.

거짓말에는 네 가지가 있다. 첫째는 허망한 말이니, 옳은 것을 그르다 하고 그른 것을 옳다 하며, 본 것을 못 보았다 하고 못 본 것을 보았다 하여 진실하지 아니한 것이다.

두 번째는 비단결 같은 말이니, 구수한 말을 늘어놓으며 정열을 간절하게 하소연하여 음욕으로 이끌고, 슬픈 정을 돋우어 남의 마음을 방탕하게 하는 것이다.

세 번째는 나쁜 말이니, 추악한 욕설로 사람을 꾸짖는 것을 말한다.

네 번째는 두 가지 말하니, 이 사람에게는 저 사람 말을 하고 저 사람에게는 이 사람 말을 하여 두 사람 사이를 이간하고 싸움을 붙이며, 심지어는 처음에는 칭찬하다가 나중엔 훼방하거나, 면전에서는 좋다 하고 딴 데에서는 그르다 하며 거짓증언을 하고 남의 결점을 드러내는 것이다.

만일 범부로서 성인의 지리를 깨닫고 증득했다고 하는 것은 큰 거짓말이니 그 죄는 극히 중한 것이며, 이밖에 다른 이의 급한 재난을 구원하기 위하여 자비심으로 방편을 써서 하는 거짓말은 죄가 되지 아니한다.

⑤ 목숨이 다하도록 술을 마시지 말라.

술은 사람을 취하게 하는 독약이다. 한 방울이라도 입에 대지 말 것이며, 술집에 머물지도 말고 술을 권하지도 말라. 술을 한번 마시는데 서른여섯 가지의 허물이 생기는데 어찌 작은 죄가 되겠는가? 술을 즐기는 자는 날 적마다 바보가 되어 지혜종자가 없어지니 차라리 구정물을 마실지언정 술을 마셔서는 안 된다.

⑥ 목숨이 다하도록 꽃다발을 쓰거나 향을 바르지 말라.

꽃다발과 화려한 옷과 여러 가지 패물로 호사하거나 사향 등 향수를 쓰거나 분을 바르지 말라. 세속 사람도 청렴하고 결백하지 않은 이를 좋아하지 않는데 하물며 세속을 떠난 사람이 어찌 화려한 사치를 탐할 것인가. 마땅히 수수하게 물든 누더기로 몸을 가려야 한다.

⑦ 목숨이 다하도록 노래하고 춤추는 짓을 하지 말고 악기를 쓰지 말라.

부처님께 공양하고 중생을 교화시키는 음악도 있지만 나고 죽는 일을 떠나기 위해 세속을 버리고 출가한 수행자로서 어찌 공부를 하지 않고 노래와 춤을 배울 것인가. 여러 잡기나 오락, 노름하는 일들도 마음을 어지럽히고 허물을 돕는 것들이니 가까이 하지 말라.

⑧ 높고 넓은 평상에 앉지 말라.

비단으로 만든 휘장이나 이부자리 같은 것도 사용하지 말라. 풀로 자리를 만들고 나무 밑에서 수행해야 하는데 어찌 높고 넓은 평상과 좋은 자리에서 허망한 몸뚱이를 편하게 할 것인가.

⑨ 목숨이 다하도록 때가 아니면 먹지 말라.

천신들은 청정하여 아침에 먹고 짐승은 둔탁하여 오후에 먹고 귀신들은 허겁하여 밤에 먹는다 부처님 법은 여섯 갈래의 인(因)을 끊는 중도(中道)이므로 정오에 먹는 것이다. 많이 먹으려고 하지 말고 맛있게 먹으려고도 하지 말라. 오후에 먹지 아니하면 여섯 가지의 복이 생기는 것이다.

⑩ 금은 보물을 가리지 말라.

금은 보물은 탐심을 기르고 도를 방해하므로 손에 쥐지도 말아야 할 것인데 어찌 중이 탐해서 쓸 것인가. 사람들의 가난을 생각하여 항상 보시할 것이며, 돈을 벌려고 하지 말고 모아 두지도 말고 장사를 하지 말 것이며 보물로 장식하지도 말라.

『반야계율부』

제 7편

대승보살의 자비와 서원

1. 대승보살의 방편

부처님께서 기원정사에 계시던 어느 날이었다. 지승보살이 부처님께 여쭈었다.

『부처님이시여, 부처님께서 방편을 말씀하셨는데 어떤 것이 보살의 방편이며 보살은 어찌하여 방편을 행하나이까?』

『선남자야, 방편을 행하는 보살은 한 덩이 밥으로도 일체 중생에게 보시할 수 있다. 왜냐 하면 보살은 한 덩이 밥으로 저 축생에게까지 보시하면서도 일체 중생이 성불하기를 기원하기 때문이다. 하기에 보살은 일체 중생과 함께 보리로 회향하는 것이며 이것을 일러 보살이 행하는 방편이라 한다.

보살은 보시하는 사람을 보면 같이 따라서 기뻐

하는 마음을 내고, 이 기뻐하는 선근을 일체 중생과 함께 하기를 원하니 이것이 보살이 행하는 방편이다.

보살은 임자 없는 꽃이나 향을 보거나 임자 있는 꽃이나 향 또는 바람에 날리는 잎을 보더라도 일체를 모두 모아 부처님께 드리며 발원하기를, 이 선근으로 일체 중생이 일체지를 구족하기를 원하니 이것이 보살이 행하는 방편이다.

보살은 시방세계 중생들의 즐거움을 보면 일체 중생이 모두 일체지의 즐거움을 얻기 원하고, 중생이 고통 받는 것을 보면 모든 중생을 위하여 죄를 참회하되 중생들이 받는 고뇌를 내가 모두 대신 받기를 원하며, 이러한 인연으로 필경에는 일체의 고통을 받지 않고 순수한 즐거움을 받으니 이것이 보살이 행하는 방편이다.

모든 부처님은 한 법계의 한 법신이며 계·정·혜·해탈·해탈지견이 모두 같으므로 보살이 한 부처님께만 예배, 공양, 찬탄하더라도 그것은 모든 부처님께 예배, 공양, 찬탄하는 것이 된다고 생각하니 이것이 보살이 행하는 방편이다.

보살은 자기가 무능하더라도 자신을 경멸하지 않고 사구게를 외워서, 「이 사구게의 뜻을 아는 것은 일체법을 아는 것이요, 일체법이 모두 이 사구게 속에 들어있다」 이렇게 생각하고 각 마을과 마을에서 자비심으로 중생을 위하여 법을 전하되 자신의 명예나 이익을 구하지 않고, 「나는 사구게를 사람들에게 들려주었다. 이 선근과 이 인연과 이 방편으로 일체 중생이 아난존자와 같이 불법을 많이 들어 부처님의 변재를 얻기 원한다」고 발원하니 이것이 보살이 행하는 방편이다.

보살은 가난한 집에 태어나서 걸식을 하게 되되

라도 한 덩이의 밥을 얻으면 그것을 승단에 공양한다. 한 사람에게만 공양한다 해서 부끄러워하지 않고,「부처님 말씀에 마음이 광대한 것이 재물을 보시하는 것보다 낫다 하였으니 비록 내가 보시하는 재물은 적더라도 일체지의 마음으로 하는 것이니, 원컨대 이 인연으로 일체지를 성취하여 모든 중생들이 부처님과 같은 보배손이 되어지이다」라고 발원하니, 이 인연으로 보시와 계행과 선정이 구족하게 되나니 이것이 보살이 행하는 방편이다.

보살은 성문, 연각이 의외로 찬탄 받는 것을 보면 두 가지 인연으로 자기 마음을 위로한다. 하나는 보살로 인하여 여래가 있다는 것이며, 하나는 여래로 인하여 성문, 연각이 있다는 것이다. 이렇게 생각하면 이승(二乘)이 이익을 많이 얻었다 할지라도,「내가 저들보다 낫다. 저들이 먹는 것은 모두 우리 아버지의 것이니, 어찌 거기다 탐심을 내랴」라고 생각한다. 이것이 보살의 방편이다.

보살이 방편으로 보시를 행할 때에는 육바라밀이 구족하게 된다.

보살은 걸식하는 사람을 보면 아끼고 탐내는 마음이 없어져 큰 보시가 구족해지니 이것이 보시바라밀이다.

스스로 계행을 지키고 계행을 지키는 이에게 보시하며, 계행을 지키지 않는 자는 지키도록 권한 뒤에 보시하니 이것이 지계바라밀이다.

스스로 진심을 없애고 자비롭고 슬기로운 마음을 내어 마음에 더러움이 없이 중생을 이익 되게 하며, 평등하게 보시하니 이것이 인욕바라밀이다.

음식이나 약을 보시하되 중생으로 하여금 몸과 마음에 정진이 구족되어 행주좌와 어묵동정을 자유롭게 하니 이것이 정진바라밀이다.

중생들이 보리를 얻으면 마음이 안정되어 기뻐하고 산란하지 않으니 이것이 선정바라밀이다.

이렇게 보시를 행하며 모든 법을 분별하되,「보시를 한 자는 누구이며 보시를 받는 자는 누구인가?

누가 복덕을 받을 자인가?」 이렇게 관찰하여 보지 않나니 이것이 반야바라밀인 것이다.

　이렇게 보살이 방편을 행하면 육바라밀이 구족하게 되는 것이다.』

　어느 날 아난존자가 부처님께 예배하고 사뢰었다.
　『부처님이시여, 저는 오늘 이른 아침에 시중에 들어가 차례로 걸식하다가 중존왕보살이 어떤 여인과 한 상에 앉아있는 것을 보았나이다.』
　그때 대중 가운데에 있던 중존왕보살이 공중으로 높이 올라가 아난에게 외쳤다.
　『존자 아난아, 죄를 짓고도 이렇듯 능히 공중에 머물 수 있는가? 아난아, 부처님께 여쭈어 보라. 어떤 것이 죄이며 어떤 것이 죄가 아닌가를.』
　그러자 아난은 진심으로 부처님께 사뢰었다.
　『부처님이시여, 저는 사죄하옵니다. 저렇게 큰 보살의 범죄를 말하고 또 허물을 찾았나이다. 부처님이시여, 참회하옵나니 허락하여 주소서.』

『아난아, 너는 대승보살에게서 허물을 찾지 말라. 아난아, 방편을 행하는 보살은 일체의 모든 지혜를 성취하였으므로 비록 궁중의 처녀와 더불어 오락하더라도 다른 일이 일어나지 않고 보리를 얻는 것이다. 왜냐하면 방편을 행하는 보살은 일체지의 마음을 떠나지 아니하므로 뜻에 맞는 오욕을 보면 곧 그 속에서 오락하는 것이다. 너는 마땅히 「이런 보살은 능히 여래의 근본을 성취했다」고 생각하여라.

아난아, 자세히 들어라.

그 여인은 과거 오백세 동안 중존왕보살의 아내가 되있있다. 그리하여 그 여인은 괴기세의 인연으로 중존왕보살을 보면 마음에 애착이 생겨 놓지 못한다. 중존왕의 위덕과 단정하고 지계하는 것을 보고 즐거워하니 외딴 곳에 있어서도 「만일 중존왕보살이 나와 한자리에 앉아준다면 나는 아눗다라삼먁삼보리의 마음을 내리라」고 생각한다.

중존왕보살은 그 여인의 생각하는 바를 알므로 이른 아침에 바릿대를 들고 마을에 들어가 차례로 걸식하다가 그 여인의 집으로 가 그 방에 들어갔던 것이다.

  중존왕보살은 그때 이렇게 게송을 설했다.

  범부들이 행하는 더러운 욕심
  여래께서 찬탄하지 않는다.
  더러운 욕심과 탐애를 여의면
  인간과 천상의 스승이 되리라.

  아난아, 그 여인은 이 게송을 듣고 마음이 매우 기뻐 그 자리에서 일어나 중존왕보살께 정례하고 게송으로 답하였다.

  더러운 욕심 탐하지 않는다.
  그것은 부처님이 나무라신 것
  욕심과 애정을 모두 여의면
  인천의 스승의 되는 것이다.
  저는 먼저 가졌던 애욕의 마음을 이제 참회하고

좋은 욕심을 내어 보리마음을 발하고 일체 중생을 이익 되게 하기를 원합니다.

 그렇게 중존왕보살은 여인에게 보리마음을 내게 하고는 자리에서 일어났다.
 아난아, 너는 그 여인의 복덕을 관하라. 나는 그 여인을 수기한다. 그 여인은 이 세상에서 명을 마치면 여인의 몸을 바꾸어 남자가 되며, 구십구 겁 동안 백천만억 무량한 모든 부처님께 공양하고 일체 불법을 구족하여 성불할 것이니 이름은 무구번뇌여래이다. 그 부처님이 성불하면 그때에는 온 세상에 한 사람도 나쁜 마음을 가진 이가 없느니라.
 아난아, 마땅히 알아라. 방편을 행하는 보살이 섭취한 권속은 삼악도에 떨어지지 않느니라.』
 그때에 중존왕 보살이 공중에서 내려와 부처님께 정례하고 사뢰었다.
 『부처님이시여, 보살이 방편을 행할 때에 단 한 사람만을 위한 탓에 죄를 범하여 백천 겁 동안을 큰 지옥에 떨어진다 해도, 보살은 모든 악과 괴로움을 달게 받아가면서 한 사람이라도 더 구제하려고 노력합니다.』

『장하다, 선남자야. 보살이 그러한 대비심을 성취하면 비록 오욕락을 받더라도 중죄를 범한 것이 아니니, 모든 죄를 여의고 삼악도의 업까지도 멀리하게 되는 것이니라.』

『방등경』

2. 보살행의 근본

어느 날 월정광덕천자가 문수사리보살에게 물었다.
『보살은 무엇으로 보살도를 닦습니까?』
『그것은 부처님께 여쭈어라.』
부처님께서 문수보살에게 말씀하셨다.
『문수사리여, 네가 월정광덕천자가 묻는 보살행법에 대해 대답하여라.』
그러자 문수보살이 월정광덕천자에게 말했다.
『천자여, 마땅히 알아라. 보살도는 대비를 근본을 심나니 중생이 반역과 배신을 언고로 삼기 때문이다.』
『보살의 대비는 무엇으로 근본을 삼습니까?』
『곧은 마음으로 근본을 삼는다.』
『곧은 마음은 무엇으로 근본을 삼습니까?』
『일체 중생을 평등하게 보는 마음으로 근본을 삼는다.』
『평등심은 무엇으로 근본을 삼습니까?』

『차별 없는 행으로 근본을 삼는다.』

『차별이 없는 행은 무엇으로 근본을 삼습니까?』

『깊고 깨끗한 마음으로 근본을 삼는다.』

『깊고 깨끗한 마음은 무엇으로 근본을 삼습니까?』

『보리심으로 근본을 삼는다.』

『보리심은 무엇으로 근본을 삼습니까?』

『육바라밀을 근본으로 삼는다.』

『육바라밀은 무엇으로 근본을 삼습니까?』

『방편지혜로 근본을 삼는다.』

『방편지혜는 무엇으로 근본을 삼습니까?』

『방일하지 않는 것으로 근본을 삼는다.』

『방일하지 않는 것은 무엇으로 근본을 삼습니까?』

『세 가지 선행으로 근본을 삼는다.』

『세 가지 선행은 무엇으로 근본을 삼습니까?』

『십선업으로 근본을 삼는다.』

『십선업도는 무엇으로 근본을 삼습니까?』

『육근을 섭수하는 것으로 근본을 삼는다.』

『육근 섭수는 무엇으로 근본을 삼습니까?』

『바른 생각으로 근본을 삼는다.』

『바른 생각은 무엇으로 근본을 삼습니까?』

『바르게 관함으로써 근본을 삼는다』

『바르게 관하는 것은 무엇으로 근본을 삼습니까?』

『굳게 생각하고 잊지 아니함으로 근본을 삼는다.』

월정광덕천자가 다시 문수보살에게 물었다.

『보살은 몇 가지 마음으로 능히 인을 섭취하며 과를 섭취합니까?』

『모든 보살을 네 가지 마음으로 인(因)과 과(果)를 섭취한다. 네 가지 마음이란 ①초발심(初發心: 처음으로 내는 마음) ②행도심(行道心: 공부하는 마음) ③불퇴전심(不退轉心: 물러서지 않는 마음) ④일생보처심(一生補處心: 이번 일생만 수도하면 후생에는 성불한다는 마음)이다.

초발심은 행도심의 인연이 되고 행도심은 불퇴전심의 인연이 되며 불퇴전심은 일생보처심의 인연이 된다. 초발심은 수레 만드는 목수가 재목을 모으는 것과 같고, 행도심은 재목을 다듬는 것과 같으며, 불퇴전심은 재목으로 수레를 맞추는 것과 같고, 일생보처심은 수레가 되어 굴러가는 것과 같다.

초발심은 성문지에 이르고, 행도심은 벽지불지에 이르며, 불퇴전심은 부정지에 이르고, 일생보처심은 정지(定智)에 편안히 머문다.

초발심은 인(因)으로부터 생하고, 행도심은 지혜로부터 나며, 불퇴전심은 연(緣)으로부터 나고, 일생보처심은 과(果)로부터 난다.

초발심은 인의 세력이요, 행도심은 지의 세력이며, 불퇴전심은 연의 세력이고, 일생보처심은 과의 세력이다.

초발심은 법왕의 집에 난 것이고, 행도심은 법왕의 법을 배우는 것이며, 불퇴전심은 법왕의 법을 구족하게 배운 것이고, 일생보처심은 법왕의 법에 자재를 얻은 것이다.』

부처님께서 어느 날 용왕에게 말씀하셨다.

1) 용왕아, 살생을 금하고 보시하면 항상 부귀와 장수를 누리며 보살도를 행하는 데에 일체 장애가 없느니라.

2) 누구나 도둑질을 금하고 보시하면 재물이 넉넉해도 남들이 빼앗아가지 못한다. 또한 보살도를 행하면 일체 공덕이 한곳에 모여 수도를 방해할 자가 없다.

3) 누구나 음행을 금하고 보시하면 항상 큰 부자가 되고 아내가 방일하지 않아 남들이 감히 범하지 못한다.

4) 누구나 거짓말을 금하고 보시하면 항상 큰 부자가 되고 남의 비방을 받지 않으며, 아랫사람들의 보호를 입고 보살도를 행하는 데에도 말과 행동이 서로 응하여 원하는 바가 이루어진다.

5) 누구나 이중성격을 금하고 보시하면 항상 큰 부자가 되고 권속들이 갈리지 않으며 보살도를 행하는 데에 있어서 일체권속의 성품이 진실해 진다.

6) 누구나 악담을 금하고 보시하면 항상 큰 부자가 되고 말하는 것을 남들이 받아주며 보살도를 행할 때에도 대중 가운데에 들어가면 즐거워하지 않는 이가 없다.

7) 누구나 속이지 아니하고 보시하면 항상 큰 부자가 되고 의식주가 넉넉하며 보살도를 행할 때도 즐거운 일이 더욱더 즐거워져서 존경을 얻는다.

8) 누구나 진심(瞋心)을 여의고 보시하면 항상 큰 부자가 되고 위의가 단정하며 말하는 것을 남들이 즐거워하고 공경하며 보살도를 행하는 데에도 마음에 걸림이 없고 육근이 구족해진다.

9) 누구나 사견을 여의고 보시하면 항상 큰 부자가 되고 정견에 서게 되며 높은 계급에 태어나서 부처님을 만나고 보살도를 행할 때에도 모든 부처님을 여의지 않고 항상 법을 들어서 보살도를 행한다.』

부처님께서 사아가라 용왕궁의 용왕에게 말씀하셨다.

『용왕아, 보살은 한 가지 법으로 일체 악도의 고통을 끊는다. 말하자면 밤이나 낮이나 항상 선법만 생각하고 관찰하며 모든 선법으로 털끝만큼이라도 악한 짓은 못하게 하는 것이다. 이것이 모든 악을 영원히 끊어버리고 착한 법만으로 모든 불보살과 성중들을 친근하게 하는 것이다.

사람과 하늘사람의 몸과 성문의 보리, 독각의 보리, 최상의 보리가 모두 선법을 근본으로 성취되는 것이다. 이 선법은 십선도로 ①살생 ②투도 ③음행 ④망어 ⑤양설 ⑥악구 ⑦기어 ⑧탐욕 ⑨진에 ⑩사견 등의 열 가지 악도를 영원히 여의는 것이다.

용왕아, 누구나 생명을 죽이지 아니하면 번뇌를 여의는 열 가지 법을 얻는다.

① 모든 중생에게 평화를 베푼다.

② 항상 중생에게 큰 자비심을 낸다.

③ 일체 나쁜 성질의 습기를 끊는다.

④ 몸에 병이 없고 나쁜 습기를 끊는다.

⑤ 수명이 길고 나쁜 습기를 끊는다.

⑥ 신장의 수호를 받고 나쁜 습기를 끊는다.
⑦ 악한 꿈이 없어서 잠이 깨면 유쾌하다.
⑧ 원한이 없어져 원결이 풀린다.
⑨ 악도에 떨어질 두려움이 없다.
⑩ 목숨을 마치면 천상에 나게 된다.

이것을 보리로 회향하면 성불할 때까지 마음에 따라 수명을 자재하게 할 수 있다.

용왕아, 도둑질을 아니 하면 열 가지 법을 얻는다.
① 재물이 많으며 왕과 도둑, 물, 불, 혹은 나쁜 자식이라도 그것을 없애지 못한다.
② 많은 사람들이 아끼고 공경한다.
③ 남들이 조금도 속이지 않는다.
④ 시방세계 중생들이 찬탄한다.
⑤ 손해 볼 근심과 걱정이 없다.
⑥ 착한 명예가 날로 퍼진다.
⑦ 대중에 대해서 두려움이 없다.
⑧ 색, 힘, 명, 안락 및 변재가 구족하다.

⑨ 항상 보시할 생각을 한다.
⑩ 목숨을 마치면 천상에 태어난다.
이것을 보리로 회향하면 성불할 때까지 청정한 보리로 얻게 된다.

용왕아, 남의 여자를 범하지 아니하면 지혜를 찬탄하는 세 가지 큰 법을 얻는다.
① 모든 육근이 고르고 순하다.
② 시끄러운 것을 길이 여의어 세간이 고요하다.
③ 내 아내를 엿보거나 침노할 자가 없다.
이것을 보리로 회향하면 성불할 때까지 대장부의 성기능을 얻게 된다.

용왕아, 거짓말을 아니 하면 하늘이 찬탄하는 여덟 가지 법을 얻는다.
① 입에서는 항상 백합의 향기가 난다.
② 모든 세간이 믿고 심복한다.
③ 말을 하면 인간이나 천인이 공경하고 보호한다.

④ 항상 자비로운 말로 중생을 위무해 준다.
⑤ 뜻에 넘치는 즐거움을 얻어 삼업이 청정하다.
⑥ 말에 잘못됨이 없고 마음이 항상 즐겁다.
⑦ 말이 진실하여 인간이나 천인이 받아 행한다.
⑧ 지혜가 수승하여 제어할 이가 없다.

누구나 이것을 보리로 회향하면 성불할 때에 여래의 진실한 말씀을 얻게 된다.

용왕아, 두 가지 말을 안 하면 파괴하지 못할 다섯 가지 법을 얻는다.
① 몸을 파괴하지 못한다.
② 권속을 파괴하지 못한다.
③ 믿음을 파괴하지 못한다.
④ 파괴하지 못할 법을 얻는다.
⑤ 파괴하지 못할 선지식을 얻는다.

이것을 보리로 회향하면 성불할 때에 정당한 권속을 얻어서 마군이나 외도들이 파괴하지 못한다.

용왕아, 악담을 아니 하면 여덟 가지 청정한 업을 성취한다.

① 말이 어긋나지 않는다.

② 말이 모두 유익하다.

③ 말이 이치에 맞는다.

④ 말이 아름답고 묘하다.

⑤ 말이 들음직하다.

⑥ 말에 신용이 있다.

⑦ 말이 진실 되고 유순하다.

⑧ 말을 모두 사랑하고 즐거워한다.

이것을 다시 보리로 회향하면 성불할 때에 여래의 범음성이 구족하게 된다.

용왕아, 꾸미는 말을 하지 아니하면 세 가지의 정법을 성취한다.

① 지혜 있는 사람에게 공경 받는 자가 된다.

② 반드시 지혜로 진실하게 문답할 수 있게 된다.

③ 사람이나 천인 중에서 위덕이 수승하여 허망

됨이 없다.

  만일 이것을 보리로 회향하면 성불할 때에 여래의 모든 수기를 받을 것이다.

  용왕아, 탐심을 내지 아니하면 다섯 가지 자재한 힘을 성취한다.
  ① 삼업을 자재하며
  ② 재물을 자재하며
  ③ 복덕을 자재하며
  ④ 지위를 자재하며
  ⑤ 얻는 물건을 자재할 수 있다.
  이것을 보리로 회향하면 성불할 때에 삼계의 법왕이 되어서 모두가 공경할 것이다.

  용왕아, 성내는 마음을 조복하면 여덟 가지 즐거움을 얻는다.
  ① 번민하는 마음이 없다.
  ② 성내는 마음이 없다.

③ 송사할 마음이 없다.
④ 부드럽고 온화하고 곧은 마음이 있다.
⑤ 성인들의 사랑을 받는다.
⑥ 항상 중생을 이익 되게 한다.
⑦ 몸이 단정하여 사람의 존경을 받는다.
⑧ 화합으로 목숨이 다하면 범천에 태어난다.
이것을 보리로 회향하면 성불할 때 걸림 없는 마음을 얻어 모든 중생들이 즐거워한다.

용왕아, 사견을 내지 않으면 열 가지 공덕법을 얻는다.
① 좋은 취미의 좋은 친구를 얻는다.
② 인과를 깊이 믿어 신명을 버릴지언정 악업을 짓지 않는다.
③ 오직 부처님께만 귀의하고 다른 데에는 귀의하지 않는다.
④ 곧은 마음과 바른 소견으로 일체 길흉에 대한 의심을 영원히 여읜다.
⑤ 항상 인간세상이나 천상에만 나고 악도에는

나지 않는다.

⑥ 무량한 복덕과 지혜가 자란다.

⑦ 사도를 여의고 정도를 행한다.

⑧ 악업을 여의고 육안(肉眼)을 믿지 않는다.

⑨ 걸림이 없는 지견에 머문다.

⑩ 어려운 데에 떨어지지 아니한다.

이것을 보리로 회향하면 성불할 때 일체의 불법을 증득하여 자재한 신통을 성취한다.

『방등경』

3. 아미타불의 48원(願)과 공덕

어느 날 그날따라 부처님의 상호가 유난히 화려하여 특별한 것을 보고 아난이 여쭈었다.

『부처님이여, 지금처럼 부처님의 상호가 유난히 맑으시고 화사하시어 거울처럼 빛나시는 것을 뵌 적이 없습니다. 부처님이시여, 생각하옵건대 부처님들께서 거룩한 법에 머물러 계시고 가장 좋은 도를 얻으시며, 여래의 공덕을 행하심인 듯합니다. 삼세의 부처님들께서 하시던 것과 같이 부처님께서도 여러 부처님을 생각하시는지요?』

『아난아, 네 물음이 매우 유쾌하구나. 네가 중생을 어여삐 여겨 그들에게 이익과 행복을 주려고 묻고 있구나. 아난아, 여래의 한량없는 큰 자비로써 중생들을 불쌍히 여기어 이 세상에 출현한 이유는 교법을 키워서 모든 중생들에게 큰 이익을 주기 위함이니, 네 질문으로 중생들이 크게 구제받을 것이니라.

아난아, 여래가 깨달은 지혜는 헤아릴 수 없고 걸림이 없는 지혜이기 때문에 백천억 겁의 수명을 지탱할 수 있는 것이다. 여래는 무궁한 지혜로써 모든 법에 대하여 힘을 내느니라. 아난아, 여래가 이 세상에 나온 이유를 물은 것도 사실은 여래의 힘 때문이니 정신을 차려 자세히 들어라. 이제부터 너희들을 위하여 설해 주리라.』

지금으로부터 무량억 겁 전 정광여래라는 부처님이 출현하시어 중생들을 인도하여 깨달음에 이르게 하셨다. 그 다음은 광원여래 부처님이 출현하셨으며 다음에는 월광여래 부처님이 출현하셨고, 이렇게 차례로 쉰두 번째의 부처님이 이 세상에 오시니, 그 부처님의 이름은 세자재왕여래이셨다. 이 부처님 당시에 세상에는 거룩한 국왕이 있었는데 그 국왕은 부처님의 법문을 듣고 감동하여 불도를 닦을 결심을 하였다. 그는 한 나라의 임금의 지위와 부귀를 모두 버리고 출가하여 법장보살이라는 이름으로 불리게 되었다.

　덕과 지혜가 수승한데다 부지런했던 법장보살은 세자재왕 부처님이 계신 곳으로 나아가 공손하게 예배한 뒤에 게송으로 부처님의 공덕을 찬탄하였다.

　빛나는 얼굴 우뚝하시고
　위엄과 신통이 그지없으니
　이렇게 밝고 빛나는 광명
　그 누가 감히 비유하리까?

　태양과 달과 마니구슬이 빛
　맑은 진주 찬란타 하지만
　부처님의 광명에 가려서
　검은 먹빛이 되고 맙니다.

　여래의 얼굴 뛰어나시어
　이 세상에 짝이 없고
　정각의 사자후 메아리가

시방세계에 널리 퍼지네.

맑고 깨끗한 계를 들고
삼매의 큰 힘과
지혜의 거룩한 거동 처음 뵈오네.
장엄한 거동 처음 뵈오네.

여러 부처님 많은 법을
보고 듣고 깊이 생각해
끝까지 알고 속까지 뚫어
끝과 끝 못갈 데 없네.

캄캄한 무명 탐욕과 진심
우리 부처님 다 끊으시니
사자와 같이 영특한 어른
거룩한 도덕 어떠하신가!

크신 도덕 넓으신 도량

밝으신 지혜 깊고 묘하사
끝없는 광명 거룩한 모습
대천세계에 널리 떨치네.

원컨대 나도 부처가 되어
거룩한 공덕의 법왕처럼
끝없는 생사 모두 끊고
온갖 번뇌망상 벗어지이다.

보시행을 닦아 탐심을 버리고
계행을 지니며 분함을 참아
끝없는 앞길을 가고 또 가니
그 삼매와 지혜 으뜸이어라.

나도 결정코 부처를 이루어
여래의 원을 모두 행하고
두려움 많은 중생 위하여
의지할 자리 되어 볼거나.

깨달으신 부처님네들
백인가 천인가 몇 억만인가?
항하사보다 많은 부처님
그 수효 이루 헤일 수 없네.

그렇게 많은 부처님네들
받들어 섬겨 공양한다 해도
보리의 도를 굳게 구하여
물러나지 않는 정진만 못하리.

항하의 모래수와 같이
많고 또 많은 부처님 세계보다
더 많아 셀 수가 없는
그렇게 많은 세계와 국토를

부처님 광명 널리 비추어
모든 국토에 두루하시는
이러한 정진과 이러한 신통

무슨 지혜로 헤아려볼거나.

내 몸이 부처 이루면
그 국토의 장엄제일이 되고저
중생은 모두 기묘하고저
도량은 가장 절승하고저

이 나라 땅이 항상 고요해
세상에 다시 짝이 없거든
온갖 중생을 어여삐 여겨
내가 마땅히 제도하리라.

저 시방에 사는 중생들
마음 즐겁게 깨끗하여서
이 나라 땅에 와서 나거든
즐겁고 편안하리라.

부처님이시여, 믿어 살피사

이내 마음 증명하소서.
저 국토에 원력을 내어
중생구제 힘껏 하리다.

시방에 계신 여러 부처님
밝으신 지혜 걸림 없이
이내 마음과 이내 수행을
여러 부처님 살펴주소서.

이 몸이 그 어떤
모진 고통에 들어가온들
내가 행하는 이 정진이야
어찌 후회하오리까!

 법장보살은 게송을 마치고 세자재왕 부처님께 여쭈었느니라.
 『부처님이시여, 저는 이와 같이 보리심을 내었으나 넓고도 깊은 부처님의 경계를 모르옵니다. 여러 부처님들께서 정토를 얻으려고 닦으시던 인행을 말씀하여 주시면 그대로 닦고 행하고 서원을 이루어, 여러 부처님 국토의 훌륭한 것을 모두 구비한 정토를 성취하려 하나이다.』

세자재왕 부처님께서 법장보살의 큰 뜻을 아시고 말씀하셨다.

『바다에 가득찬 물이라도 억천만 년을 두고두고 길어내면 말릴 수가 있듯이 정성스러운 마음으로 정진하여 도를 구하면 그러한 서원도 성취하리라.』

세자재왕 부처님은 법장보살을 칭찬하시면서 이백십 억이나 되는 여러 부처님들 정토의 광경을 말씀하시며 눈앞에 나타나게 하시었다.

법장보살은 깨끗한 마음으로 큰 서원을 세우고 다섯 겁 동안이나 생각하고 생각하여 부처님들 정토의 훌륭한 것을 모두 골라 가지곤 세자재왕 부처님 앞에 나아가 말씀드렸다.

『제가 이제 다섯 겁 동안을 생각하여 국토를 깨끗이 할 원을 세웠나이다.』

그러자 세자재왕 부처님께서 법장보살에게 물으셨느니라.

『지금 그 서원을 이야기 해 보아라. 그 서원을 들으면 제자들도 이익을 얻을 것이다.』

『저는 48대원을 성취하려 하며 만일 이것이 이루어지지 아니하면 부처가 되지 않을 것을 발원하나이다.』

① 제가 부처가 될 국토에 지옥, 아귀, 축생의 삼악도가 있다면 부처가 되지 않겠습니다.

② 제가 부처가 될 국토의 중생들이 수명이 다한 뒤에 다시 삼악도에 떨어지는 일이 있다면 저는 부처가 되지 않겠습니다.

③ 제가 부처가 될 국토의 중생들의 몸에서 찬란한 금색광명이 빛나지 않는다면 저는 부처가 되지 않겠습니다.

④ 제 국토 중생들의 모양이 한결같이 훌륭하지 않고 잘나고 못난 이가 따로 있으면 저는 부처가 되

지 않겠습니다.

⑤ 제가 부처가 될 국토의 중생들이 숙명통(宿命通)을 얻어 백천억 무량겁의 옛일들을 알지 못한다면 저는 부처가 되지 않겠습니다.

⑥ 제가 부처가 될 국토의 중생들이 천안통(天眼通)을 얻어 백천억 나유타의 모든 세계를 볼 수 없다면 저는 부처가 되지 않겠습니다.

⑦ 제가 부처가 될 국토의 중생들이 천이통(天耳通)을 얻어 백천억 나유타의 많은 부처님들의 설법을 듣고 모두 간직할 수 없다면 저는 부처가 되지 않겠습니다.

⑧ 제가 부처가 될 국토의 중생들이 타심통(他心通)을 얻어 백천억 나유타의 모든 국토에 있는 중생들의 마음을 알지 못한다면 저는 부처가 되지 않겠습니다.

⑨ 제가 부처가 될 국토의 중생들이 신족통(神足通)을 얻어 순식간에 백천억 나유타의 모든 나라들을 지나가지 못한다면 저는 부처가 되지 않겠습니다.

⑩ 제가 부처가 될 국토의 중생들이 누진통(漏盡通)을 얻지 못하고 망상을 일으켜 자신에 집착하는 분별이 있다면 저는 부처가 되지 않겠습니다.

⑪ 제가 부처가 될 국토의 중생들이 열반을 얻지 못한다면 저는 부처가 되지 않겠습니다.

⑫ 제가 부처가 된 후 저의 광명이 한량이 있어서 백천억 나유타의 모든 불국토를 비출 수가 없다면 저는 부처가 되지 않겠습니다.

⑬ 제가 부처가 된 후 저의 수명이 한정이 있어서 백천억 나유타 겁 동안만 살 수 있다면 저는 부처가 되지 않겠습니다.

⑭ 제가 부처가 될 그 나라 성문들의 수효가 한량이 있어서 삼천대천세계의 성문과 연각들이 백천겁 동안 헤아려 그 수를 알 수 있다면 저는 부처가 되지 않겠습니다.

⑮ 제가 부처가 될 국토의 중생들이 중생제도의 서원에 따라 수명의 길고 짧음을 자유자재로 할 수 있을지라도 만약 수명에 한량이 있다면 저는 부처

가 되지 않겠습니다.

⑯ 제가 부처가 될 국토의 중생들에게 좋지 않은 일이나 나쁜 이름이라도 있다면 저는 부처가 되지 않겠습니다.

⑰ 제가 부처가 될 때 시방세계의 헤아릴 수 없는 모든 부처들이 저의 이름 「아미타불」을 찬양하지 않는다면 저는 부처가 되지 않겠습니다.

⑱ 제가 부처가 된 후 시방세계의 중생들이 저의 나라에 태어나고자 신심과 환희심을 내어 「아미타불」을 열 번만 불러도 제 나라에 태어날 수 없다면 저는 부처가 되지 않겠습니다.

⑲ 제가 부처가 된 후 시방세계의 중생들이 보리심을 일으켜 모든 공덕을 쌓고 지성으로 저의 정토에 태어나고자 원을 세운 중생들이 임종을 맞을 때에 제가 대중들과 함께 가서 그들을 맞이할 수 없다면 저는 부처가 되지 않겠습니다.

⑳ 제가 부처가 된 후 시방세계의 중생들이 제 이름 「아미타불」을 듣고 저의 정토 극락세계를 사유

하며 많은 선근공덕을 쌓고 지성으로 저의 나라에 태어나고자 하는 중생들이 목적을 이루지 못한다면 저는 부처가 되지 않겠습니다.

㉑ 제가 부처가 될 국토의 중생들이 32대인상의 훌륭한 상호와 몸매를 갖추지 못한다면 저는 부처가 되지 않겠습니다.

㉒ 제가 부처가 된 후 다른 국토의 보살들이 제 국토에 와서 태어난다면, 그들의 소원에 따라 중생을 위하여 큰 서원을 세우고 선근공덕을 쌓아 일체중생을 제도하고 또는 모든 불국토에 다니며, 보살의 행을 닦아 시방세계와 여러 부처님을 공양하고 한량없는 중생들을 교화하여 위없이 바르고 참다운 가르침을 세우고자 보현보살의 공덕을 닦으려 하는 이들은 그 발원을 성취할 것이나, 다른 보살들이 한 생만 지나면 반드시 부처가 되는 일생보처(一生補處)에 이르지 못한다면 저는 부처가 되지 않겠습니다.

㉓ 제가 부처가 될 국토의 보살들이 부처님의 신통력을 입고 모든 부처님을 공양하기 위하여 잠시

동안에 헤아릴 수 없는 모든 불국토에 두루 이를 수 없다면 저는 부처가 되지 않겠습니다.

㉔ 제가 부처가 될 국토의 보살들이 여러 부처님께 공양을 올리려는 공덕을 지으려고 할 때 그들이 원하는 모든 공양물을 마음대로 얻을 수 없다면 저는 부처가 되지 않겠습니다.

㉕ 제가 부처가 될 국토의 보살들이 부처님의 일체 지혜를 설법할 수 없다면 저는 부처가 되지 않겠습니다.

㉖ 제가 부처가 될 국토의 보살들이 천상의 금강역사와 같은 견고한 몸을 얻지 못한다면 저는 부처가 되지 않겠습니다.

㉗ 제가 부처가 될 국토의 중생들과 온갖 물건들은 아름답고 찬란하게 빛나며 그 모양이 빼어나고 지극히 미묘하지 않다면, 또한 천안통을 얻은 자가 그 이름과 수효를 헤아릴 수 있다면 저는 부처가 되지 않겠습니다.

㉘ 제가 부처가 될 국토의 보살들을 비롯하여 공

덕이 적은 이들까지도 그 국토의 보리수나무가 한없이 빛나고 그 높이가 사백만 리나 되는 것을 알아보지 못한다면 저는 부처가 되지 않겠습니다.

㉙ 제가 부처가 될 국토의 보살들이 스스로 경을 읽고 외우며 남에게 설법하는 변재와 지혜를 얻을 수 없다면 저는 부처가 되지 않겠습니다.

㉚ 제가 부처가 될 국토의 보살들의 지혜와 변재가 한량이 있다면 저는 부처가 되지 않겠습니다.

㉛ 제가 부처가 될 그 불국토가 한없이 청정하여 시방세계 일체의 무량무수 모든 부처님 세계를 낱낱이 비춰봄이 마치 맑은 거울로 얼굴을 비춰보는 것과 같지 않다면 저는 부처가 되지 않겠습니다.

㉜ 제가 부처가 될 국토의 지상이나 허공의 일체 만물은 모두 헤아릴 수 없는 보배와 백천 가지의 향으로 이루어지고, 그 장엄함과 기묘함이 인간계나 천상계에서는 비교할 수도 없으며, 그 미묘한 향기가 시방세계에 두루 풍기면 그 향기를 맡은 보살들이 모든 부처님의 행을 닦을 것을 서원하지 않는다

면 저는 부처가 되지 않겠습니다.

㉝ 제가 부처가 된 후 시방세계의 한량없고 불가사의한 모든 불국토의 중생들에게 저의 광명이 비치어, 이를 접촉한 이가 인간과 천상을 초월하지 않는다면 저는 부처가 되지 않겠습니다.

㉞ 제가 부처가 된 후 시방세계의 헤아릴 수 없고 불가사의한 모든 부처님 세계의 중생들이 「아미타불」을 듣고 무생법인(無生法忍)과 깊은 지혜 공덕인 다라니법문을 얻을 수 없다면 저는 부처가 되지 않겠습니다.

㉟ 제가 부처가 된 후 시방세계의 헤아릴 수 없고 불가사의한 모든 부처님 세계의 여인들이 제 이름 「아미타불」을 듣고 환희심을 내어 보리심을 일으키고 여자의 몸을 싫어한 이가 목숨을 마친 후 다시 여인이 된다면 저는 부처가 되지 않겠습니다.

㊱ 제가 부처가 된 후 시방세계의 헤아릴 수 없고 불가사의한 모든 부처님 세계의 보살들이 제 이름 「아미타불」을 듣고 수명이 다한 후에도 청정한 수

행을 할 수 없고 성불하지 못한다면 저는 부처가 되지 않겠습니다.

㊲ 제가 부처가 된 후 시방세계의의 헤아릴 수 없고 불가사의한 모든 부처님 세계의 중생들이 제 이름「아미타불」을 듣고 예배하며 환희심과 신심을 내어 보살행을 닦을 때 모든 천신과 인간들이 그들을 공경하지 않는다면, 저는 부처가 되지 않겠습니다.

㊳ 제가 부처가 될 국토의 중생들이 의복을 얻고자 하면 생각하는 대로 훌륭한 옷이 저절로 입혀지게 되는 것이 마치 부처님이 찬탄하시는 가사가 자연히 비구들의 몸에 입혀지는 것과 같지 않고, 만약 바느질이나 다듬질 그리고 빨래와 물들일 필요가 있다면, 저는 부처가 되지 않겠습니다.

㊴ 제가 부처가 될 국토의 중생들이 누리는 상쾌한 즐거움이 일체 번뇌를 모두 여읜 비구와 같지 않다면, 저는 부처가 되지 않겠습니다.

㊵ 제가 부처가 될 국토의 보살들도 시방세계 헤아릴 수 없는 청정한 불국토를 보고자 하면, 그 소

원대로 비춰보는 것이 마치 맑은 거울에 얼굴을 비춰보는 것과 같지 않다면, 저는 부처가 되지 않겠습니다.

㊶ 제가 부처가 된 후에 다른 세계의 여러 보살들이 제 이름 「아미타불」을 듣고 부처님이 될 때까지 육근(六根)이 원만하여 청정하지 않다면 저는 부처가 되지 않겠습니다.

㊷ 제가 부처가 된 후에 다른 세계 보살들도 제 이름 「아미타불」을 들은 이는 모두 청정한 해탈삼매를 얻을 것이며 항상 삼매에 머물러 한 생각 동안에 헤아릴 수 없고 불가시의한 모든 부처님을 공양하고도 삼매를 잃는다면, 저는 부처가 되지 않겠습니다.

㊸ 제가 부처가 된 후에 다른 세계 보살들이 제 이름 「아미타불」을 듣고도 수명이 다한 후에 존귀한 집에 태어나지 않는다면, 저는 부처가 되지 않겠습니다.

㊹ 제가 부처가 된 후에 다른 세계 보살들이 제

이름 「아미타불」을 듣고 한없이 기뻐하며 보살행을 닦았음에도 모든 공덕이 갖추어지지 않는다면, 저는 부처가 되지 않겠습니다.

㊺ 제가 부처가 된 후에 다른 세계 보살들이 제 이름 「아미타불」을 들으면 모든 부처님을 뵈올 수 있는 삼매를 얻을 것이며, 항상 삼매에 머물러 성불할 때까지 불가사의한 일체의 부처님을 뵈올 수 없다면, 저는 부처가 되지 않겠습니다.

㊻ 제가 부처가 될 국토의 보살들이 듣고자하는 법문을 소원대로 들을 수 없다면, 부처가 되지 않겠습니다.

㊼ 제가 부처가 된 후에 다른 세계 보살들이 제 이름 「아미타불」을 듣고 일체 공덕이 물러나지 않는 불퇴전의 자리에 이를 수 없다면, 저는 부처가 되지 않겠습니다.

㊽ 제가 부처가 된 후에 다른 세계 보살들이 제 이름 「아미타불」만 듣고도 깨닫는 음향인과 진리에 수순하는 유순인, 나지도 죽지도 않는 도리를 깨닫

는 무생법인을 성취하지 못한다면, 저는 부처가 되지 않겠습니다.

『아난아, 법장보살은 세자재왕 부처님 앞에서 48원을 낱낱이 아뢰고 다시 게송으로 거듭 서원을 밝혔느니라.』

내가 세운 소원 세상에 없어
위없는 바른 길을 가고야 말리.
이 원을 성취하지 못한다면
끝내 부처는 안 되렵니다.

한량없는 오랜 겁 지나도록
내가 만일 큰 시주 되지 못하여
중생들의 고생을 제도 못하면
끝내 부처는 안 되렵니다.

내가 이 다음 부처가 되어

그 이름 온 세계에 진동할 적에
못 들은 중생이 있사오면
끝내 부처는 안 되렵니다.

욕심 없고 바른 법 지니며
깨끗한 지혜로써 범행을 닦아
위없는 보리도의 길을 찾아서
법계 중생들의 스승 되오리.

신통으로 밝은 광명을 놓아
가없는 여러 세계 두루 비추어
세 가지 어두운 번뇌를 녹여버리고
여러 가지 액난을 건져내리.

그네들의 지혜의 눈 밝히고서
앞 못 보는 장님들 눈 뜨게 하며
여러 가지 나쁜 길 막아버리고
좋은 곳에 가는 길 활짝 열리라.

덕과 복을 만족하게 닦아 이루고
거룩한 빛 시방에 널리 비추니
해와 달의 밝은 빛 감추게 되고
하늘나라 광명도 숨어버리네.

중생들을 위하여 법문을 열고
공덕 보배 골고루 보시하올제
언제나 많은 대중 모인 곳에서
법문하는 그 말소리 사자의 소리.

온 세계 부처님께 공양하오며
여러 가지 공과 덕 두루 갖추고
소원과 지혜를 모두 이루어
삼계에 거룩한 부처 되오리.

걸림 없는 부처님의 지혜와 같이
시방세계 걸림 없이 두루 비추리.
바라건대 내 공덕 복과 지혜가

가장 높은 부처님과 같아지이다.

이내 소원 모두 이루어질 때는
삼천대천세계가 감동하오며
허공 중에 가득 찬 하늘 사람들이
아름다운 보배꽃 뿌려 주리라.

『아난아, 법장보살이 이 노래를 마칠 때 땅은 여섯 가지로 진동하였고, 아름다운 연꽃은 하늘에서 머리 위로 흩어졌으며 공중에서 훌륭한 음악소리와 더불어 「너는 위없는 정각을 이루리라」고 찬탄하는 소리가 들렸느니라.

이리하여 법장보살은 크고 아름다운 정토를 한결같은 마음으로 장엄하기 위하여 셀 수 없이 많은 겁 동안 보살행을 닦았다.

법장보살의 마음은 맑고 깨끗하여 집착하는 마음과 삼독의 번뇌가 없어졌고 참는 힘이 풍부한 선정과 지혜를 갖추었으며 마음에 거짓이 없고 사람을 대함에 친절하고 부지런하여 게으름이 없었다. 또한 사람들을 착한 길로 인도하며 삼보와 스승을 공경하고 큰 원력으로 수행을 쌓아서 이 공덕으로 여러 중생들을 가르쳐 주었다.

마음으로는 이 세상이 거짓이며 환상인 줄을 깨닫고 무슨 일에도 집착하지 않으며, 입으로는 자기와 남을 해치는 거짓말을 아니 하고 나와 남을 이롭게 하는 좋은 말만 하며, 몸으로 세속을 버리고 육바라밀행을 닦아 무량무변의 공덕을 쌓았으므로 어느 곳에 있거나 생각하는 대로 깊고 묘한 법문이 샘솟듯 하여 여러 중생을 구제하는 보살이 되었다.

인간세상의 국왕이나 전륜성왕이 되거나 욕계육천의 천왕 또는 색계의 범천왕이 되거나, 언제든지 부처님께 공양을 올려 말할 수 없는 공덕을 쌓았으며, 입과 몸에서 흘러나오는 향기는 법계에 가득하였다. 얼굴은 거룩하며, 손은 보배를 마음대로 솟아나오게 하는 훌륭하고 자재한 손이 되었느니라.』

부처님의 말씀이 끝나자 아난은 또 부처님께 여

쭈었다.

『부처님이시여, 법장보살은 부처가 되셨나이까? 아니면 지금 부처가 되시나이까? 또는 미래에 부처가 되실 것입니까?』

『법장보살은 부처가 되었으며 이름은 아미타불 또는 무량수불이라 하느니라. 서쪽으로 십만억 세계를 지나가서 극락세계라는 세계에 계시며 부처가 되신 지는 지금까지 십겁이 되었느니라.

이 아미타 부처님의 광명은 다른 부처님의 광명으로는 미칠 수 없는 거룩한 광명이다. 보신불(報身佛)의 광명은 백불세계 천불세계로부터 항하사 불세계를 비추기도 하고, 화신불(化身佛)의 광명은 몇 십리로부터 한 불세계까지를 비추기도 하거니와, 아미타 부처님은 그 부처님들보다 훨씬 수승한 광명을 지녔으므로, 아미타불을 ① 무량수불 ② 무변광불 ③ 무애광불 ④ 무대광불 ⑤ 염왕광불 ⑥ 청정광불 ⑦ 환희광불 ⑧ 지혜광불 ⑨ 부단광불 ⑩ 난사광불 ⑪ 무칭광불 ⑫ 초일월광불이라고 한다.

만일 이 부처님의 광명을 보고 신심을 내면 삼독이 없어지고 몸과 마음이 화평하며 즐거움이 생기며, 삼악도에 빠진 이들도 이 광명을 만나면 고통이 소멸되고 목숨이 다한 뒤에는 해탈을 얻게 된다.

아미타 부처님의 광명은 시방에 두루 비치어 보고 듣지 못하는 이가 없으며 지금 나만이 그 광명을 칭송하는 것이 아니라, 일체 부처님과 보살, 성문, 연각들이 모두 같은 소리로 아미타 부처님의 광명을 찬탄하고 있다. 만일 아미타 부처님의 광명을 듣고 밤낮으로 칭송하는 중생은 극락세계에 나게 되며, 그의 몸도 아미다 부처님과 같이 되어 여러 부처님의 칭찬을 받을 것이다.

이러한 극락세계에 나기를 원하는 자들은 시방세계의 천인(天人)과 인간들 중에서 세 가지 종류가 있느니라.

첫째, 욕심을 버리고 출가하여 보리심을 내어 아미타불을 일심으로 생각하고 여러 가지 선근공덕을 쌓은 사람은 목숨을 마칠 때에 아미타불이 여러 보살들을 거느리고 와서 맞아 주시니, 이 사람은 극락세계에 가서 칠보연못 가운데에 화생하여 지혜가 슬기롭고 신통이 자재하게 된다. 그러므로 이 세상에서 아미타불을 보려 하거든 첫째 종류의 사람과 같이 되기를 원해야 한다.

둘째, 시방세계 천상인과 사람들이 극락세계에 나기를 원하는 자로서 출가하여 큰 공덕을 닦지 못하더라도 보리심을 내어 아미타불을 생각하며, 착한 일을 하고 재계를 지키며 탑과 불상을 조성하고 스님들에게 공양하되 기를 달고 등을 켜고 꽃을 뿌리고 향을 사루며 이 공덕을 회향하여 저 세계에 나기를 발원하면, 그 사람은 목숨을 마치려 할 적에 아미타불이 화신으로 나투어 이 사람을 데리고 물러나지 않는 자리에 머물 것이니 그 공덕과 지혜가 둘째 종류에 가는 사람들이다.

셋째, 시방세계 천상인과 사람들로서 극락세계에 나기를 원하는 이가 여러 가지 공덕은 짓지 못하더라도, 위없는 보리심을 일으키어 한결같은 정성으로 열 번이라도 아미타불을 부르면서 지극한 정성으로 그 세계에 나기를 원하면, 이 사람은 목숨을 마칠 때에 꿈에 아미타불을 뵈옵고 극락에 가서 나게 되니 그 공덕과 지혜가 셋째 종류의 사람들이다.

아난아, 아미타불의 그지없는 위덕은 시방세계 부처님들이 다 같이 찬탄하시느니라. 동방에 항하사 같이 많은 부처님 세계에 있는 한량없는 보살들은 모두 아미타불께 가서 부처님과 보살, 성문 대중들께 공경, 공양하며 정법을 듣고 중생을 교화하나니, 이와 같이 시방세계 여러 보살들도 또한 그와 같이 공경, 공양하고 있느니라.

아난아, 내 이제 아미타불의 공덕을 게송으로 찬탄하여 보이리라.』

동방에 있는 여러 불국토
그 수효 얼마던가, 항하사 같네.
그렇게 많은 국토 보살대중이
아미타 부처님을 가서 뵈옵네.

그렇게 많은 시방세계 보살들
장엄한 하늘꽃과 향과 보배와
위없는 하늘옷을 가지고 와서
아미타 부처님께 공양 올리네.

모두들 하늘풍악 올리올 적에
평화롭고 거룩한 노래를 불러
가장 높은 그 공덕 찬탄하면서
아미타 부처님께 공양 올리네.

신통과 바른 지혜 모두 다 알아
넓고도 깊은 법문 드나들면서
공과 덕을 법계에 가득 채우고
신묘한 밝은 지혜 짝할 이 없네.

지혜의 태양이 세상을 비치어
나고 죽는 구름을 걷어 버리니
중생은 조심조심 세 번을 돌아

위없는 부처님께 예배를 하네.

깨끗하고 장엄한 저 국토 보니
생각도 말도 못할 기묘한 세계
보는 이 위가 없는 마음을 내어
원컨대 내 국토도 저와 같고자.

그럴 때에 아미타 부처님께서
얼굴을 반기시고 기뻐 웃으며
입으로 헤일 수 없는 광명을 놓아
시방이 많은 국토 모두 비추고.

그 광명 다시 돌려 몸을 둘러싸
세 번 돌고 이마 위로 다시 들이시니
온 세상 저 대중들 모두 보고서
기쁘게 뛰고 놀며 즐거워하네.

그때에 관음보살 옷을 여미고

머리를 조아리며 여쭙는 말씀
「부처님 무슨 일로 웃으십니까?
원컨대 그 까닭을 일러주소서.」

우렁찬 맑은 음성 우뢰와 같고
여덟 가지 미묘한 소리를 내어
「내 이제 보살들께 수기주리니
대사여, 이내 말을 들어라.」

시방에서 모여온 저 보살들
저마다 가진 소원 내가 아노니
깨끗한 좋은 국토 구해 가지고
결정코 수기 받아 부처 되리라.

온갖 법 꿈과 같고 요술과 같고
메아리 같은 줄을 밝게 깨달아
여러 가지 큰 원을 만족하며는
이러한 좋은 국토 나도 얻으리.

그림자와 번개 같은 법을 알고서
끝까지 보살도를 닦아 행하며
여러 가지 공덕을 모두 갖추어
결정코 수기 받아 부처 되리라.

모든 법의 성품 모두 공하고
나까지 없는 줄을 깊이 깨달아
깨끗한 불국토를 힘써 구하면
이러한 좋은 국토 모두 얻으리.

부처님 보살들께 하시는 말씀
안양국 아미타불 가서 뵈오며
법문 듣고 즐거이 받아 행하면
청정한 저런 국토 빨리 얻으리.

깨끗한 저 국토에 가기만 하면
어느덧 신통묘용 빨리 얻어서
아미타 부처님께 수기를 받아

위없는 깨달음을 이루리라.

부처님 처음에 세우신 원력
그 이름 얻어듣고 발심하면
누구나 저 국토에 가서 태어나
물러나지 않는 데 앉게 되리라.

보살들이 발원을 세워 가지고
내 세계도 극락과 다름없고자
일체중생 골고루 구제하면
그 이름이 시방세계 사무치리라.

저 많은 부처님을 섬기올 적에
이내 몸 여러 세계 두루 다니며
정성껏 기쁨으로 공양하옵고
물러가 안양국에 돌아오리라.

전생에 착한 공덕 못 심은 이는

소중한 이 경 말씀 못 듣지만
온갖 계행 깨끗이 닦는 이들은
부처님 바른 법문 받아 들으리.

일찍이 부처님을 뵈온 사람은
진실로 이런 일을 믿을 것이니
겸손하고 조심해 듣고 행하여
즐거이 뛰고 놀며 기뻐하리라.

교만하고 어리석고 게으른 이는
이 법문 믿기가 어렵지마는
전생에 부처님을 뵈온 이들은
이러한 좋은 법문 즐겨 들으리.

성문은 말도 말라, 보살이라도
부처님 크신 말씀 알 수 없나니
이 세상 날 때부터 눈먼 사람이
어떻게 남의 길을 인도하려오.

여래의 깊은 지혜 바다 같사와
넓고 깊은 저 끝이 다함이 없어
이승 내 지혜로는 알 바 아니요
부처님 지혜로써 홀로 아시네.

이 세상 사람들은 누구나 없이
구족하게 모두 다 도를 통하고
깨끗한 지혜로써 공한 줄 알아
천억 겁에 부처지혜 생각하면서

있는 힘 다하여서 설명한데도
한평생 가더라도 알지 못하리.
부처님의 지혜는 한량이 없어
이렇게 청정하게 되시느니라.

이 목숨 오래 사는 어려움보다
부처님 만나옵기 더욱 어렵고
법 믿는 지혜 있기 또 어려우니

좋은 법 듣거든 힘써 구하세.

법문 듣고 마땅히 공경하여라.
뵈옵고 공경하면 경사가 되며
그를 일러 선지식이라 하니
너희들은 마땅히 발심하여라.

온 세계에 불길이 가득하여도
뚫고 가서 그 법문 들어 가지고
다음 세상 결정코 부처되어서
생사에 헤맨 중생 제도하리라.

『아난아, 극락세계에 가서 나는 이는 모두 보살의 가장 높은 자리인 일생보처에 이르거니와, 그 사람의 소원에 따라서 삼계고해인 이 세계에 돌아와서 중생을 제도하는 이도 있느니라.
 아난아, 저 불국토에 나는 성문들은 몸에서 나는 광명이 한 길이요, 보살들의 광명은 사천 리를 비추지만, 관세음보살과 대세지보살의 광명은 제일이어서 삼천대천세계를 비추니 두 보살은 이 세계에서 보살행을 많이 닦아 목숨을 마친 뒤에는 극락세계에 나게 된다.

아난아, 극락세계에 나는 중생들은 몸에 32상을 갖추었고 지혜는 모든 진리를 알며 신통은 자재하다. 그 가운데 가장 둔한 이는 음향인과 유순인만 얻지만 근기가 수승한 이는 가장 높은 무생법인을 얻으며, 저 보살들은 성불할 때까지 다시 나쁜 세계에 들어가지 않고 신통이 자재하여 숙명통을 얻는다. 그러나 오탁악세에서 중생을 제도하는 것이 소원인 보살들은 일부러 이 사바세계와 같은 국토에 나기도 한다.

아난아, 극락세계에 나는 보살들은 항상 올바른 법을 이야기하며 그 이치는 부처님 지혜와 같아 잘못됨이 없다. 사바세계와는 달라서 다투는 일이 없고 다만 가슴 속에 중생을 사랑하는 아름다운 뜻을 갖추고 중생들의 원한을 없애려는 마음만이 가득

차 있다. 또한 법은 집착할 것이 아님을 잘 알아서 한량없는 변재와 지혜로 중생들을 구제하며 지혜로 법의 참된 지혜를 깨닫고, 맑고 고운 음성과 방편을 보여서 듣는 이로 하여금 세속을 떠나 부처님 도에 뜻을 두게 한다.

　모든 능력을 골고루 갖추고 온갖 작용을 다 구비하여 육신의 상호와 지혜의 변재가 원만하니 모자랄 것이 없으므로 아무도 거기에 짝할 이가 없다. 한량없는 부처님께 공양하는 보살들은 부처님의 칭찬을 받나니 그 거룩한 보살의 행과 공덕은 성문이나 연각으로는 미칠 수가 없다.

　아난아, 극락세계에 나는 보살들의 공덕을 대강만 말하였느니, 만일 이 공덕을 모두 말하려면 백천만겁 동안 말하여도 다 말할 수가 없느니라.』

『방등경』

4. 약사여래의 12대원

문수보살이 어느 날 부처님께 예배하고 사뢰었다.
『부처님이시여, 약사여래의 명호와 원력을 말씀하시어 중생들로 하여금 업장을 소멸하게 하옵시고 또 미래세에 정법이 없어질 때에 중생을 섭수하게 하소서.』
『문수여, 여기서 동쪽으로 십 항하사 불국토를 지나서 정유리라는 이름의 세계가 있는데 그 국토 부처님의 명호가 약사유리광불이다. 그 부처님이 보살행을 닦을 때에 12대원을 세웠느니라.』

1. 원하건대, 미래세에 내가 성불할 때에는 내 몸에서 광명이 나서 무량무수무변한 세계를 비추고, 32가지 대인상과 80가지 상호로 장엄하며, 일체 중생도 모두 내 몸과 같이 되게 하여지이다.

2. 원하건대, 내가 미래세에 성불할 때에는 내 몸

이 유리처럼 안팎이 청정하여 때도 티도 없이 광명을 내고 위덕을 나타냄이 일월보다 더하여, 비록 유명계에 있는 중생이라도 모두 나의 광명의 밝음을 입어 마음대로 모든 일이 성취되어지이다.

3. 원하건대, 내가 미래세에 성불할 때는 무량무변한 지혜방편으로 모든 중생으로 하여금 사용할 물건을 무진하게 얻어 부족한 것이 없게 하여지이다.

4. 원하건대, 내가 미래세에 성불할 때는 모든 중생게에서 사도를 행하는 자로 하여금 모두 보리도에 머물게 하며, 만일 성문 연각을 행하는 자가 있다면 모두 대승으로 안정되게 하여지이다.

5. 원하건대, 제가 미래세에 성불할 때는 무량무변한 중생이 내 법 가운데에서 수행을 닦을 때 모두 계행이 청정하며, 파계하는 자가 있을지라도 나의 이름만 들으면 계행이 도로 청정하여 악도에 떨어

지지 않도록 하여지이다.

6. 원하건대, 내가 미래세에 성불할 때는 모든 중생 중에 몸이 변변치 않아 모든 근이 불구이거나 추하거나 어리석고 병고가 있는 자라도, 나의 이름만 들으면 일체가 모두 단정하고 지혜로우며 모든 근이 완전하여 괴로움이 없게 하여지이다.

7. 원하건대, 내가 미래세에 성불할 때는 모든 중생들이 병고에 쪼들리며 구원할 이 없고 의지할 데 없으며 빈궁하여 고생이 많은 자라도, 내 이름이 그 귀에 한번만 지나가면 모든 병이 없어지고 몸과 마음이 편안하며 가족과 살림이 모두 풍족하여지고 또 위없는 보리를 얻게 하여지이다.

8. 원하건대, 내가 미래세에 성불할 때는 여인이 여인의 몸에 따른 번뇌로부터 시달림을 받은 끝에 여인의 몸이 극도로 싫어져서 그 몸 버리기를 원하

는 이가 있을 때, 내 이름만 들으면 곧 여자의 몸을 버리고 남자의 몸을 얻어 대장부의 상이 구족하여지며 위없는 보리를 얻게 하여지이다.

9. 원하건대, 내가 미래세에 성불할 때는 모든 중생들로 하여금 마군의 그물을 벗어나고 외도의 결박을 풀어버리며 가지가지 악한 소견의 번뇌 속에 떨어진 자가 있거든, 모두 정견으로 인도하고 보살행을 닦게 하여 위없는 보리를 얻게 하여지이다.

10. 원하긴대, 내가 미래세에 성불할 때는 이떤 중생이 국법에 걸리어 결박을 당하고 매를 맞으며 혹은 옥에 갇히고 혹은 사형을 받아서 죽게 되거나, 그밖에 모든 재난으로 몸과 마음에 괴로움을 받는 자라 해도 내 이름만 들으면 나의 복덕과 위신력으로 모든 일체 근심에서 해탈하게 하여지이다.

11. 원하건대, 내가 미래세에 성불할 때는 어떤 중

생이 기갈을 견디지 못하여 먹을 것을 구하다가 악업을 짓는 자라도, 나의 이름을 듣고 일념으로 지송하면 나는 마땅히 좋은 음식으로 먼저 그 육신을 배부르게 하고 다음에는 법미로써 안락하게 하여지이다.

12. 원하건대, 내가 미래세에 성불할 때는 가난하여 의복이 없어서 주야로 벌레와 추위, 더위에 시달리는 모든 중생들이 나의 이름을 듣고 일념으로 지송하면, 그들이 좋아하는 여러 가지 좋은 의복을 얻게 하며 또한 일체 보배의 장엄구와 화만, 영락, 향수 등 풍악까지라도 마음에 원하는 대로 모두 만족하여지이다.

『문수여, 중생은 선과 악을 알지 못하고 우치하고 어리석어 믿음이 없으며 재물만 많이 모으려고 밤낮으로 노력하되 구걸하러 오는 이를 싫어하고, 부득이하여 보시를 하더라도 몸의 살을 베는 것처럼 아프게 여긴다.

또한 어떤 간탐하는 중생은 재물을 모으되 부모, 처자, 노비에게 주기는커녕 자신에게마저 쓰지 않는 자가 있다. 그런 중생들은 목숨을 마치면 아귀계에 나거나 혹은 축생계에 나느니라.

사람으로 있을 때에 잠깐이라도 부처님의 명호를 들은 일이 있으면, 그 인연으로 말미암아 악취에 있어도 문득 부처님의 명호를 생각하게 되어 그 즉시로 거기서 죽고, 다시 인간 세상으로 나와 숙명으로 인한 악취의 고통을 두려워하여, 오욕락을 즐기지 않고 보시하기를 좋아하며 보시하는 것을 찬탄하여 일체 소유한 것을 아끼지 않고 몸까지도 구하는 자에게 보시하게 되나니, 어찌 재물을 아끼겠느냐?

그러나 어떤 중생이 비록 여래의 법을 배울지라도 계행을 파하거나, 비록 계행은 파하지 않더라도 계율을 어기거나, 계율은 어기지 않더라도 정견이 없거나, 비록 정견은 있더라도 많이 듣지 않거나, 비록 많이 듣기는 할지라도 자만심이 있으면 자기만 옳다하고 남은 그르다 하여 정법을 비방하고 마군의 도당이 되느니라. 이러한 어리석은 사람은 스스로 삿된 일을 행하고 또한 많은 중생으로 하여금 사견에 떨어지게 하므로 마땅히 지옥·아귀·축생에 떨어져 윤회할 것이다. 그러다가도 부처님의 명호만 얻어 들으면 곧 악행을 버리고 선법을 닦아 악취에서 벗어난다.

『방등경』

5. 보현보살의 행과 원

그때에 보현보살이 부처님의 거룩한 공덕을 찬탄하고 나서 여러 보살과 선재동자에게 말하였다.

『선남자여, 부처님의 공덕은 비록 시방 세계 모든 부처님들께서 수없이 많은 세월을 두고 계속하여 말씀할지라도 끝까지 다하지는 못할 것입니다. 만일 그러한 공덕을 성취하려면 열 가지 크나 큰 행원을 닦아야 합니다.

그 열 가지 행원이란 이렇습니다.』

첫째는 모든 부처님을 예배하고 공경하며,
둘째는 부처님의 덕행을 찬탄하며,
셋째는 여러 가지로 공양하며,
넷째는 지은 허물을 참회하며,
다섯째는 남의 공덕을 같이 기뻐하며,
여섯째는 설법해 주기를 청하며,
일곱째는 부처님이 세상에 오래 계시기를 청하며,

여덟째는 부처님을 본받아 배우며,
아홉째는 항상 이웃의 뜻을 따르며,
열째는 모두 다 돌려준다.

선재동자가 물었다.
『거룩하신 이여, 어떻게 예배하고 공경하며, 어떻게 돌려주오리까?』
보현보살이 선재동자에게 말하였다.
『선남자여, 부처님께 예배하고 공경한다는 것은 온 법계(法界)와 허공계(虛空界), 시방삼세(十方三世) 모든 부처님 세계의 수없이 많은 부처님들을, 보현의 수행과 서원의 힘으로 깊은 신심을 내어 눈앞에서 뵈는 듯이 받들고 청정한 몸과 말과 뜻으로 항상 예배하고 공경하는 것입니다.
낱낱의 부처님께 수없이 많은 몸을 나타내어, 수많은 부처님께 두루 예배하는 것입니다.
허공계가 다해야 나의 예배와 공경도 다하겠지만, 허공계가 다할 수 없으므로 나의 이 예배와 공경도 다함이 없습니다.

　이와 같이 우리 이웃의 세계가 다하고, 이웃의 업이 다하고, 이웃의 번뇌가 다해야 나의 예배도 다하겠지만, 우리 이웃과 이웃의 번뇌가 다함이 없으므로 나의 이 예배와 공경도 또한 다함이 없습니다.

　순간마다 계속하여 끊임없어도 몸과 말과 뜻에는 조금도 지치거나 싫어함이 없습니다.

　선남자여, 부처님을 찬탄한다는 것은 무엇이겠습니까?

　온 법계, 허공계, 시방삼세 모든 불국토에 수없이 많은 부처님이 계시고 부처님 계신 데마다 보살이 둘러싸 모시고 있지만, 그분들을 내가 깊고 뛰어난 지혜로써 눈앞에 나타난 듯 알아보고, 음악의 여신인 변재천녀보다도 더 뛰어난 변재로써 부처님의 모든 공덕을 찬탄하며, 오는 세월이 다하도록 계속하여 그치지 않고 법계가 끝날 때까지 두루하는 것입니다.

이와 같이 하여 허공계가 다하고 우리 이웃의 세계가 다하고 이웃의 업이 다하고 이웃의 번뇌가 다해야 나의 찬탄도 다하겠지만, 허공계와 우리 이웃의 번뇌가 다할 수 없으므로 나의 찬탄도 다함이 없으며, 순간마다 계속하여 끊임없어도 몸과 말과 뜻에는 조금도 지치거나 싫어함이 없습니다.

선남자여, 또 여러 가지로 공양한다는 것은 무엇이겠습니까?

온 법계, 허공계, 시방삼세 모든 불국토에 수없이 많은 부처님이 계시며 부처님 계신 데마다 온갖 보살들이 둘러싸 모시고 있지만, 보현의 수행과 서원의 힘으로 깊은 믿음과 지혜를 일으켜 그분들을 눈앞에 나타난 듯 알아보며 여러 가지 훌륭한 공양거리로 공양합니다.

이른바 꽃과 꽃타래와 천상의 음악과 천상의 일산과 옷과 여러 가지 천상의 향들 즉 바르는 향, 사르는 향, 가루 향 등 이와 같은 것들의 낱낱 무더기가 수미산만 하며, 여러 가지로 켜는 등불은 우유 등, 기름 등, 향유 등인데 심지는 각각 수미산과 같고 기름은 바닷물과 같습니다. 이런 여러 가지 공양거리로 항상 공양합니다.

선남자여, 그러나 모든 공양 가운데에서도 법공양이 으뜸입니다.

부처님 말씀대로 수행하는 공양과 우리들을 이롭게 하는 공양과 이웃들을 거두어 주는 공양과 이웃들의 고통을 대신 받는 공양과 착한 일을 하는 공양과 보살의 할 일을 버리지 않는 공양과 보리심을 여의지 않는 공양 등이 바로 법공양입니다.

선남자여, 앞서 말한 꽃, 음악, 옷, 향, 등불로써 공양한 그 공덕을 잠깐 동안 법으로 공양한 공덕과 비교한다면, 그 백분의 일에도 미치지 못하고 천분의 일에도 미치지 못하며 백천만억 분의 일에도 미치지 못합니다.

왜냐하면, 부처님들은 법을 존중하고 부처님 말씀대로 수행함이 곧 부처님을 출현케 하는 일이기 때문이며, 보살들이 법공양을 행하면 이것이 곧 부처님께 공양하는 것이나 다름이 없기 때문이니, 이와 같이 수행하는 것이 참다운 공양입니다.

넓고 크고 가장 훌륭한 이 공양은 허공계가 다하고 우리들 이웃의 세계가 다하고 이웃의 업이 다하고 이웃의 번뇌가 다해야 나의 공양도 다하겠지만, 허공계와 이웃의 번뇌가 다 할 수 없으므로 나의 이 공양도 다하지 않으며, 이와 같이 순간마다 계속하여 끊임없어도 몸과 말과 뜻에는 조금도 지치거나 싫어함이 없습니다.

선남자여, 지은 허물을 참회한다는 것은 무엇입니까?

보살은 스스로 이렇게 생각하고 다짐합니다.

「내가 지금까지 오랜 세월을 두고 살아오면서 탐내고 성내고 어리석은 탓으로 몸과 말과 뜻으로 지은 악한 업이 한량없고 끝이 없을 것이다. 만일 그 악한 업에 어떤 형체가 있다면 끝없는 허공으로도 그것을 다 받아들일 수 없을 것이다. 내가 이제 몸과 말과 뜻이 청정한 업으로 법계에 두루 계시는 부처님과 보살들 앞에 지성으로 참회하고, 다시는 악한 업을 짓지 않으며 항상 청정한 계율의 모든 공덕에 머물겠다.」

이와 같이 하여 허공계가 다하고 우리 이웃의 세계가 다하고 이웃의 업이 다하고 이웃의 번뇌가 다해야 나의 참회도 다할 것이지만, 허공계와 이웃의 번뇌가 다할 수 없으므로 나의 이 참회도 다하지 않으며, 순간마다 계속하여 끊임없어도 몸과 말과 뜻에는 조금도 지치거나 싫어힘이 없습니다.

선남자여, 남의 공덕을 같이 기뻐한다는 것은 무엇입니까?

온 법계, 허공계, 시방삼세 불국토의 수많은 부처님은 처음 발심한 때로부터 모든 지혜를 위하여 복덕을 부지런히 닦을 때에, 몸과 목숨도 아끼지 않고 수많은 세월을 지나면서 머리와 눈과 손발까지도 아끼지 않고 헤아릴 수 없이 보시하였습니다.

또 행하기 어려운 고행을 하면서 갖가지 보살의 행을 원만히 갖추었고, 보살의 지혜에 들어가 부처님의 가장 훌륭한 보리를 성취하였으며, 열반에 든 뒤에는 그 사리를 나누어 공양하였습니다.

이와 같이 온갖 착한 일을 나도 같이 기뻐하며, 지옥·아귀·축생·아수라·인간·천상 등 여섯 갈래 길에서 태·난·습·화 네 가지로 생겨나는 이웃들이 지은 털끝만한 공덕일지라도 내일처럼 같이 기뻐합니다.

자기만을 위해 수행하는 소승적인 성문과 벽지불의 법을 배우는 이나 더 배울 것 없는 이의 공덕도 내가 같이 기뻐하며, 보살이 행하기 어려운 고행을 하면서 가장 높은 진리를 구하던 그 넓고 큰 공덕도 또한 내가 같이 기뻐합니다.

이와 같이 하여 허공계가 다하고 우리 이웃의 세계가 다하고 이웃의 업이 다하고 이웃의 번뇌가 다할지라도 나의 함께 기뻐함은 다하지 않으니, 순간마다 계속하여 끊임없어도 몸과 말과 뜻에는 조금도 지치거나 싫어함이 없습니다.

 선남자여, 부처님을 본받아 배운다는 것은 무엇입니까?
 이 사바세계에 오시기까지 법신인 부처님께서 처음 발심한 때로부터 정진하여 물러나지 않으시고 수없이 많은 몸과 목숨으로 보시하고, 살갗을 벗겨 종이를 삼으며 뼈를 쪼개 붓을 삼고 피를 뽑아 먹물을 삼아서, 경전 쓰기를 수미산만큼 하였습니다.
 부처님께서는 법을 소중히 여기시어 목숨도 아끼지 않았는데, 하물며 제왕의 자리나 도시나 시골 궁전이나 동산 등을 아끼셨을 것이며, 하기 어려운 갖가지 고행인들 어찌 문제가 되었겠습니까.
 보살들이 모인 도량이나 성문과 벽지불이 모인 도량, 이 세상을 진리로써 다스리는 전륜성왕과 작은 나라의 왕과 그 권속들이 모인 도량 혹은 군인, 바라문, 부호 거사들이 모인 도량, 심지어는 천·용

등 팔부신중과 사람과 사람 아닌 것들이 모인 도량에서, 우뢰와 같은 음성으로 법을 설하여 그들의 소원에 따라 중생의 기틀을 성숙시키고 마침내 열반에 드신, 이와 같은 일들을 내가 모두 본받아 배웁니다.

지금 부처님께서 하시듯이 온 법계, 허공계, 시방삼세 모든 불국토의 부처님들의 자취를 본받아 배웁니다.

이와 같이 하여 허공계가 다하고 우리 이웃의 세계가 다하고 이웃의 업이 다하고 이웃의 번뇌가 다할지라도 나의 이 본받아 배우는 일은 다하지 않으니, 순간마다 계속하여 끊임없어도 몸과 말과 뜻에는 조금도 지치거나 싫어함이 없습니다.

선남자여, 이웃의 뜻에 항상 따른다는 것은 무엇입니까?

온 법계, 허공계, 시방세계의 이웃들이 여러 가지 차별이 있어 알에서 나고 태나 습기에서 나고 혹은 저절로 나기도 하는데, 그들은 땅과 물과 불과 바람을 의지하여 살기도 하고, 허공을 의지하여 살기도 하며, 풀과 나무를 의지하여 살기도 합니다.

또한 갖가지의 태어남과 갖가지의 몸과 형상, 모양, 수명, 종족, 이름, 성질, 소견, 욕망, 뜻, 위의(威儀), 의복, 음식 등으로 살아갑니다. 여러 시골의 마을과 도시의 큰 집 혹은 궁전에서 살기도 합니다. 그들은 또 천·용 등의 팔부신중과 사람과 사람 아닌 것들로 발 없는 것, 두 발 가진 것, 네 발 가진 것, 여러 발 가진 것, 형체 있는 것, 형체 없는 것, 생각 있는 것, 생각 없는 것, 생각 있는 것도 생각 없는 것도 아닌 것들로, 그들 모두에게 내가 순종하여 여러 가지로 섬기고 공양하기를 마치 부모와 같이 하고 스승과 같이 받들며, 아라한이나 부처님과 다름없이 받듭니다.

병든 이에게는 의사가 되어 주고, 길 잃은 이에게는 바른 길을 알려주며, 어둔 밤에는 등불이 되고, 가난한 이에게는 재물을 얻게 하니, 이와 같이 보살은 모든 이웃을 평등하고 이롭게 합니다. 왜냐하면, 보살이 이웃의 뜻에 따르는 것은 곧 부처님께 순종하여 공양하는 일이 되고, 이웃을 존중하여 받드는 것은 곧 부처님을 존중하여 받드는 일이 되며, 이웃을 기쁘게 하는 것은 곧 부처님을 기쁘게 하는 일이니, 부처님은 자비심으로 근본을 삼기 때문입니다.

이웃으로 인해 큰 자비심을 일으키고 자비심으로 인해 보리심을 내고, 보리심으로 인해 깨달음을 이루는 것입니다. 그것은 마치 넓은 벌판에 서 있는 큰 나무의 뿌리가 수분을 받으면 가지와 잎과 열매가 무성하듯이, 생사(生死) 광야의 보리수도 이와 같습니다.

모든 이웃은 뿌리가 되고, 부처님과 보살들은 꽃과 열매가 되니, 자비의 물로 이웃을 이롭게 하면 지혜의 꽃과 열매를 맺게 됩니다. 보살이 자비의 물로 이웃을 이롭게 하면 그것이 곧 위없는 깨달음을 성취하는 길입니다. 보리는 이웃에서 비롯되니, 이웃이 없다면 보살은 끝내 깨달음을 이루지 못할 것입니다.

　선남자여, 그대는 이 이치를 분명히 알아야 합니다. 이웃에게 마음을 평등하게 함으로써 원만한 자비를 성취하고, 자비심으로 이웃을 따름으로써 부처님께 공양을 올리는 것입니다. 보살은 이와 같이 이웃을 따라야 합니다.

　허공계가 다하고 우리 이웃의 세계가 다하고 이웃의 업이 다하고 이웃의 번뇌가 다할지라도 나의 따르는 일은 다함이 없으니, 순간마다 계속하여 끊임없어도 몸과 말과 뜻에는 조금도 지치거나 싫어 힘이 없습니다.

　선남자여, 모두 다 돌려준다는 것은 무슨 뜻이겠습니까?

　처음 예배하고 공경함으로부터 이웃의 뜻을 따르기까지 그 모든 공덕을 온 법계에 있는 모든 이웃에게 돌려보내 이웃들로 하여금 항상 평안하고 즐겁고 병고가 없게 합니다.

나쁜 짓은 하나도 이루어지지 않고 착한 일은 모두 성취하며, 온갖 나쁜 길의 문은 닫아버리고 인간이나 천상이나 열반에 이르는 바른 길은 활짝 열어 보입니다. 이웃의 과보를 내가 대신 받으며, 그 이웃들이 모두 다 해탈을 얻고 마침내는 더 없이 훌륭한 보리를 성취하도록 힘쓰니, 보살은 이와 같이 남김없이 돌려줍니다.

허공계가 다하고 우리 이웃의 세계가 다하고 이웃의 업이 다하고 이웃의 번뇌가 다할지라도 나의 이 돌려줌은 다하지 않으니, 순간마다 계속하여 끊임없어도 몸과 말과 뜻에는 조금도 지치거나 싫어함이 없습니다.

선남자여, 이것으로써 보살의 열 가지 큰 서원이 원만히 갖추어졌습니다.

만일 모든 보살들이 이와 같은 큰 서원을 따라 나아가면, 모든 이웃의 근기를 성숙시키고 위없는 깨달음에 이르게 되며, 보현보살의 수행과 원력을 성취하게 될 것입니다.

그러므로 그대는 이러한 이치를 분명히 알아야 합니다.

만일 선남자 선여인이 시방세계에 가득한 한량이 없고 끝이 없어 이루 다 말할 수 없는 부처님 세계의 가장 좋은 칠보와 또 천상과 인간의 가장 훌륭한 안락으로써 모든 세계의 이웃들에게 보시하고, 그와 같은 세계의 부처님과 보살들께 공양하기를 무량겁이 지나도록 계속하여 그치지 않는 그 공덕과, 또 어떤 사람이 이 열 가지 원을 한번 들은 공덕을 서로 비교한다면, 앞의 공덕은 뒤 것의 백 분의 일에도 미치지 못하고, 천 분의 일에도 미치지 못 할 것입니다.

또 어떤 사람이 깊은 신심으로 이 열 가지 원을 받아 지녀 읽고 외우거나 한 구절만이라도 베껴 쓴다면, 무간지옥에 떨어질 죄업이라도 이내 소멸되고, 이 세상에서 받은 몸과 마음의 병이나 갖가지 괴로움과 아주 작은 악업까지도 죄다 소멸될 것입니다.

그리고 온갖 마군과 야차와 나찰 등 피를 빨고 살을 먹는 몹쓸 귀신들이 모두 멀리 떠나가나, 혹은 착한 마음을 내어 가까이에서 수호할 것입니다.

그러므로 이 보현의 원을 몸소 행하는 사람은 어떤 세상에 다니더라도 달이 구름에서 벗어나듯 거리낌이 없을 것이며, 부처님과 보살들이 칭찬하고, 천상이나 인간들이 다 예경하며, 모든 이웃들이 두루 공경할 것입니다.

그와 같은 선남자는 사람의 몸을 잘 얻어 보현보살의 공덕을 원만히 갖추고 오래지 않아 보현보살처럼 미묘한 몸을 성취하여, 서른두 가지 대장부다운 모습을 갖출 것입니다.

천상이나 인간에 나면 가는 곳마다 항상 좋은 가문에 태어날 것이고, 모든 악한 길을 깨뜨리고 나쁜 친구를 멀리 여의며, 외도를 항복받고 온갖 번뇌를 모두 해탈하여, 마치 큰 사자가 뭇 짐승들을 굴복시키듯 할 것이며, 모든 이웃의 공양을 받을 것입니다.

또 이 사람들이 목숨을 마치는 마지막 찰나에 육

신이 다 무너지고 흩어져 친척과 권속들을 다 버리고 떠나게 되며, 권세도 잃어져 고관대작과 궁성 안팎과 코끼리, 말 수레와 보배와 비밀 창고들이 하나도 따라오지 못하지만, 이 열 가지 서원만은 떠나지 않고 항상 앞길을 인도하여 한 찰나 사이에 정토에 왕생하게 될 것입니다. 정토에 가서는 곧 아미타불과 문수보살, 보현보살, 미륵보살 등을 친견하는데, 이 보살들은 모습이 단정하고 공덕이 원만하여 함께 아미타불 곁에 둘러앉아 있을 것입니다.

그는 제 몸이 저절로 연꽃 위에 나서 부처님으로부터 이 다음에 어떻게 될 거라는 수기를 받을 것이며, 수기를 받고는 무수한 세월을 지나면서, 널리 사방에 지혜의 힘으로 이웃들의 마음을 따라 이롭게 할 것입니다.

그는 또 오래지 않아 보리도량에 앉아 마군을 항복받고 정각을 이룰 것이며, 법문을 설하여 수없이 많은 이웃들에게 보리심을 내게 하고, 그 근기에 따라 교화하여 성취시키며, 오는 세상이 다하도록 모든 이웃을 널리 이롭게 할 것입니다.

 선남자여, 저 이웃들이 이 열 가지 원을 듣고 믿고 받아 지니며, 읽고 외우고 남을 위해 해설한다면, 그 공덕은 부처님을 제외하고는 아무도 모를 것입니다.

 그러므로 그대들은 이 원을 듣거든 의심을 내지 말고 마땅히 받아 지니면서 읽고 외우고 베껴 쓰고 널리 남에게 설명해주어야 합니다.

 이런 사람들은 한 생각 동안에 모든 행원을 다 성취할 것이니, 얻는 복덕은 한량없고 끝이 없으며, 번뇌의 고통 바다에서 이웃들을 건져내어 생사를 멀리 여의고 모두 다 아미타불의 정토에 왕생하게 할 것입니다.』

 보현보살은 이 뜻을 거듭 펴기 위해 시방세계를 두루 살피면서 게송으로 말하였다.

 한 몸으로 끝없이 몸을 나타내어

온 법계, 허공계, 시방세계 가운데
과거, 현재, 미래의 부처님들께
나의 청정한 몸과 말과 뜻으로
빠짐없이 두루 예배하오니

보현의 행과 원의 큰 힘으로
한량없는 부처님들 앞에 나아가
한 몸으로 무수히 몸을 나타내
수 없는 부처님께 예배합니다.

헤아릴 수 없이 수많은 부처님들
보살들이 모인 속에 각각 계시고
온 법계의 티끌 속도 그와 같아서
부처님이 충만하심 깊이 믿으며

저마다 갖가지 음성으로써
그지없는 묘한 말씀 널리 펴내어
오는 세상 세월이 다하도록

부처님의 깊은 공덕 찬탄합니다.

가장 좋고 아름다운 온갖 꽃타래
천상 음악, 바르는 향, 보배 일산과
이와 같이 훌륭한 장신구로써
한량없는 부처님께 공양하오며

가장 좋은 의복과 으뜸가는 향
가루 향과 사르는 향 등과 촛불을
하나하나 수미산처럼 모아서
한량없는 부처님께 공양하오며

넓고 크고 지혜로운 이 마음으로
삼세의 모든 여래 깊이 믿어서
보현의 행과 원의 큰 힘으로
두루두루 부처님께 공양합니다.

지난 세상 내가 지은 모든 악업은

화 잘 내고 욕심 많고 어리석은 탓
몸과 말과 뜻으로 지었사오니
내가 이제 속속들이 참회합니다.

시방세계 여러 종류의 모든 이웃과
성문, 연각, 배우는 이, 다 배운 이
모든 부처, 보살들의 온갖 공덕을
지성으로 받들어서 기뻐합니다.

시방의 모든 세간 비추시는 등불로
큰 보리 맨 처음 이루신 이께
더없이 묘한 법을 설해 달라고
내가 지금 지성으로 권하오며

모든 부처 열반에 드시려 할 때
이 세상에 오래오래 머무르시어
모든 중생 건져내어 즐겁게 하시길
내가 지금 지성으로 권하옵니다.

예경하고 공양하고 찬탄한 복과
오래 계셔 법문하심 권청한 복과
함께 기뻐하고 참회한 선근
이웃과 보리도에 돌려드립니다.

내가 여러 부처님을 따라 배우고
보현의 원만한 행 닦아 익혀서
지난 세상 시방세계 부처님들과
지금 계신 부처님께 공양하오며

오는 세상 천상, 인간 큰 스승들께
여러 가지 즐거움이 원만하도록
삼세의 부처님을 따라 배워서
보리도를 성취하기 원하옵니다.

끝없는 시방삼세 모든 세계를
웅장하고 청정하게 장엄하옵고
부처님을 대중들이 둘러 모시어

보리수나무 아래 앉아 계시니

시방세계 살고 있는 모든 이웃들
근심 걱정 여의어서 항상 즐겁고
깊고 깊은 바른 법의 이익을 얻어
온갖 번뇌 사라지기 축원합니다.

내가 보리 얻으려고 수행할 때에
태어나는 세상마다 숙명통 얻고
출가하여 청정 계행 바르게 닦아
때 인 묻고 범하지 않고 새지 않으며

천신들과 용왕과 구반다들과
야차와 사람인 듯 아닌 듯한 것
그 모든 이웃들이 쓰고 있는 말
갖가지 음성으로 법을 설하고

연꽃잎에 물방울이 묻지 않듯이

청정한 바라밀다 꾸준히 닦아
어느 때나 보리심을 잊지 않았고
번뇌 업장 남김없이 소멸하고서
여러 가지 묘한 행을 모두 이루며

모든 번뇌 모든 업과 마군의 경계
이 세간 온갖 일에 해탈 얻으니
연꽃잎에 물방울이 묻지 않듯이
해와 달이 허공 중에 머물지 않듯

악도와 고통을 죄다 없애고
이웃들에 평등하게 기쁨을 주어
이와 같이 끝없는 세월 지나며
시방세계 이롭게 함 한량이 없네.

내 항상 이웃들을 따르리니
오는 세상 모든 세월 끝날 때까지
보현의 넓고 큰 행을 닦아서

가장 높은 보리도를 성취하리라.

나와 함께 보현행을 닦는 친구들
날 적마다 여러 곳에 함께 모이어
몸과 말과 뜻으로 하는 일 같고
모든 수행, 서원을 같이 닦으며

나의 일을 도와주는 선지식들도
보현의 좋은 행을 가르쳐주고
항상 나와 함께 모여 우리들에게
즐거운 맘 내시기를 원하옵니다.

바라건대 부처님을 만나 뵈올 때
보살들이 모여서 모시었거든
갖가지 좋은 공양 차려 올리기
오는 세상 끝나도록 지칠 줄 몰라

부처님의 묘한 법을 받아 지니고

가지가지 보리행을 빛나게 하며
청정한 보현의 도 항상 닦아서
오는 세상 끝나도록 익혀지이다.

시방세계 모든 곳에 두루 다니며
닦아 얻은 복과 지혜 다함이 없고
선정, 지혜 모든 방편 해탈법으로
그지없는 공덕장을 얻었사오며

한 티끌에 티끌 수만큼의 세계가 있고
세계마다 한량없는 부처님들이
간 곳마다 여러 대중 모인 속에서
보리행 연설하심을 내 항상 뵙네.

한 말씀에 여러 가지 음성으로
끝없는 시방세계 법계 바다에
털끝만한 곳곳마다 삼세의 바다
한량없는 부처님과 많은 국토에

내가 두루 수행하기 오랜 세월일세.

부처님들 말씀은 청정하셔라.
한 말씀에 여러 가지 음성 갖추고
우리들이 좋아하는 음성을 따라
음성마다 부처님의 변재를 펴네.

삼세의 한량없는 부처님께서
그 같이 그지없는 말씀 바다로
깊은 이치 묘한 법문 연설하심을
내 지혜로 깊이깊이 들어가리라.

오는 세상 모든 세월 한데 뭉치어
한 생각을 만드는 데 들어가겠고
삼세의 모든 세월 통틀어 내어
한 생각을 만든 데도 들어가리라.

삼세의 한량없는 부처님들을

한 생각 속에서도 모두 뵈오며
부처님의 경계 속에 늘 들어감은
요술 같은 해탈의 위력이어라.

한 터럭 아주 작은 티끌 속에서
삼세의 장엄한 세계 나타나며
시방의 티끌세계 터럭 끝마다
모두 깊이 들어가 장엄하리라.

오는 세상 두루 비칠 밝은 등불들
부처 되어 설법하여 이웃 건지고
부처님 일 마치고 열반에 드시니
내가 두루 나아가서 친히 모시리.

재빠르게 두루 도는 신통의 힘
넓은 문에 두루 드는 대승의 힘
지혜와 행 널리 닦은 공덕의 힘
위신으로 덮어주는 자비의 힘

깨끗하게 장엄한 복덕의 힘
집착 없고 의지 없는 지혜의 힘
선정 지혜 좋은 방편 위신의 힘
원만하게 쌓아 모은 보리의 힘
모든 것을 밝히는 선업의 힘
온갖 번뇌 부수는 꿋꿋한 힘
마군들을 항복 받는 거룩한 힘
보현행을 원만하게 닦은 힘으로

모든 세계 간 곳마다 청정 장엄해
한량없는 이웃들을 해탈케 하며
그지없는 법문을 분별 잘하여
지혜 바다 깊이깊이 들어가리라.

보현의 큰 행원으로 도를 이루다
어디서나 모든 행을 깨끗이 닦고
가지가지 서원을 원만히 하며
부처님을 친히 모셔 공양하고

오랜 세월 싫증 없이 수행하며

삼세의 한량없는 모든 부처님
가장 좋은 보리 위한 행과 원을
내가 모두 공양하고 원만히 닦아
보현의 큰 행으로 도를 이루리.

온 세계의 부처님들 맏아들은
그 이름 부르기를 보현보살
내가 이제 모든 선근 돌려주고
비옵나니, 행과 지혜 그와 같고저.

몸과 말과 마음까지 늘 깨끗하고
모든 행과 세계들도 그러하기를
이런 지혜 이름 하여 보현이시니
저 보현과 같아지기 소원입니다.

나는 이제 보현보살 거룩한 행과

문수보살 크신 서원 깨끗이 하여
저 일들을 남김없이 성취하리니
오는 세상 끝나도록 싫증 안 내리.

내가 닦는 행에는 한량없으니
그지없는 모든 공덕 이루어가고
끝이 없는 온갖 행에 머물러 있어
가지가지 신통력을 깨달으리라.

문수보살 용맹하고 크신 지혜와
보현보살 지혜의 행 사무치고자
내가 이제 모든 선근 돌려보내어
그 임들을 항상 따라 배우오리다.

삼세의 부처님들 칭찬을 하신
이와 같이 훌륭하고 크신 서원들
내가 이제 그 선근을 돌려보내어
보현보살 거룩한 행 얻고자 합니다.

원컨대 나의 목숨 마치려 할 때
온갖 번뇌 모든 업장 없애고서
아미타 부처님을 만나 뵈옵고
지체 없이 정토왕생 하려 합니다.

내가 저 세계에 가서 난 다음
눈앞에서 이 큰 소원 모두 이루고
온갖 것을 남김없이 성취하여서
끝없는 이웃들을 기쁘게 하리.

저 부처님께 모인 대중 청정하여라.
나는 이때 연꽃 위에 태어나리니
아미타 부처님을 친히 뵈오면
그 자리서 보리 수기 내게 주시리.

부처님의 보리 수기 받들고 나서
마음대로 백억 화신 나타내어
크고 넓은 시방세계 두루 다니며

이 지혜로 모든 이웃 건지리니.

허공계와 이웃의 세계가 끝난다면
이내 원도 그와 함께 끝나려니와
이웃들의 업과 번뇌 끝이 없으니
나의 원도 끝내 다함이 없으리.

한 생각에 모든 공덕 다 성취하고
끝없는 시방세계 가득히 쌓은
칠보로써 부처님께 공양한대도
가장 좋은 기쁨으로 천상 인간을
무량겁이 다하도록 보시한대도

어떤 이가 거룩한 이 서원을
한번 듣고 지성으로 믿음을 내어
좋은 보리 얻으려고 우러른다면
그 공덕이 저 복보다 훨씬 뛰어나리.

나쁜 벗은 언제나 멀리 여의며
나쁜 세상 영원토록 만나지 않아
아미타 부처님을 빨리 뵈옵고
보현보살 좋은 서원 갖추리니.

이 사람은 훌륭한 목숨을 얻고
이 사람은 날 때마다 인간에 나서
이 사람은 오래잖아 보현보살의
저같이 크신 행원 성취하리라.

지난날 어리석고 지혜가 없어
다섯 가지 무간 죄를 지었더라도
보현보살 이 서원을 읽고 외우면
한 생각에 죄업이 사라지리니.

날 때마다 가문 좋고 신수 잘나고
복과 지혜 모든 공덕 다 원만하여
마군이나 외도들이 어쩔 수 없어

온 세상 이웃들이 좋은 공양 받으리라.

오래잖아 보리수 아래 앉아서
여러 가지 마군들을 항복받나니
정각을 성취하고 법을 설하여
끝없는 이웃들에 이익주리라.

누구든지 보현보살 이 서원을
읽고 외워 받아 지녀 말한다면
부처님이 그 과보를 아시니
반드시 보리도를 얻게 되리라.

누구든지 이 서원을 읽고 외우라.
그 선근의 한 부분을 내 말하리니
한 생각에 모든 공덕 다 성취하고
이웃들의 청정한 원 성취하리라.

바라건대 보현보살 거룩한 행

그지없이 훌륭한 복 다 돌려주어
삼계 고해 빠져 있는 모든 이웃들
평화로운 정토에 어서 가소서.

보현보살이 부처님 앞에서 이러한 보현의 큰 서원과 청정한 게송을 읊자 선재동자는 기뻐서 어쩔 줄 몰라 했고, 여러 보살들도 크게 즐거워했다.
부처님께서도 「그렇다, 그렇다」 하시며 찬탄하셨다.

『화엄경 보현행원품』

6. 관세음보살의 위신력

 무진의보살이 자리에서 일어나 부처님에게 합장하고 물었다.
 『부처님이시여, 관세음보살은 어떠한 인연으로 관세음보살이란 이름을 가지게 되었습니까?』
 『선남자야, 한량없는 중생이 온갖 고뇌를 받을 때에 관세음보살의 이름을 일심으로 부르면 관세음보살은 곧 음성을 듣고 온갖 고뇌에서 해탈을 얻게 한다. 중생 중에서 관세음보살의 이름을 모시는 이가 큰 불속에 들어가도 불에 타지 않는 것은 이 보살의 위신력에 의한 것이다. 중생이 큰물에 빠질지라도 그 이름을 부르면 곧 얕은 곳을 찾을 것이며, 많은 중생이 보배를 구하기 위해 큰 바다에 들어갔을 때 태풍이 불어서 그 배를 나찰귀의 나라로 떨어지게 할지라도 그 가운데 단 한 사람이라도 관세음보살의 이름을 부르면 모든 사람들이 그 환란을 벗어나게 된다. 이와 같은 인연으로 이름을 관세음보살이라 하느니라.

 어떤 사람이 목숨을 잃게 되었을 때나 해를 입게 되었을 때 관세음보살의 이름을 부르면 상대가 가지고 있던 칼이나 몽둥이가 조각조각 부러져서 해를 면하게 된다. 또는 삼천대천세계에 가득 찬 야차나 나찰이 와서 사람을 괴롭히고자 할 때 관세음보살의 이름을 부르면 이 악한 귀신들로부터 벗어날 수 있으며, 어떤 사람이 죄가 있거나 없거나 간에 고랑을 채우고 칼을 씌워서 그 몸을 결박하였을 때 관세음보살의 이름을 부르면 다 끊어지고 부서져서 곧 벗어나게 되리라.

 장사하는 사람이 값진 보배를 가지고 모든 장사치들과 함께 험한 길을 지나갈 때 그 중 한 사람이 말하기를, 「모든 선남자여, 두려워하지 말고 너희들은 일심으로 관세음보살을 불러라. 이 보살은 두려움 없는 것을 중생에게 보시하시니 이름을 부르는 자는 반드시 도적에게서 벗어 나니라」하니, 상인들이 이 말을 듣고 함께 소리를 내어 「나무 관세음보살」하고 부르면 곧 두려움에서 벗어나리라.

무진의여, 관세음보살의 위신력은 이와 같이 높고 큰 것이다.

어떤 사람이 음욕이 많아서 참기 힘들어도 항상 관세음보살을 생각하고 공경하면 곧 욕정을 여의게 되며, 성내는 마음이나 어리석음이 많을지라도 항상 관세음보살을 생각하면 곧 성냄과 어리석음에서 벗어나게 된다.

무진의여, 관세음보살은 이와 같이 큰 위신력이 있어 이롭게 하는 바가 많으므로 중생들은 항상 마음으로 관세음보살을 생각하게 된다.

어떤 여인이 아들을 구하고자 할 때 관세음보살을 예배하고 공양하면 복과 지혜를 갖춘 아들을 낳게 되며, 딸을 구하고자 하면 단정하며 예쁜 딸을 낳되 숙세에 덕을 심어서 모든 사람들로부터 사랑과 공경을 받으리라.

관세음보살은 이와 같은 위신력이 있으므로 중생이 관세음보살을 공경하고 예배하면 그 공덕이 무한하며 그리하여 중생은 관세음보살의 이름을 받아 모시게 된다.

 무진의여, 만일 어떤 사람이 육십이억 항하사 보살의 이름을 받아 지니고 다시 목숨이 다하도록 음식과 의복과 약을 공양한다면 이들의 공덕이 얼마나 많겠느냐?』

『부처님이시여, 아주 많겠습니다.』

『만일 한 사람이 관세음보살의 이름을 받아 지니고 잠시라도 예배 공양하면 이 두 사람의 복은 똑같으며 백천만억 겁을 두고 헤아려도 다하지 못하리라.

 무진의여, 관세음보살의 이름을 받아 염하면 이와 같이 한량없고 끝이 없는 복덕과 이익을 얻을 것이다.』

 무진의보살은 부처님께 다시 여쭈었다.

『부처님이시여, 관세음보살은 어떻게 이 사바세계에 계시며 중생을 위해서는 어떻게 법을 설하시고 그 방편의 힘은 어떠합니까?』

『선남자여, 부처님의 몸으로써 제도할 수 있는 이에게는 관세음보살이 곧 부처님 몸으로 나타내어 법을 설하고, 벽지불의 몸으로써 제도할 이에게는 곧 벽지불의 몸을 나타내어 법을 설하고, 이와 같이 성문・법왕・제석・자재천・대자재천・천대장군・비사문・비구・비구니・거사・재관・바라문・소왕・장자・청신남・청신녀 등의 몸으로써 제도할 자에게는 곧 각각 위와 같은 몸을 나타내어 법을 설하느니라.

무진의여, 관세음보살은 이와 같은 공덕을 성취하여 갖가지 모양으로써 모든 국토에 있으면서 중생을 제도하여 해탈케 하므로, 너희들은 마땅히 일심으로 이 관세음보살을 공양할지니라.

이 보살은 겁나고 두렵고 급한 환난 가운데서도 두렵지 않게 하느니라. 그러므로 이 사바세계에서는 그를 두려움을 없애주는 이라고 하느니라.』

『부처님이시여, 저는 지금 관세음보살을 공양하겠습니다.』

이렇게 말하고 무진의는 목에 걸었던 값이 백천량 금이나 되는 여러 가지 보배 영락을 풀어 바치면서 말을 이었다.
　『거룩하신 이여, 법에 의하여 드리는 보배 영락을 받아 주옵소서.』
　그러나 관세음보살이 이를 받지 않으니 무진의가 다시 관세음보살께 사뢰었다.
　『거룩하신 이여, 저희들을 가엾이 여기시고 이 영락을 받으소서.』
　부처님께서 관세음보살께 말씀하셨다.
　『무진의보살과 사부중, 그리고 하늘 팔부중들을 불쌍히 생각하고 그 영락을 받으라.』
　그러자 관세음보살은 그들을 불쌍히 생각하고 그 영락을 받아 둘로 나누어서 하나는 석가모니부처님께 받들어 올리고 하나는 다보여래의 탑에 받들어 올렸다.

『관세음보살보문품』

7. 지장보살의 서원과 보시의 공덕

문수보살이 부처님께 여쭈었다.

『지장보살은 어떠한 행을 닦았으며 어떠한 원을 세웠기에 이렇게 사량할 수 없는 일을 성취하였나이까?』

『문수여, 저 오래고 오랜 과거 헤아릴 수 없는 겁 전에 지장보살은 어떤 장자의 아들이었다. 그때에 사자분신구족만행여래라는 명호를 가진 부처님이 세상에 출현하셨다. 장자의 아들은 부처님 상호가 원만싱으로 징엄한 깃을 보고 부치님께 「어떤 공덕을 행하여 그러한 상호를 얻었나이까?」하고 여쭈었다. 부처님은 「이러한 몸을 얻으려거든 오랜 세월의 겁을 걸쳐 고통 받는 중생을 구제하라」고 대답했다. 그러자 장자의 아들은 곧 다음과 같은 서원을 세웠다.

「나는 지금부터 미래가 다하도록 헤아릴 수 없는 겁을 통해 이 육도에서 죄과를 받는 중생에게 널리 방편을 베풀어 모두 해탈하게 한 후에 나 자신도 불도를 이루겠나이다.」

이렇게 부처님 앞에서 서원을 말하고 지금까지 천만억겁을 보살로 있느니라.』

이번에는 지장보살이 부처님께 여쭈었다.

『부처님이시여, 제가 중생을 관찰하니 혹은 일생에만 복을 받는 이가 있고, 혹은 십생에 복을 받는 이가 있는가 하면 혹은 백생, 천생에 복을 받는 이도 있으니 그것은 무슨 까닭입니까?』

『만일 모든 국왕이나 대신, 장자, 선남자, 선여인이 가장 빈궁한 사람이나 병든 사람이나 가지가지 불구자를 만나 보시할 때에, 대자비로 하심하여 웃음을 머금고 손수 친히 보시하거나 혹은 남을 시켜 보시하면서 부드러운 말로 위로하면, 이들이 얻는 복은 많은 부처님께 보시하는 것과 같다. 그들은 백생 천생에 항상 칠보가 구족할 것이며, 만일 이 보시공덕을 법계로 회향하면 십겁 동안 항상 대범천왕이 될 것이다. 또한 예전 부처님의 탑묘나 경상이

퇴락하고 파손된 것을 보고 발심하여 보수하되 스스로 고치거나 혹은 다른 사람을 권하여 백 명이나 천 명이 인연을 맺으면 그들은 백천생에 항상 국왕이 될 것이며 다시 발심하여 법계로 회향하면 모두 불도를 성취하리라.

만일 늙고 병들고 굶주린 자와 해산하는 부녀를 보고 한 생각 동안이라도 자비심으로 의약과 음식, 와구를 보시하여 편안하게 하면, 그들의 복은 가장 많아서 백겁에 항상 정거천왕이 될 것이고 이 백겁 동안 육육천왕이 되며 필경에는 성불하리라. 이러하므로 중생에게 권하여 보시를 배우게 하여야 한다.

미래세에 선남자 선여인이 불법 중에서 털끝만한 착한 일이라도 그 받는 복덕은 말로 비유할 수 없으리라. 만일 부처님 형상이나 보살, 벽지불, 전륜왕의 형상을 만나 거기에 보시 공양하면 무량한 복을 받아 항상 인간세상이나 천상에서 즐거움을 받을 것이며, 다시 공덕을 법계로 회향하면 그 복은 더욱 말할 수 없을 것이다. 또한 만일 대승경전을 만나 한 게송, 한 구절만 듣고라도 존중하는 마음을 내어 찬탄·공경·보시하면 큰 과보를 무량무변하게 얻을 것이며, 다시 그 공덕을 법계로 회향하면 더욱이 말할 수 없을 것이다.

만일 부처님 탑묘나 대승경전의 새것을 만나 보시 공양·예배·찬탄·공경하고, 헐고 낡은 것을 만나 보수하되 혼자 발심하거나 혹은 여러 사람에게 권해서 공동발심하면 삼십생 동안 항상 국왕이 될 것이다. 또한 시주한 사람들은 전륜왕이 되어 선한 법으로 국왕들을 교화하거나 불법 중에서 선근을 심되, 탑과 절을 수호하여 보시 공양하고 경전을 보급하여 그 선근인연을 법계로 회향하면 그 공덕은 천백생 동안 즐거움을 받을 것이며, 만일 자기 집안 권속이나 자기만 이익 되기를 위한다면 삼생에 낙을 받을 것이며, 하나를 보시하면 만 배를 받으리니, 선남자 선여인은 명심하고 공덕을 지으라.』

8. 유마힐의 보살행

  베살리 성중에 유마힐이라는 한 장자가 있었다. 그는 여러 부처님께 공양하여 선근을 심은 공덕으로 무생인(無生印)을 얻었다. 청신남의 신도였지만 사미의 청정한 계율을 받들어 지키며 집에 있었으나 삼계에 집착하지 아니하고, 처자가 있으나 범행을 닦았으며, 권속이 있었으나 항상 멀리 여의기를 즐기고, 보배로운 의복을 입었으나 상호로 몸을 장엄하며, 음식을 먹더라도 선정으로 맛을 삼았다.

  어느 때 유마힐은 방편으로 몸에 병이 있는 형상을 나투어 국왕·왕자·대신·장자·거사·브라만 등 수천 명이 병문안을 오게 하여 널리 법문을 설했다.

  그때에 장자 유마힐은 마음속으로 생각했다.

  「내가 이렇게 병으로 누워있는데 자비스런 부처님께서 어찌 불쌍히 여기시지 않겠는가?」

  부처님께서 그 마음을 아시고 곧 사리불에게 이르셨다.

『네가 가서 유마힐을 문병하여라.』

『부처님이시여, 저는 유마힐에게 가서 문병하는 일을 감당하지 못하겠습니다. 무슨 까닭인가 하오면, 제가 일찍이 숲 가운데서 참선을 하고 앉아 있었었습니다. 그때에 유마힐이 와서 제게 이렇게 말했습니다.

「사리불이여, 이렇게 앉아 있는 것만이 반드시 좌선이 아닙니다. 참으로 좌선이란 것은 삼계 가운데 몸과 마음을 나타내지 않아야 하니 그것이 올바른 좌선이요, 멸정(滅定)에서 일어나지 않으면서도 온갖 위의를 나타내야 하니 그것이 올바른 좌선이며, 도법(道法)을 버리지 아니하면서 모든 범부의 일을 나타내야 하니 이것이 올바른 좌선이요, 마음이 안에도 머물지 않고 그렇다고 밖에도 있지 아니해야 하니 이것이 올바른 좌선이며, 모든 견해에 움직이지 않으면서 37도품(道品)을 닦아 행해야 하니 이것이 올바른 좌선이며, 번뇌를 끊지 아니하면서 열반에 들어가야 하니 이것이 올바른 좌선이오. 만일 이렇게 좌선을 하는 분은 부처님께서 인가하실 것입니다.」

그때에 저는 대답할 바를 몰라 잠자코 있었습니다. 그런 연유로 저는 유마힐을 문병하는 일을 감당할 수 없습니다.』

부처님께서 목련에게 이르셨다.
『네가 가서 유마힐을 문병하여라.』
『세존이시여, 저는 유마힐에게 가서 문병함을 감당하지 못하겠습니다. 무슨 까닭인가 하오면, 제가 전에 배살리 큰 성에 들어가서 미올 골목에서 여러 거사들을 위하여 법을 설한 적이 있습니다. 그때에 유마힐이 제게 와서 이렇게 말했습니다.

「목련존자여, 흰옷을 입은 거사들을 위하여 법을 설할 때에는 인자(仁者)가 말하듯 해서는 안 됩니다. 법을 설한다는 것은 마땅히 법에 맞게 말씀하셔야 하기 때문입니다. 법에는 중생이 없으니 중생이라는 번뇌(垢)를 벗어났기 때문이요, 법에는 '나'가 없으니 '나'라는 번뇌를 벗어났기 때문이며, 법에는 수명이 없으니 수명을 벗어났기 때문이요, 법에는 사람이 없으니 과거의 생과 미래의 생이 끊어졌기 때문입니다.

　법은 항상 고요한 것이니 모든 모양이 멸한 자리이기 때문이요, 법은 모양에서 벗어났으니 반연하는 것이 없기 때문이며, 법은 이름이나 글자가 없으니 말로써 나타낼 수가 없기 때문이며, 법은 말을 세우지 않으니 각관(覺觀)을 떠나있기 때문입니다.

　법에는 형상이 없으니 허공과 같기 때문이며, 법에는 희론이 없으니 필경에는 공하기 때문이며, 법에는 '내 것'(我所)이 없으니 '내 것'을 벗어났기 때문이며, 법에는 분별이 없으니 모든 알음알이(識)를 벗어났기 때문이며, 법에는 비교할 것이 없으니 상대가 없기 때문이며, 법은 인(因)에 속박되지 않으니 연(緣)이 있지 않은 때문입니다.

　법은 공(空)을 따르고 무상(無相)을 따르고 무작(無作)에 응하니 법은 곱고 추함을 벗어났으며, 법은 더

하고 덜함이 없으며, 법은 나고 멸함이 없으며, 법은 귀의할 곳이 없으며, 법은 눈·귀·코·혀·몸·마음을 벗어난 것이며, 법은 높고 낮음이 없으며, 법은 항상 머물러서 움직이지 않는 것이며, 법은 일체의 관행(觀行)을 벗어난 것입니다.

목련존자여, 법의 모양이 이와 같으니 어찌 말할 수 있습니까? 그러므로 법을 설하는 자는 말하는 것도 없고 보이는 것도 없으며, 법을 듣는 자는 들음도 없고 얻음도 없습니다. 비유하면, 마치 그림자로 된 사람이 그림자로 된 자를 위해 법을 설하듯이 마땅히 이러한 뜻으로 법을 설해야 합니다.

법을 설할 때에는 마땅히 중생들의 근기가 영리함과 우둔함이 있음을 알아, 그 지견(知見)에서 걸림이 없어야 하며, 큰 자비의 마음으로 대승을 찬양하여 부처님의 은혜를 보답하고, 삼보가 끊어지지 않기를 염원한 뒤에야 법을 설해야 합니다.」

제게는 이러한 말 재주가 없으므로 유마힐을 문병하는 일을 감당하지 못하겠습니다.』

부처님께서 가섭에게 이르셨다.
『네가 가서 유마힐을 문병하여라.』
『세존이시여, 저도 그 사람에게 가서 문병하는 일을 못하겠습니다. 무슨 까닭인가 하오면, 제가 옛적에 어느 가난한 마을에서 걸식을 하고 있을 때에 유마힐이 와서 제게 말했습니다.

「가섭이여, 자비한 마음을 가지고도 널리 펴지 못하여, 잘 사는 집은 버려둔 채 가난한 이만 찾아 걸식을 합니까?

가섭이여, 평등한 법에 머물러서 마땅히 차례대로 걸식하되 먹지 않기 위해 밥을 빌며, 인연으로 화합된 이 몸을 깨뜨리기 위해 거친 밥을 먹으며, 생사의 과보를 받지 않기 위해 밥을 받아야 합니다.

가섭이여, 만일 여덟 가지의 삿된 것을 버리지 않고서 여덟 가지의 해탈에 들어가서, 삿된 모양을 가지고 바른 법에 들어가며, 한 그릇의 밥으로 모든 이에게 베풀어주어 모든 부처님과 여러 성현에게 공양을 올린 뒤에 그 밥을 먹어야 합니다.

이와 같이 먹는 이는 번뇌가 있는 것이 아니며, 번뇌를 벗어난 것도 아니며, 선정의 뜻에 들어가는 것이 아니며, 선정의 뜻에서 일어남도 아니고, 세간에 머무는 것도 아니고 열반에 머무는 것도 아니어야 합니다.

 그 음식을 베풀어주는 자에게도 크게 복을 받는 것이 없고, 작게 복을 받는 것도 없으며, 이익이 되는 것도 아니고 손해가 되는 것도 아니어야 합니다. 이렇게 하여야 바로 부처님의 도의 들어감이 되며, 성문의 법에 의지함이 아닙니다.

 가섭이여, 이와 같이 걸식을 해야 남이 베푸는 것을 공짜로 먹지 않는 것이라고 했습니다.」

 세존이시여, 유마힐의 말을 들은 그때 이후로 저는 성문과 벽지불의 법을 가지고 남에게 권하지 아니하였습니다. 그런 까닭에 저는 그를 문병하는 일을 감당하지 못하겠습니다.』

 부처님께서 수보리에게 이르셨다.

『네가 가서 유마힐을 문병하여라.』

『세존이시여 저는 문병하는 일을 감당하지 못하겠습니다. 무슨 까닭인가 하오면, 제가 옛적에 그의 집에 가서 걸식을 할 때에, 유마힐이 제 발우에 밥을 가득 담으면서 제게 말했습니다.

「수보리존자여, 먹는 것에 평등한 자는 모든 법에서도 평등해야 하고, 모든 법에서 평등한 자는 먹는 것에 대해서도 평등해야 하니, 이러할 때 걸식을 해야 음식을 받을 수 있습니다.

수보리존자여, 음욕과 성냄과 어리석음을 끊어 없애지도 않고 그것들과 함께 하지도 아니하여야 하며, 내 몸을 버리지 않으면서도 일상(一相)을 따라야 하며, 우치와 애욕을 없애지 않으면서 밝음과 해탈을 일으켜야 합니다.

오역죄의 모습을 가지고 해탈을 얻으나 오역죄에서 해탈하는 것이 아니며, 속박을 받는 것도 아니어야 하며, 사성제를 '참다운 이치'로 여기는 것도 아니고 여기지 않는 것도 아니어야 하며, 도의 과위(果

位)를 얻는 것도 아니고 얻지 않는 것도 아니어야 합니다.

 범부도 아니고 범부의 경지를 벗어난 것도 아니어야 하며, 성인도 아니고 성인의 지위가 아닌 것도 아니어야 하며, 비록 모든 법을 성취하면서도 모든 법의 모양을 초월해야 이 음식을 받을 수 있습니다.

 수보리존자여, 그대가 만약 삿된 소견에 들어 열반의 언덕에 이르지 못하고, 팔난(八難)에 머무르며 장애 없는 경지를 얻지 못하고, 번뇌와 함께 있으면서 청정한 법에서 벗어나고, 그대가 다툼 없는 삼매(無諍三昧)를 얻으면서 모든 중생들도 이 삼매를 얻는다면, 그대에게 보시하는 것은 복전이라 할 수 없으며 그대에게 음식을 공양한 자는 삼악도에 떨어질 것입니다.

 그대와 여러 마군들이 한 편이 되어 모든 중생한테 원망하는 마음이 있어서 모든 부처님을 비방하고 부처님의 법을 헐뜯으며, 대중 속에 들어가지 못해 마침내는 열반을 얻지 못해야 합니다. 그대가 만일 이렇게 한다면 이 음식을 받을 수 있을 것입니다.」

세존이시여, 저는 그때 이 말을 듣고 어찌해야할지 몰라 발우를 그냥 두고 나오려했습니다. 그러자 유마힐이 말했습니다.

「수보리존자여, 발우를 받는 것을 두려워 마십시오. 부처님의 거짓 모습을 지은 사람이 힐난한 일인데 두려울 게 무엇이겠습니까?」

「두려워하지 않습니다.」

「모든 법이 다 허깨비로 된 모습과 같습니다. 모든 언설도 이러한 모습을 벗어나지 못합니다. 그러기에 지혜 있는 자는 문자에 집착하지 않으니 무엇을 두려하겠습니까? 문자의 성품이 본래 공하여서 문자가 있지 않음이 곧 해탈이니 해탈의 모습이 곧 모든 법입니다.」

이러하니 저는 그의 문병을 감당하지 못하겠습니다.』

『부루나여, 네가 가서 유마힐을 문병하여라.』

『세존이시여, 저도 그에게 문병하는 일을 감당하지 못하겠습니다. 무슨 까닭인가 하오면, 제가 옛날 큰 숲 가운데의 한 나무 아래에 있으면서 새로 배우는 비구들을 위해 법을 설할 때에 유마힐이 와서 제게 이렇게 말했습니다.

「부루나여, 마땅히 먼저 선정에 들어 이 사람들의 마음을 관찰한 뒤에 그런 법을 설해야 합니다. 더러운 음식을 보배그릇에 두어서는 안 됩니다. 이 비구들이 마음으로 생각하는 것을 알아야 합니다.

그대가 중생들의 근원을 능히 알지 못하고 소승의 법을 가지고 마음을 일으켜서는 안 됩니다. 그들 스스로에게 상처가 없으니 상처를 주지 마십시오. 큰 길을 가려는 자에게 작은 길을 보이지 마십시오. 큰 바닷물을 소발자국같이 작은 데 들여서는 아니 되며, 햇볕을 가지고 반딧불과 같이 여겨서는 안 됩니다.

부루나여, 이 비구들은 오랫동안 대승의 마음을 발했던 이로서, 중간에 이 대승의 뜻을 잊었던 것입니다. 그러니 어찌 소승의 법을 가지고 이들을 가르쳐서 인도하겠습니까? 내가 보기에 소승은 지혜가 미약하고 얕기가 마치 맹인과 같아서 중생들의 근기가 영리하고 우둔함을 능히 분별하지 못합니다.」

그때에 유마힐이 곧 삼매에 들어서 이 비구들로 하여금 스스로의 숙명을 알게 하였습니다. 비구들 자신이 일찍이 오백 부처님의 처소에서 온갖 공덕의 근본을 심어서 아눗다라삼먁삼보리를 회향했던 자들이었기에 유마힐이 삼매에 든 때에 활연히 본래의 마음을 다시 얻었습니다.

이에 여러 비구들이 머리를 조아려 유마힐의 발아래 정례를 했습니다. 그때에 유마힐이 그들을 위해 법을 설하여 다시는 아눗다라삼먁삼보리에서 물러나지 않게 하였습니다.

그때 저는 성문들이 사람의 근기를 관찰하지 않고 법을 설해서는 안 되겠다고 생각했습니다. 이런 연유로 제가 그를 문병하는 것은 감당할 수가 없습니다.」

『가전연이여, 네가 가서 유마힐을 문병하여라.』

『세존이시여, 저도 그에게 가서 문병하는 일을 감당하지 못하겠습니다. 무슨 까닭인가 하오면, 돌이켜보니 옛적에 부처님께서 여러 비구들을 위해 간략하게 법의 요점을 말씀하셨기에, 제가 곧 뒤이어 그 뜻을 펴서 설명하기를, 「무상(無常)의 뜻이요, 고(苦)의 뜻이요, 공(空)의 뜻이요, 무아(無我)의 뜻이요, 적멸의 뜻이다」고 하였습니다. 그때 유마힐이 와서 제게 말했습니다.

「가전연이여, 생멸하는 마음으로 있는 그대로의 모습(實相法)을 말해서는 안 됩니다. 모든 법이 필경에는 생함도 아니요 멸함도 아닌 것이 무상의 뜻이요, 오온(五蘊)을 바르게 알아 일어날 바가 없는 것이 고의 뜻이요, 모든 법이 구경에는 존재(所有)하지 않는 것이 공의 뜻이요, 아(我)와 무아가 다르지 않음(不二)이 무아의 뜻이요, 법이 본래 그러하지 아니하여 멸함이 없는 것이 적멸의 뜻입니다.」

유마힐이 이 법을 설하자 그 비구들은 마음에 해탈을 얻었습니다.

이런 까닭으로 저는 문병 가는 일을 감당하지 못하겠습니다.』

부처님께서 아나율에게 이르셨다.
『네가 가서 유마힐을 문병하여라.』
『세존이시여, 저도 그에게 가서 문병하는 일을 감당하지 못하겠습니다. 무슨 까닭인가 하오면, 제가 옛적에 어떤 곳을 거닐고(經行) 있을 때였는데, 엄정이라는 범천의 왕이 무리를 이끌고 오더니 제게 물었습니다.

「아나율존자여, 그대가 천안으로 보는 거리는 얼마나 됩니까?」

「어진 이여, 제가 석가모니부처님의 국토인 삼천대천세계를 보는 것은 마치 손바닥 가운데 있는 암마륵나무의 열매를 보는 것과 같습니다.」

제가 대답하자 유마힐이 제게 와 말했습니다.

「아나율존자여, 그대가 천안으로 보는 것은 상(相)을 짓는 것입니까? 상을 짓는 것이 아닙니까? 만일

상을 짓는 것이라면 이는 곧 외도들의 5신통과 같을 것이며, 상을 짓는 것이 아니라면 이는 곧 무위(無爲)이니 본다고 할 수 없을 것입니다.」

세존이시여, 저는 그때에 대답할 바를 몰라 잠자코 있었으나, 저 범천들은 그의 말을 듣고서 일찍이 없었던 것을 얻었기에 모두 유마힐에게 예배하고 물었습니다.

「이 세상에 누가 참으로 천안을 얻은 분입니까?」

「부처님이 계십니다. 그 분은 참으로 천안을 얻으신 분으로 항상 삼매에 계셔서 모든 부처님의 국토를 다 보시면서도 다른 상(相)으로 여기지 않으십니다.」

유마힐이 답하니, 범천왕과 그의 권속들 모두는 보리심을 내고 그의 발아래 예를 올리고 사라졌습니다.

이런 까닭으로 저는 문병 가는 일을 감당하지 못하겠습니다.」

부처님께서 우바리에게 이르셨다.

『네가 가서 유마힐을 문병하여라.』

『세존이시여, 저도 그에게 가서 문병하는 일을 감당하지 못하겠습니다. 무슨 까닭인가 하오면, 옛적에 두 비구가 계를 범한 잘못을 알고 부끄러움에 부처님께 고백하지 못하고 제게 와서 말했습니다.

「우바리존자여, 저희들이 계를 범했으나 차마 부처님께 고백하지를 못하오니, 존자께서 저희들의 의심과 뉘우침을 풀어주시고 이 잘못을 고치고 면하게 해 주십시오.」

그리하여 제가 그들을 위해 법에 맞게 설명해주었는데, 그때에 유마힐이 제게 와서 말했습니다.

「우바리존자여, 이 두 비구의 죄를 더 무겁게 하지 마십시오. 마땅히 그들의 죄를 덜어 없애게 하여 마음이 흔들리지 않게 하십시오.

무슨 까닭인가 하면, 저 죄의 성품은 안에 있지 아니하며 밖에도, 중간에도 있지 아니합니다. 그것이 부처님께서 늘 말씀하신 '마음이 더럽기 때문에 중생이 더러워지고 마음이 깨끗하면 중생이 깨끗해

진다' 하심과 같아서, 마음은 안에도 있지 아니하며 밖에도 있지 아니하며 중간에도 있지 아니합니다. 마음이 그러한 것과 같이 죄라는 것이 또한 그러하고 모든 법이 또한 그러하니, 그것은 있는 그대로의 모습(如如)에서 벗어나지 않기 때문입니다.

 우바리여, 당신이 마음의 상(相)으로 해탈을 얻었을 때에도 아직 더러운 때가 있습니까, 없습니까?」

「없습니다.」

 제가 답했더니 유마힐이 다시 말했습니다.

「모든 중생의 마음의 상에 더러움이 없는 것도 또한 당신과 같습니다. 우바리여, 허망한 생각을 더리움이라 하고 허망한 생각이 없는 것을 깨끗하다 하며, 전도된 것을 더러움이라 하고 전도된 것에서 벗어남을 깨끗하다 하며, 나를 취함을 더러움이라 하고 나를 취하지 아니함을 깨끗하다 합니다.

 우바리여, 일체의 법은 나고 없어졌다 하여 머물지 아니함이 마치 허깨비(幻)같고 번개와 같으니, 모든 법은 서로 기다리지 아니하며 또한 한 생각도 머무르지 아니합니다. 모든 법은 다 허망한 소견이어서 꿈과 같고 불꽃과 같으며 물속의 달과 같고 거울 속의 형상과 같아서, 모두 허망한 생각에서 생기는 것입니다. 따라서 이러한 줄 아는 것이 참다운 계율을 받드는 것이며, 이러한 줄을 아는 것이 잘 풀어서 말한다 할 것입니다.」

그때 두 비구가 말했습니다.

「참으로 높은 지혜를 갖추었습니다. 이는 우바리존자도 미칠 바가 아닙니다. 우바리존자는 계율의 일인자이지만 능히 그렇게 설하지 못합니다.」

이에 제가 답했습니다.

「부처님을 빼놓고는 어떤 성문이나 보살에 이르기까지 그의 훌륭한 말솜씨를 당할 자가 없습니다. 그 지혜의 밝고 통달함이 이와 같습니다.」

그때에 두 비구는 의심과 뉘우침이 즉시 없어지며 보리의 마음을 일으켜서, '일체중생 모두가 이러한 말솜씨를 얻도록 해 달라'는 서원을 세웠습니다.

이런 까닭으로 저는 문병 가는 일을 감당할 수 없

습니다.』

부처님께서 라훌라에게 이르셨다.
『네가 가서 유마힐을 문병하여라.』
『세존이시여, 저도 그에게 가서 문병하는 일을 감당할 수 없습니다. 무슨 까닭인가 하오면, 옛적에 베살리성의 여러 장자의 아들들이 제 처소에 와서 제게 물었습니다.
「라훌라여, 당신은 부처님의 아들로서 전륜왕의 지위를 버리고 도를 닦으려 출가했습니다. 출가하는 것에는 어떤 이익이 있습니까?」
저는 법에 맞게 출가한 공덕의 이익을 설명해주었습니다. 그때 유마힐이 제게 와서 말했습니다.
「라훌라여, 출가한 공덕의 이익을 말하는 것은 마땅하지 않습니다. 무슨 까닭인가 하면, 이익이라 할 것이 없고 공덕이라 할 것이 없는 것이 출가입니다. 유위법(有爲法)에서는 이익이 있고 공덕이 있다고 할 수 있지만, 무릇 출가라는 것은 무위법(無爲法)이며 무위법에서는 이익이라 할 것이 없고 공덕이라 할 것도 없습니다.

　라훌라여, 무릇 출가라는 것은 저것이라는 것도 없고 이것이라는 것도 없으며, 또한 중간도 없습니다. 62가지의 사견을 떠나 열반에 머무르니, 지혜로운 이가 섭수할 바며 성인이 닦을 길입니다. 온갖 마를 항복 받고 5도(道) 중생들을 제도하며, 5안(眼)을 깨끗이 하고, 5력(力)을 얻고, 5근(根)을 세워서 저들 번뇌에 빠지지 않고 온갖 잡된 악에서 벗어나며, 모든 외도를 꺾고 방편으로 설한 이름(假名)을 초월하며, 진흙에서 벗어나 얽매이고 집착함이 없고 '내것(我所)'이 없고 집착할 마음(所受)도 없으며, 어지러움과 시끄러움이 없어 마음으로 기뻐하며 저들의 뜻을 호해주며, 선정을 따라 여러 허물을 벗어나는 것입니다. 능히 이와 같을 때 이를 참다운 출가라 할 것입니다.」

　그리고 유마힐은 여러 장자의 아들들에게 이렇게 말했습니다.

「너희들은 바른 법 가운데 마땅히 함께 출가해야 하니, 부처님의 세상을 만나기가 어려운 까닭이다.」

장자의 아들들이 말했습니다.

「거사여, 저희는 부처님께서 '부모의 허락이 없으면 출가할 수 없다'고 말씀하셨다고 들었습니다.」

유마힐이 말했습니다.

「그렇다. 하지만 너희들이 아눗다라삼먁삼보리의 마음을 낸다면 그것이 곧 출가이며, 그것이 곧 구족한 것이다.」

이런 까닭으로 저는 문병하는 일을 감당할 수 없습니다.』

부처님께서 아난에게 이르셨다.

『네가 가서 유마힐을 문병하여라.』

『세존이시여, 저도 문병하는 일을 감당하지 못하겠습니다. 무슨 까닭인가 하오면, 옛적에 세존께서 심하지 않은 병환이 있으시기에 우유를 쓰려고 발우를 들고 대바라문의 집을 찾아가 문 앞에 서 있었습니다. 그때 유마힐이 제게 와서 말했습니다.

「아난이여, 어찌하여 이렇게 이른 새벽에 발우를 가지고 여기에 서 있습니까?」

「거사여, 세존께서 병환이 있으신데 우유를 쓰는 게 좋을 듯합니다. 그런 까닭에 여기에 있습니다.」

제가 대답하자 유마힐이 말했습니다.

「그치십시오. 아난이여, 그런 말 하지 마십시오. 부처님의 몸은 모든 악이 이미 끊어지고, 온갖 선이 두루 모인 금강의 몸인데 마땅히 무슨 병이 있을 것이며, 무슨 번뇌가 있겠습니까. 잠자코 떠나십시오. 아난이여, 부처님을 비방하지 마십시오. 다른 사람들로 하여금 추한 말을 듣게 하지 마십시오. 큰 위덕을 갖춘 여러 천인이나 다른 정토에서 온 모든 보살들도 이 말을 들어서는 안 됩니다.

아난이여, 전륜성왕은 조그만 복으로도 오히려 병이 없는데 하물며 여래께서는 한량없는 복이 모여 널리 뛰어나신 분인데 어찌 병이 있겠습니까. 아난이여, 우리에게 부끄러움을 갖게 하지 마십시오.

외도의 범지들이 만약 이 말을 듣는다면 마땅히 이렇게 생각할 것입니다. '어찌 스승이라 부르겠는가? 자신의 병도 구제하지 못하면서 다른 사람의 병을 구제한다 하겠는가?' 속히 떠나시어 다른 사람이 듣지 않게 하십시오.

아난이여, 마땅히 아십시오. 모든 여래의 몸은 곧 법신(法身)이니 생각이나 욕망하여 된 몸이 아닙니다. 부처님은 세상에서 가장 존귀하니 삼계를 뛰어넘었고, 부처님의 몸은 무루(無漏)이니 모든 번뇌가 이미 말라버렸으며, 부처님의 몸은 무위(無爲)이니 세상의 모든 도(諸數)에 떨어지지 아니합니다. 이와 같은 몸인데 어찌 병이 있겠습니까?」

세존이시여, 그때에 저는 참으로, '부처님을 가까이 모시면서도 얻은 것이 없구나, 바르게 듣지를 못했구나!' 하는 생각에 부끄러웠습니다. 그때에 공중에서 소리가 들렸는데 이러했습니다.

「아난아, 거사의 말대로 그러하다. 오직 부처님께서 오탁악세에 출현하셨기에 중생을 제도하여 해탈케 하려고 이러한 법을 행하는 것이다. 아난이여, 부끄러워하지 말고 가서 우유를 가져오너라.」

세존이시여, 유마힐의 지혜와 변재가 이와 같았습니다. 이런 까닭으로 저는 문병하는 일을 감당할 수 없습니다.』

이와 같이 오백 명의 큰 제자들이 각각 부처님께, 그 연유를 말씀드리면서 유마힐의 설법을 칭찬하였다. 또 모두가 문병하는 일을 감당할 수 없다고 아뢰었다.

『유마경 제자품』

이에 부처님께서 다시 미륵보살에게 이르셨다.
『네가 가서 유마힐을 문병하여라.』
『세존이시여, 저도 문병하는 일을 감당하지 못하겠습니다. 무슨 까닭인가 하오면, 옛적에 제가 도솔천왕과 그의 권속들을 위해 물러서지 않는 경지(不退轉地)의 수행을 말했습니다. 그때 유마힐이 제게 와서 말했습니다.

「미륵보살이여, 세존께서 그대에게 이 일생만 지나면 미래세는 아눗다라삼먁삼보리를 얻어서 부처가 되리라는 수기를 주셨는데, 어느 생을 가지고 수기를 받았습니까? 과거생입니까, 미래생입니까, 현재생입니까? 만일 과거생이라면 과거의 생은 이미 지나갔고, 미래생이라면 미래의 생은 아직 오지 않았으며, 현재생이라면 현재의 생은 머물러 있지 아니합니다. 그러기에 부처님께서 항상 말씀하시기를, '비구들아, 너희들은 지금 바로 나기도 하고 늙기도 하고 죽기도 한다.' 고 하셨습니다.

만일 생이 없는 것으로 수기를 받았다면 생이 없는 자리는 부처의 경계(正位)여서 이 경계에서는 본래 수기할 것이 없으며, 또한 아눗다라삼먁삼보리를 얻었다 할 것도 없습니다. 그러니 무엇을 일러 미륵보살이 일생만 지나면 부처가 된다는 수기를 받았다 하는 것입니까?

여(如)가 일어남(生)을 좇아 수기를 받은 것입니까,

여가 멸함을 좇아 수기를 받은 것입니까? 만일 여가 일어남으로 수기를 받았다면 여는 본래부터 일어남이 없으며, 여가 멸함으로 수기를 받은 것이라면 여는 본래부터 멸함이 없는 것이어서, 모든 중생들이 다 여이고 모든 법이 여이며 모든 성현들이 또한 여이어서 미륵보살까지도 모두 여입니다.

그러하니 만일 미륵보살이 수기를 받았다면 모든 중생들도 마땅히 수기를 받아야 할 것입니다. 왜냐하면 여라는 것은 둘이 아니어서 다름이 없기 때문입니다.

만일 미륵보살이 아눗다라삼먁삼보리를 얻는다면 모든 중생들도 또한 그것을 얻어야 할 것입니다. 왜냐 하면 모든 중생들이 곧 보리의 모양이기 때문입니다.

만일 미륵보살이 열반을 얻는다면 모든 중생들도 또한 열반을 얻어야 할 것입니다. 왜냐 하면 모든 부처님께서는, 온갖 중생들이 마침내는 열반의 모양이어서 다시는 더 멸할 것이 없음을 아시기 때문입니다.

그러므로 미륵보살이여, 이 법을 가지고 여러 천인들을 유혹하지 마십시오. 참으로 아뇩다라삼먁삼보리의 마음은 일으킬 것도 없으며, 또한 퇴전할 것도 없기 때문입니다.

미륵보살이여, 마땅히 이 천인들로 하여금 '보리'라는 분별하는 소견을 버리게 하십시오. 보리는 몸으로 얻을 수 없으며 마음으로 얻어지는 것도 아니기 때문입니다.

고요하고 멸하는 것이 곧 보리니 모든 모양을 멸했기 때문이요, 관찰하지 않는 것이 보리니 모두 인연을 벗어났기 때문이요, 행하지 않는 것이 보리니 기억하여 생각할 것이 없기 때문이요, 끊어 없애는 것이 보리니 모든 소견을 버렸기 때문입니다.

벗어나는 것이 곧 보리니 온갖 망상을 벗어나기 때문이요, 막는 것(障)이 보리니 모든 욕망을 막기 때문이요, 들어가지 않는 것이 보리니 탐하여 집착함이 없기 때문이요, 순수한 것이 보리니 여(如)에 따르기 때문입니다.

 머무는 것이 곧 보리니 법의 성품에 머물기 때문이요, 이르는 것이 보리니 실제에 이르기 때문이요, 둘이 아닌 것이 보리니 의식과 법진(法塵)을 초월하였기 때문이요, 평등한 것이 보리니 허공과 같기 때문입니다.

 무위(無爲)가 곧 보리니 나고 머물고 멸함이 없기 때문이요, 아는 것이 보리니 중생들의 마음씀을 알기 때문이요, 모이지 않는 것이 보리니 여러 가지 입(入)이 모이지 않기 때문이요, 합하지 않는 것이 보리니 번뇌의 습기를 벗어나기 때문입니다.

 처소가 없는 것이 곧 보리니 형체와 색상이 없기 때문이요, 가명(假名)이 곧 보리니 이름과 글자가 공하기 때문이요, 허깨비(化)가 보리이니 취하고 버림이 없기 때문이요, 어지러움이 없는 것이 보리니 항상 스스로 고요하기 때문입니다.

 착하고 고요한 것이 곧 보리니 성품이 맑고 깨끗하기 때문이요, 취함이 없는 것이 보리니 인연의 일어남(攀緣)을 끊었기 때문이며, 차이가 없는 것이 곧 보리니 모든 법이 평등하기 때문이요, 비교할 데가 없는 것이 보리니 가히 비유할 수 없기 때문이요, 미묘한 것이 보리니 모든 법을 알기 어렵기 때문입니다.」

세존이시여, 유마힐이 이 법을 설했을 때에 2백 명의 천인들이 무생법인(無生法忍)을 얻었습니다. 이런 까닭에 저는 문병하는 일을 감당할 수 없습니다.』

부처님께서 광엄동자에게 이르셨다.

『네가 가서 유마힐을 문병하여라.』

『세존이시여, 저도 문병하는 일을 감당할 수 없습니다. 무슨 까닭인가 하오면, 제가 옛적에 베살리의 큰 성으로 나가니 마침 유마힐이 들어오고 있었습니다. 제가 그에게 예를 올리고 물었습니다.

「거사여, 어느 곳을 좇아오십니까?」

「나는 도량(道場)을 좇아옵니다.」

「도량은 어느 곳입니까?」

그의 답에 제가 다시 물으니 그가 말했습니다.

「정직한 마음이 도량이니 헛되고 거짓됨이 없기 때문이요, 행을 일으키는 것이 도량이니 능히 일을 이루기 때문이요, 깊은 마음이 도량이니 공덕을 더하기 때문이요, 보리의 마음이 도량이니 그릇되고 잘못됨이 없기 때문이요, 보시가 도량이니 대가를 바라지 않기 때문이요, 계를 가짐이 도량이니 원을 구족하기 때문이요, 욕됨을 참는 것이 도량이니 모든 중생에게 마음의 걸림이 없기 때문이요, 정진이 도량이니 게으르지 않기 때문이요, 선정이 도량이니 마음이 조복되고 부드럽기 때문이요, 지혜가 도량이니 현재의 모든 법을 보기 때문이요, 자애로움이 도량이니 중생들을 평등하게 여기기 때문이요, 괴로워하고 번민함(悲憫)이 도량이니 피곤함과 괴로움을 참기 때문이요, 기뻐함이 도량이니 법을 기뻐하고 좋아하기 때문이요, 버림이 도량이니 밉고 사랑함이 끊어졌기 때문입니다.

신통이 도량이니 6신통을 성취했기 때문이요, 해탈이 도량이니 능히 등지고 버리기 때문이요, 방편이 도량이니 중생을 교화하기 때문이요, 사섭법이 도량이니 중생을 조섭하기 때문이요, 많이 들음이 도량이니 듣는 것대로 실천하기 때문이요, 마음을 조복하는 것이 도량이니 모든 법을 바로 보기 때문이요, 37도품이 도량이니 유위법(有爲法)을 버리기 때문이요, 사성제가 도량이니 세간을 속이지 않기 때문이요, 연기가 도량이니 무명으로부터 늙고 죽음에 이르기까지 모두 다함이 없기 때문이요, 모든 번뇌가 도량이니 여실하게 알기 때문이요, 중생이 도량이니 내가 없음을 알기 때문입니다.

온갖 법이 도량이니 모든 법이 공한 것을 알기 때문이요, 마를 항복 받는 것이 도량이니 기울어지고 움직이지 않기 때문이요, 삼계가 도량이니 나아갈 곳이 없기 때문이요, 사자후가 도량이니 두려울 것이 없기 때문이요, 10력(力)과 4무소외(無所畏)와 18불공법(不共法)이 도량이니 모든 허물이 없기 때문이요, 3명(明)이 도량이니 남은 걸림이 없기 때문이요, 한 생각에 온갖 법을 아는 것이 도량이니 일체지(一

切智)를 성취하였기 때문입니다.

 이러하니 선남자여, 보살이 만일 모든 바라밀에 응하여 중생을 교화하면 온갖 짓는 일에 발을 내밀거나 들일 때에 모두 도량으로 좇아와 부처님의 법에 머물게 됨을 마땅히 알 것입니다.」

 이 법을 설했을 때에 5백 명의 천인들이 모두 아눗다라삼먁삼보리의 마음을 일으켰습니다. 이런 까닭에 저는 문병하는 일을 감당하지 못하겠습니다.』

 부처님께서 지세보살에게 이르셨다.
『네가 가서 유마힐을 문병하여라.』
『세존이시여, 저도 그에게 가서 문병할 수 없습니다. 무슨 까닭인가 하오면, 옛적에 제가 조용한 방에 머물러 있을 때 마왕 파순이 1만2천의 천녀를 데리고 왔으나 그 모양이 제석천왕과 같아 속은 적이 있습니다. 그때 유마힐이 와 마왕을 조복시켜 천녀들을 넘겨받더니 그녀들에게 말했습니다.

 「당신들이 이미 도에 마음을 일으켰으니, 법의 즐

거움(法樂)을 스스로 즐길 만합니다. 다시는 오욕락을 즐기지 마십시오.」

「무엇을 법락이라 이릅니까?」

천녀가 물으니 그가 대답했습니다.

「항상 부처님을 믿는 것을 즐기고, 법을 듣고자 함을 즐기며, 스님들께 공양하기를 즐기고, 오욕에서 벗어남을 즐기고, 오음(五陰)을 원수와 도적같이 관하기를 즐기고, 사대(四大)가 독사와 같은 것으로 관하기를 즐기고, 내 입이 빈 취락과 같은 것으로 관하기를 즐기고, 도의 뜻을 수호하기를 즐기며, 중생들을 이익 되게 하기를 즐기는 것입니다.

스승을 공경하여 공양 올리기를 즐기며, 보시를 널리 행하기를 즐기며, 계를 굳게 가지기를 즐기며, 곤욕을 참고 부드럽게 화합함을 즐기고, 선근을 부지런히 모으기를 즐기며, 선정이 어지럽지 않기를 즐기며, 때를 벗어나 밝고 지혜로움을 즐기며, 보리심을 넓히는 것을 즐기며, 여러 마를 항복 받기를 즐기며, 모든 번뇌를 끊어 없애기를 즐기는 것입니다.

부처님의 국토를 청정하게 함을 즐기며, 상호를 성취하려 하기 때문에 온갖 공덕을 닦는 것을 즐기고, 도량을 장엄하기를 즐기며, 깊은 법을 듣고도 두려워하지 아니함을 즐기며, 3해탈을 즐기며, 때 아닌 때를 즐기지 아니하는 것입니다.

함께 공부하는 이(同學)와 친근함을 즐기고, 동학이 아닌 이에게 성내거나 걸림이 없음을 즐기고, 악지식을 지켜서 보호함을 즐기고, 선지식과 친근함을 즐기고, 마음이 청정함에 기뻐함을 즐기고, 한량없는 도품의 법을 닦은 것을 즐기니, 이것이 보살의 법락인 것입니다.」

그의 법 설함이 끝나자 천녀들은 유마힐의 발에 예배하고 천궁으로 돌아갔습니다. 세존이시여, 유마힐에게는 이와 같은 자재한 신력과 지혜와 변재가 있습니다. 이런 까닭에 저는 문병하는 일을 감당할 수 없습니다.』

부처님께서 장자의 아들 선덕에게 이르셨다.

『네가 가서 유마힐을 문병하여라.』

『세존이시여, 저는 문병하는 일을 감당하지 못하겠습니다. 무슨 까닭인가 하오면, 옛적에 제가 아버지의 집에서 큰 보시의 모임을 베풀었는데, 모든 사문과 바라문들과 외도들과 빈궁한 이와 천한 이, 고독한 이와 거지들에게 공양하여 7일의 기한이 차는 날이었습니다. 그때 유마힐이 모임에 와서 제게 말했습니다.

「장자의 아들이여, 무릇 큰 보시의 모임은 당신이 베푸는 것과 같이 해서는 안 됩니다. 마땅히 법을 보시하는 모임을 해야지, 어찌 재물로 보시하는 모임을 하겠습니까?」

「거사여, 어떠한 것을 법으로 보시하는 모임이라 합니까?」

제가 물었더니 그가 답했습니다.

「법으로 보시하는 모임에는 전도 없고 후도 없어서, 한때에 일체의 중생들을 공양하는 것을 법으로 보시하는 모임이라 부릅니다.」

「어찌하면 됩니까?」

「보리심으로 자애로움을 일으키며, 중생을 구제함으로써 대비심을 일으키며, 바른 법을 가짐으로써 기쁜 마음을 일으키며, 지혜를 간직함으로써 평등한 마음을 행하는 것입니다.

간탐을 거둬들임으로써 보시바라밀을 일으키며, 계를 범한 이를 교화함으로써 지계바라밀을 일으키며, 무아법(無我法)으로 인욕바라밀을 일으키며, 몸과 마음이란 상(相)에서 벗어남으로써 정진바라밀을 일으키며, 보리의 상(相)으로 선정바라밀을 일으키며, 일체지(一切智)로 반야바라밀을 일으키는 것입니다.

중생들을 교화하여 공(空)을 일으키며, 유위법(有爲法)을 버리지 않고 무상(無相)을 일으키며, 현세에서 생(生)을 받으면서 무작(無作)을 일으키며, 정법을 호지하면서 방편의 힘을 일으키는 것입니다.

일체의 법은 취할 것도 아니고 버릴 것도 아님을 알아서 일상의 문에 들어가려고 지혜의 업을 일으키며, 일체의 번뇌와 일체의 장애와 일체의 착하지 못한 법을 끊으려고 일체의 착한 업을 일으키며, 일체의 지혜와 일체의 선법을 얻음으로써 일체의 불도를 돕는 것을 일으키는 것입니다.

선남자여, 법으로 베푸는 모임이란 이와 같습니다. 만일 보살이 이렇게 법으로 베푸는 모임에 머문다면 큰 시주가 되는 것이며, 일체 세간의 복전이 될 것입니다.」

세존이시여, 유마힐이 이 법을 설했을 때 바라문의 무리 가운데 2백 사람이 모두 아뇩다라삼먁삼보리의 마음을 일으켰습니다.

또한 유마힐이 닌승부처님을 나두시게 하는 신통을 보이자 성 안에 있던 한 거지조차 아뇩다라삼먁삼보리의 마음을 일으켰습니다. 이런 까닭으로 저는 문병하는 일을 감당하지 못하겠습니다.」

『유마경 보살품』

『문수여, 그대가 가서 유마힐을 문병하여라.』
『부처님이시여, 그는 상대하기 어렵습니다. 실상

을 통달하고 법의 요지를 잘 설하며 변재에 걸림 없고 지혜가 많아 일체 보살의 법식을 모두 알며, 모든 부처님의 비장을 모두 얻어서 여러 마군을 항복받고 신통으로 유희합니다. 그러나 부처님의 말씀을 받들어 문병을 하겠습니다.』

그러자 회중에 있던 보살과 큰 제자들을 비롯한 모든 회중들이 문수사리보살의 뒤를 따라 베살리성으로 들어갔다. 유마힐의 병상을 찾은 문수보살이 물었다.

『거사여, 병은 참아 견딜 수 있습니까? 치료에는 차도가 있습니까? 부처님께서 안부를 전하십니다. 거사여, 이 병은 무엇으로 일어났으며 얼마나 오래되었습니까? 언제나 낫겠습니까?』

유마힐이 답했다.

『내 병은 어리석은 마음을 좇는 사람이 있어 났으니, 일체 중생한테 병이 있으므로 나도 병이 있습니다. 만일 일체 중생의 병이 없어지면 내 병도 없어질 것입니다.

보살은 중생을 위하여 생사에 들어가니 생사가 있기에 병이 있으며, 중생이 병을 여의면 보살도 병이 없을 것입니다. 또 이 병의 근원을 알고자 하면 보살의 병은 대비에서 일어나는 것입니다.』

　문수보살이 다시 물었다.

『보살이 생사에 두려움이 있으면 무엇을 의지해야 합니까?』

『여래의 공덕에 의지해야 합니다.』

『여래의 공덕에 의지해야 하려면 어디에 머물러야 합니까?』

『일체 중생을 해탈시키는 데 머물러야 합니다.』

『중생을 해탈시키려면 무엇을 없애야 합니까?』

『번뇌를 없애야 합니다.』

『번뇌를 없애려면 무엇을 행해야 합니까?』

『바른 생각을 해야 합니다.』

『바른 생각은 어떻게 합니까?』

『불생불멸을 행해야 합니다.』

『어느 법을 생하지 않게 하며, 어느 법을 멸하지

않게 해야 합니까?』

『악법을 생하지 않게 하며, 선법을 멸하지 않게 해야 합니다.』

『선과 악은 무엇을 근본으로 삼습니까?』

『몸을 근본으로 삼습니다.』

『몸은 무엇을 근본으로 삼습니까?』

『욕심과 탐심을 근본으로 삼습니다.』

『욕심과 탐심은 무엇을 근본으로 삼습니까?』

『허망과 분별을 근본으로 삼습니다.』

『허망과 분별은 무엇을 근본으로 삼습니까?』

『거꾸로 된 생각을 근본으로 삼습니다.』

『거꾸로 된 생각은 무엇을 근본으로 삼습니까?』

『집착이 없는 것을 근본으로 삼습니다.』

『집착이 없는 것은 무엇을 근본으로 삼습니까?』

『집착이 없는 것은 근본이 없습니다. 문수사리여, 집착이 없는 근본으로부터 일체법을 세우는 것입니다.』

그때에 유마힐이 여러 보살들에게 불이(不二)의 법

이 무엇이지 물었다.

『어진 이들이여, 어떤 것을 보살이 둘 아닌 법에 들어가는 것인지 각자가 생각한 대로 말씀해 보시지요.』

그러자 회중에 있던 보살들이 자기가 생각하는 불이에 대해 말을 하기 시작했다.

법자재보살은 「나고 죽는 것은 두 가지이나 법은 본래 나지도 않고 멸하지도 않으니 무생법인(無生法忍)을 얻으면 불이법문에 들어가는 것」이라 했고, 덕수보살은 「'나'와 '내 것'이 두 가지인데 '나'가 있으므로 '내 것'이 있습니다. 만일 '나'가 없으면 '내 것'이 없으니 불이법문에 들어가는 것」이라 답했다.

이렇게 30여 분의 보살들이 불이에 대한 대답을 마치자, 유마힐은 마지막으로 문수보살의 견해를 물었다.

그러자 문수보살이 대답했다.

『일체법에는 언설도 없고 보일 것도 없고 알 것도

없으니, 모든 문답을 여읜 것이 불이법문에 들어가는 것입니다.』

대답을 마친 문수보살이 이번에는 유마힐에게 물었다.

『우리들은 각자가 스스로 말했거니와 어진 이가 말해 보십시오. 어떤 것이 불이법문에 들어가는 길입니까?』

『……』

유마힐은 아무 대답 없이 입을 다물었다. 이를 본 문수보살이 칭찬했다.

『장하고 장하도다. 여기에는 문자도 언어도 없으니 이것이 불이법문에 들어가는 것이다.』

이렇게 둘 아닌 법문을 설할 때에 대중 가운데 5천 보살이 모두 불이법문에 들어 무생법인을 얻었다.

『유마경 문수사리문질품』

제 8편

자비의 법문

1. 법의 상속자가 되어라

 비구들아, 어떤 강이라 할지라도 그 물이 바다에 이르면 본래의 강 이름을 버리고 다만 바다라고 부르듯이, 왕족·바라문·농부·기술자·상인·서민·노예 등 어느 누구라도 여래가 가르친 법과 율에 의하여 집착에서 벗어나 집착 없는 출가의 생활로 들어간다면, 본래의 성과 이름을 버리고 사문이 되어 수행자라고만 부른다.

 태어난 계급에 따라서 천한 사람이 아니다.
 태어난 계급에 따라서 바라문이 아니다.
 행위에 따라 천한 사람이 되고
 행위에 따라 바라문이 되기도 한다.

한때 세존께서 사위성에 있는 기수급고독원에 머물러 계셨는데 그때 세존께서는 비구들에게 다음과 같은 말씀을 하시었다.

『비구들아, 너희들은 내 법의 상속자가 되어야 한다. 재물의 상속자가 되어서는 안 된다. 너희들이 재물의 상속자가 되고 법의 상속자가 되지 않았을 때 그로 인해「재물의 상속자이지, 법의 상속자가 아니다」라는 지적을 받게 될 것이다. 비구들아, 나는 너희들에게「나의 제자들은 재물의 상속자가 되지 말고 법의 상속자가 되기를 바란다」고 하는 연민이 있다.』

2. 정도와 외도

부처님께서 기원정사에 계실 때 비구들에게 말씀하셨다.

『이 세상에 세 가지 그릇된 견해를 가진 외도가

있는데 슬기로운 자는 그것을 밝게 가려내어 추종하지 말아야 한다.

세 가지 그릇된 견해란, 첫째 「사람이 이 세상에서 경험하는 것은 괴롭든 즐겁든 모두 전생의 업에 의한 것이다」라고 말하는 것이며, 둘째는 「모든 것은 신의 뜻에 의한 것이다」라고 말하는 것이며, 셋째는 「인(因)도 없고 연(緣)도 없다」고 말하는 것이다.

내가 지난 날, 무엇이나 전생의 업에 의한다고 주장하는 사람들을 찾아가 그 의견이 틀림없다고 생각하느냐고 물었더니 그들은 그렇다고 대답했다. 나는 「그러면 사람을 죽이거나 도둑질하기나 음행하고 거짓말하고 탐욕과 성냄과 삿된 소견을 갖는 것도 모두 전생에 지은 업에 불과할 것인데, 만약 그렇다면 이 일을 해서는 안 된다거나 이 일을 해야겠다는 의지도 노력도 소용없게 될 것이다. 따라서 어떤 자제력도 없이 마음 내키는 대로 행동하는 사람을 정당한 사문 또는 바라문이라고 해야 한다」고 비판했다.

또 모든 것은 신의 뜻에 의한 것이라고 주장하는 사람들을 찾아가, 「당신들의 주장대로라면 살생하는 것도 신의 뜻이고, 도둑질이나 음행이나 그릇된 소견을 갖는 것도 신의 뜻이고, 도둑질이나 음행이나 그릇된 소견을 갖는 것도 신의 뜻에 의한 것일 텐데, 그렇다면 이 일을 해서는 안 된다거나 이 일은 해야겠다든가 하는 의지와 노력도 소용없게 될 것이다. 따라서 아무 자제력도 없이 마음 내키는 대로 함부로 행동하는 사람을 정당한 사문 또는 바라문이라고 해야 한다」고 비판했었다.

 또 인도 없고 연도 없다고 주장하는 사람들을 찾아가, 「당신들의 주장대로라면 살생하는 것에도 인과 연이 없고 그릇된 소견을 갖는 것에도 인과 연이 없을 것이다. 이처럼 모든 일에 인과 연이 없다고 한다며 이 일을 해서는 안 된다거나 이 일은 해야겠다는 의지와 노력도 소용없게 될 것이다. 따라서 아무런 자제력도 필요 없이 마음 내키는 대로 함부로 행동하는 사람을 정당한 사문 또는 바라문이라고 해야 한다」고 비판했었다.

비구들아, 이것이 사견을 가지고 주장하는 사문이나 바라문들에 대한 나의 비판이다. 만약 그들이 주장하는 대로 행동한다면 이 세상의 모든 일은 부정되고 마침내 커다란 혼란을 가져오게 될 것이다. 슬기로운 사람은 이와 같은 그릇된 의견을 잘 가려내어 버림받지 않도록 해야 할 것이다.』

부처님께서는 차근차근 설명하시어 그릇된 소견을 버리고 바른 길로 돌아오게 하셨다.

사리불존지기 비구들에게 말하였다.
『어떤 것이 부처님 제자로서의 바른 견해이며 진리에 대하여 절대적인 신념을 가지고 통달할 수 있는 길이겠습니까?

불제자는 먼저 어떤 것이 악법이며 악법의 근본이 무엇인지를 알아야 하며, 또한 어떤 것이 선법이며 선법의 근본이 무엇인지를 알아야 합니다. 이것이 부처님 제자의 바른 견해이며 보는 바가 올바르고 절대적인 신념을 가지고 진리에 통달할 수 있는 길입니다.

악법이란 산목숨을 죽이는 것, 주지 않는 물건을 가지는 것, 사음·거짓말·악담·이간질·꾸미는 말·탐욕·성냄·그릇된 소견 등을 가리킵니다. 그리고 이러한 악법의 근본은 탐욕과 성냄과 어리석음에 있습니다.

선법이란 산목숨을 죽이지 않고 주지 않는 물건은 가지지 않으며, 사음을 하지 않고 거짓말과 악담, 이간질, 꾸미는 말을 하지 않으며, 탐욕과 성냄과 어리석음을 없애버린 것을 말합니다. 이러한 선법의 근본은 탐하지 않고 성내지 않으며 어리석지 않음에 있습니다.

부처님 제자들이 이와 같은 악법과 그 근본을 알고 또 선법과 그 근본을 알면, 그는 탐욕과 성냄의 번뇌를 멸하여 '나'를 내세우려는 아만을 버리고 무명을 끊고 지혜의 등불을 밝혀 현실의 괴로움을 면하게 될 것입니다.

이것이 부처님 제자로서의 바른 견해이며 절대적인 신념을 가지고 올바른 진리를 통달하게 되는 길입니다.』

『아함경』

3. 세간이 공(空)한 까닭은?

어느 날, 아난이 부처님께 여쭈었다.
『부처님이시여, 「세간은 공하다」라고 말씀하시는데 그 뜻을 알고 싶습니다.』
『아난아, '나'와 '내 것'이란 없기 때문에 세간을 공이라고 말하는 것이다. 나와 내 것이 없다는 것은, 예를 들어 눈은 '나'가 아니며 '내 것'도 아니다. 눈의 알음알이는 '나'가 아니며 '내 것'도 아니다. 그것은 눈(眼)과 대상(色)과 식(識)의 화합이다. 감촉(觸)에서 생기는 느낌(受)도 '나'가 아니며 '내 것'도 아니다. 그 밖의 귀·코·혀·몸·뜻과 그것들의 경계와 그것들의 인식과 또 그 셋의 화합인 감촉과 느낌도 모두 '나'가 아니요 '내 것'도 아니다. 그러므로 '나'와 '내 것'은 완전히 없다는 이유에서 「세간은 공하다」라고 말하는 것이다.」

어느 날, 사리불존자는 고요한 생각에서 깨어나 부처님께 나아가 절하고 그 곁에 앉았다.
『사리불이여, 네 모습이 맑고 고요하며 살빛이 빛나 보이는구나. 오늘 어떤 정에 들어 있었느냐?』
『부처님이시여, 저는 오늘 공(空)의 정(定)에 들어 있었습니다.』
『사리불이여, 오늘 너는 대인의 정에 들었었구나. 공은 실로 대인의 정이다. 만일 비구로서 공의 정에 들려고 한다면 이렇게 생각하여야 한다.
「내 오늘 마을에 들어가 걸식할 때, 가고 오는 도중 눈으로 보는 모양, 귀로 듣는 소리, 코로 맡는 냄새, 혀로 보는 맛, 몸에 닿는 감촉, 뜻으로 아는 법에 있어서 탐욕과 성냄과 어리석음의 장애가 있었던가?」

 이렇게 생각해 보아서 만일 있었다면 그 악을 버리고 참회해야 한다. 만일 없다고 생각이 되거든 기쁨과 즐거움으로 밤낮을 쉬지 말고 정진하여야 한다.

 사리불이여, 비구는 이렇게 생각하여야 된다.

「나는 오욕(五欲)을 버렸는가, 오개(五蓋)를 없앴는가, 이 몸을 이루고 있는 오온(五蘊)을 알았는가? 사념주(四念住)·사정근(四正勤)·사신족(四神足)·오근(五根)·오력(五力)·칠보리분(七菩提分)·팔정도(八正道)의 수행과 지(止)와 관(觀)을 닦았는가? 그리하여 지혜를 얻고 깨달음을 얻었는가?」

 사리불이여, 이렇게 생각해서 아직 번뇌를 떠나지 못하고 깨달음을 얻지 못했거든 기쁨과 즐거움으로써 밤낮을 쉬지 말고 선행을 닦아야 한다.

 사리불이여, 과거의 수행자든 미래의 수행자든 또한 현재의 어떤 수행자든 모두 보시로 얻는 음식을 깨끗하게 생각하였다. 그러므로 너희들도「부처님이 가르치는 대로 보시에 의해서 얻는 음식을 깨끗하게 하자」고 노력하여야 한다.』

 사리불존자는 부처님의 가르침을 듣고 기뻐하며 돌아오는 길에 보루디카라는 이교도를 만났다. 그가 사리불존자에게 물었다.
『그대는 어디서 오는 길인가?』
『부처님의 가르침을 듣고 돌아오는 길이다.』
『그대는 아직 젖먹이로구나. 나는 벌써 스승을 떠나 혼자서 도를 닦고 있는데, 그대는 지금도 스승의 가르침을 받고 있다니.』
 그러자 사리불존자가 대답했다.
『나는 아직 젖먹이다. 지금도 스승의 가르침을 들어야 한다. 아마 그대의 스승은 깨달은 사람이 아니라서 그 가르침 또한 진실한 법이 아닌 모양이구나. 마치 어미 소의 젖이 나쁘거나 적으면 송아지의 젖을 빨리 떼는 것처럼 그대도 스승을 떠난 것이 아닌가?

 우리 스승은 참으로 깨달은 분으로서 그 가르침

은 진실한 법이다. 마치 어미 소의 젖이 좋고 또 넉넉하면 송아지에게 언제고 젖을 떼지 않는 것처럼, 나는 아직 스승을 떠나지 않고 그 가르침을 듣고 즐거워한다.』

『아함경』

4. 선법과 악법의 차이

 어느 날 부처님께서는 큰 비구들과 함께 코살라국을 여행하던 중 칼라마족의 거리로 들어가셨다. 그때 거리의 칼라마족 주민들은 이렇게 생각했다.
「사문 고타마는 석가족으로 출가하여 칼라마족이 사는 거리로 들어왔다. 세존 고타마에게는 찬양의 소리가 높다고 한다. 세존은 응공·등정각·명행족 또는 법을 밝힌 사람을 뜻한다. 이와 같은 사람을 만나본다는 것은 다행한 일이다.」
 그들은 세존이 계시는 곳으로 찾아가 세존께 인

사드린 후 추억할만한 말들을 교환하고, 또 어떤 사람들은 세존께 합장하고 모두 한쪽에 앉았다. 그런 뒤에 세존께 여쭈었다.

『세존이시여, 어떤 사문과 바라문들이 저희가 사는 거리에 와 있습니다. 그들은 다만 자기만을 말하고 설명하며 남의 말에 대해서는 독설을 뿜고 경멸하며 무력하게 만들고 있습니다.

세존이시여, 또 다른 사문과 바라문들이 저희가 사는 거리에 와 있는데 그들도 또한 자기만을 말하고 설명하며 남의 말에 대해서는 독설을 뿜고 경멸하며 비방하고 있습니다. 세존이시여, 저희들은 존자와 사문들 중에서 누가 진실을 말하고 누가 거짓을 말하는 것인지에 대하여 의심을 갖고 있습니다.』

『칼라마의 사람들아, 그대들이 의혹을 갖는 것은 당연한 일이다. 의심스러운 곳에서 의혹이 일어나는 법이다. 그대들은 스승의 말이라는 것을 믿고 상대의 말에 집착해서는 안 되며 전해오는 말을 믿고 집착해서는 안 된다. 추측에 의해 집착해서도 안 되며 훌륭한 근거라고해서 집착해서도 안 된다. 상대의 그릇된 견해를 참고 견디며 집착해서도 안 되며 비구가 좋은 모습을 하고 있다고 해서 그 모습에 집착해서도 안 된다. 또한 「사문은 우리들의 스승이다. 그렇기 때문에 그의 말을 취하는 것이 좋겠다」고 집착해서도 안 된다.

칼라마족 사람들아, 만약 그대들이 스스로 「이러한 법은 악법이다. 이러한 법은 유죄이며 비난받아야 마땅한 것이다. 이러한 법을 지키게 되면 손해와 고통을 가져온다」라는 것을 알 수 있다면 그대들은 그러한 법을 스스로 끊어버려야 할 것이다.

칼라마족 사람들아, 그대들의 마음속에서 일어나고 있는 탐욕이 이익을 가져오는가, 아니면 손해를 가져오는가?」

『세존이시여, 손해를 가져옵니다.』

『칼라마족 사람들아, 이 탐욕을 가진 자는 탐욕이 마음을 차지하여 생명 있는 것을 죽이고, 주지 않는 것을 취하고, 타인의 아내와 통하고, 거짓을 말할 뿐만 아니라 타인에게도 이와 같이 하기를 권한다. 그가 오랫동안 손해와 괴로움에 시달리는 것은 이 탐욕 때문이다.

칼라마족 사람들아, 그대들의 마음속에서 일어나고 있는 분노가 이익을 가져오는가, 아니면 손해를 가져오는가?』

『세존이시여, 손해를 가져옵니다.』

『칼라마족 사람들아, 분노를 가진 자는 분노가 마음을 차지하여 생명 있는 것을 죽이고, 주지 않는 것을 취하고, 타인의 아내와 통하고, 거짓을 말할 뿐만 아니라 타인에게도 이와 같이 하기를 권한다. 그가 오랫동안 손해와 괴로움에 시달리는 것은 이 분노 때문이다.

칼라마족 사람들아, 그대들의 마음속에 일어나고 있는 어리석음이 이익을 가져오는가, 아니면 손해를 가져오는가?』

『세존이시여, 손해를 가져옵니다.』

『칼라마족 사람들아, 어리석은 자는 어리석음이

마음을 차지하여 생명 있는 것을 죽이고, 주지 않는 것을 취하고, 타인의 아내와 통하고, 거짓을 말할 뿐만 아니라 타인에게도 이와 같이 하기를 권한다. 그가 오랫동안 손해와 괴로움에 시달리는 것은 이 어리석음 때문이다.

칼라마족 사람들아, 이러한 것들은 선인가 아니면 악인가?』

『세존이시여, 악입니다.』

『유죄인가 무죄인가?』

『세존이시여, 유죄입니다.』

『지혜로운 자에 의해서 칭찬받아 마땅한가 아니면 비난받아 마땅한가?』

『세존이시여, 비난받아 마땅합니다.』

『칼라마족 사람들아, 내가 앞에서 그와 같이 말한 것은 이와 같은 이유뿐이다. 그대들은 어디에든 집착해서는 안 되며 「사문이 우리들의 스승이다」고 해서 집착해서는 안 된다. 또한 그대들 스스로 「이러한 법은 악법이다. 이러한 법들은 유죄이며 성현에 의하여 비난받아 마땅하다』라는 것을 알았으면 그대들은 그 법을 끊어버려야 한다.

　칼라마족 사람들아, 사람의 마음속에서 일어나고 있는 욕심과 분노와 어리석음이 없는 이는 이익을 가져오는가 아니면 손해를 가져오는가?』

『세존이시여, 이익을 가져옵니다.』

『칼라마족 사람들아, 욕심과 분노와 어리석음이 없는 사람은 생명을 가진 것을 죽이지 않고, 주지 않는 것을 취하지 않고, 타인의 아내와 통하지 않고, 거짓을 말하지 않을뿐더러 타인에게 그와 같이 하기를 권하지도 않는다. 그가 오랫동안 이익과 즐거움을 받는 것은 바로 그 때문이다.

　칼라마족 사람들아, 이러한 법들은 선인가 아니면 악인가? 또한 완전하게 지켰을 때 이익과 즐거움을 가져오는가 아니면 손해와 괴로움을 가져오는가?』

『세존이시여, 완전하게 지켰을 때는 이익과 즐거움을 가져옵니다. 이것은 저희들에게도 마찬가지입니다.』

부처님께서 비구들을 돌아보고 말씀하셨다.

『비구들아, 이 세 가지는 이야기의 근본이 된다.

비구들아, 과거에 관해서는 「과거세에는 이와 같았다」라고 말해야 할 것이고, 미래에 관해서는 「미래세에는 이와 같을 것이다」라고 말해야 하며, 현재에 관해서는 「지금 현재는 이와 같다」라고 말해야 할 것이다.

비구들아, 사람은 대화를 함에 있어 해야 할 말과 하지 않아야 할 말을 알아야 한다. 어떤 사람이 의문을 가지고 물었을 때, 결정적으로 답해야 할 질문에 대해서 결정적으로 답하지 못하고, 분별해서 답해야 할 질문에 대하여 분별해서 답하지 못하며, 다시 물어서 답해야 할 질문에 다시 물어서 답하지 못하고, 또한 버려두어야 할 질문을 버려두지 않는다면 이와 같은 사람과는 대화할 수가 없는 것이다.

비구들아, 어떤 사람이 의문을 가지고 물었을 때, 결정적으로 답해야 할 질문에 대하여 결정적으로 답하고, 분별해서 답해야 할 질문에 대하여 분별하여 답하며, 다시 물어서 답해야 할 질문에 대하여 다시 물어서 답하고, 버려두어야 할 질문에 대하여 버려둔다면 이와 같은 사람과는 더불어 대화할 수 있는 것이다.

비구들아, 사람은 대화를 함에 있어서 해야 할 말과 하지 않아야 할 말을 알아야 한다.

어떤 사람이 의문을 가지고 물었을 때, 도에 의지하지 않고 정견에 의지하지 않고 성현의 말씀에 의지하지 않는다면 이와 같은 사람과는 말할 수 없는 것이다.

비구들아, 어떤 사람이 의문을 가지고 물었을 때, 도리에 입각하고 정견에 입각하고 성현의 말씀에 입각하고 도에 입각한다면 이와 같은 사람과는 말할 수 있을 것이다.

비구들아, 사람은 대화를 함에 있어 해야 할 말인지 하지 않아야 할 말인지를 알아야 한다.

어떤 사람이 의문을 가지고 물었을 때 모순된 대답을 하지 않고 다른 화제로 바꾸지 않으며, 분노와 즐겁지 않음을 나타내지 않는다면 그와 더불어 대화할 수 있는 것이다.

비구들아, 사람은 대화를 함에 있어 해야 할 말인지 하지 않아야 할 말인지를 알아야 한다.

어떤 사람이 의문을 가지고 물었을 때 상대를 욕하고 억누르고 비웃으며 상대방이 실수하여 막힌 말꼬리를 잡는다면, 그와 같은 사람과는 대화할 수 없는 것이다.

그러나 어떤 사람이 의문을 가지고 물었을 때 욕하지 않고 상대를 억누르지 않고 비웃지도 않으며 상대가 실수하여 막힌 말꼬리를 잡지 않는다면, 그와 같은 사람과는 대화할 수 있는 것이다.

비구들아, 사람은 대화를 함에 있어 그것이 연기법을 따르는가 아니면 연기와 무관한가를 알아야한다.

귀를 기울이지 않는 사람은 연기와 무관하고 귀를 기울이는 사람은 연기법을 따른다. 그가 귀를 기울이고 있을 때 고제(苦諦)인 성인의 법을 알고, 성인의 법을 헤아리는 지혜로 법을 완전하게 알며, 모든 악법을 끊어 없애 소승의 법 또는 대승의 법을 증득한다.

그는 한 법을 완전하게 알고 한 법을 끊어 없애고 한 법을 증득하여 정해탈을 체득한다.

비구들아, 집착함이 없이 마음의 해탈을 얻는다는 것, 이것이 또한 귀를 기울이는 목적이다.』

그러자 칼라마족 사람들은 기뻐하며 세존을 칭송했다.

『사문 고타마는 때에 맞게 말하는 사람이며 사실대로 말하고 뜻을 말하며 법을 말하고 또한 계율을 말하는 사람이다.

사문 고타마는 때 묻은 말을 버리고 진실을 말하며 뜻이 있고 법에 맞는 말을 하며 계율에 맞는 말과 합리적이고 신중하며 이익을 가져오는 말을 하는 사람이다.

사문 고타마는 참으로 말을 잘하며 담화를 잘하고 우아한 말을 골라서 하며 명료하고 목이 쉬지 않은 청정한 음성으로 그 뜻을 알리는 말을 갖추고 있다.

사문 고타마는 많은 스승 중의 스승으로서 물욕과

탐욕을 버리고 번뇌의 동요를 떠난 사람이다.

사문 고타마는 업보를 논하고 행위를 논하며 수행하는 사람들로부터 청정한 존경을 받는 사람이다.」

『아함경』

5. 참다운 바라문이란

부처님께서 5백 명의 비구들과 함께 앙가국 수도의 갓가라 연못가에 머무르실 때였다.

그곳은 물이 풍부하고 곡물이 많이 꽤 번창한 곳으로 마가다국의 빔비사라왕이 바라문들에게 보시한 땅이었는데 그곳에는 소나단다라는 바라문이 살고 있었다.

그곳 바라문들은 부처님이 머문다는 소문을 듣고 이렇게 생각했다.

「석가족에서 출가한 사문 고타마가 지금 5백 명의 대 비구들과 함께 여행을 하시면서 이곳에 도착하여 갓가라 연못가에 머물러 계신다. 세존은 부처 또는 등정각자라 이른다. 세존 고타마에게는 아름다운 명성이 자자하며 세존은 지혜와 행동을 구족한 사람으로서 선하며 세간의 일을 밝게 아는 최상의 스승이시다. 또한 세존은 깨달은 자로서 법의 왕이며 인간과 천상의 스승이시다. 그는 또 천상계·마귀계·범천계를 포함한 이 세계의 사문, 바라문 등의 일들을 스스로 증명하고 작증하여 설한다. 그가 설하는 법은 처음도 좋고 중간도 좋고 끝도 좋고 문맥과 뜻을 갖추었으며 완전하고 청정한 수행을 나타낸다. 이와 같은 성자를 본다는 것은 실로 좋은 일이다.」

마침내 그곳 주민인 바라문들은 한 무리를 지어서 갓가라 연못으로 몰려갔다.

한편 바라문 소나는 낮잠을 자기 위해 고루 위에 올라가 있다가 바라문의 무리가 대오를 지어 마을에서 연못가로 가는 것을 보고 물었다.

『시자야, 왜 마을에 사는 바라문들의 무리가 갓가

라 연못으로 가느냐?』

『그들은 사문 고타마를 보러 가는 것입니다.』

그 말을 들은 바라문 소나도 고타마를 보러 가야겠다고 생각하였다.

그런데 그 무렵, 여러 나라의 바라문들 5백 명이 저마다의 일로 그곳에 거처를 정하여 살고 있었다. 그들은 바라문 소나가 사문 고타마를 보러 갈 것이라는 소문을 듣고 그를 찾아와서 이렇게 말했다.

『소나여, 당신이 사문 고타마를 보러 갈 것이라는 소문이 사실입니까?』

『친구여, 그렇소. 사실이오.』

『존자 소나는 사문 고타마를 만나러 가서는 안 됩니다. 당신이 그를 만나러 간다면 당신의 명성은 감소하고 고타마의 명성은 커질 것이요. 그러므로 고타마가 당신을 만나러 오는 것이 지당합니다.

왜냐하면 존자 소나는 모계와 부계 양쪽이 다 좋은 가문이며 혈통도 청정하여 칠대의 조부까지 거슬러 올라가도 혼란함이 없으니, 어떤 비난도 받을 일이 없는 출생에 관한 것만으로도 당신이 고타마를 만나러 가는 것은 지당하지 않습니다. 오히려 사문 고타마가 당신을 만나러 오는 것이 마땅합니다.

실로 존자 소나는 베다 경전의 독송자이며 진언을 수지하고 세 가지 베다 경전에 통달할 뿐만 아니라 베다의 어휘와 제사 의식, 음운, 어원의 학문과 고전에 통달하며, 관용의 어법을 알고 문법에 통하며 순세철학과 위대한 사람의 신체적 특징에 관해서도 완전하게 알고 있습니다.

존자 소나는 덕을 닦아서 완전하게 갖추고 있습니다.

존자 소나는 담화도 잘하고 우아한 말을 골라서 하며 명료하고 쉬지 않는 목소리로 그 뜻을 잘 알도록 하는 힘을 갖추고 있습니다.

존자 소나는 수많은 스승 중의 스승입니다. 3백 명의 청년들에게 주문의 암송을 교시하고 수많은 청년들이 당신 소나 밑에서 학습하려고 열망하여 여러 나라들로부터 와 있습니다.

존자 소나는 고령이며 노경에 달해 있습니다. 그러나 사문 고타마는 나이도 젊고 청년 출가자입니다.

존자 소나는 마가다국왕 빔비사라가 우러러 보며 그로부터 공경과 존중을 받고 있습니다.

존자 소나는 수도에 살고 있고 사람들은 번영하며 풀, 나무, 물이 풍부하고 곡식이 많으며 왕의 영지로서 마가다 국왕 빔비사라가 바라문들에게 보시한 땅에 살고 있습니다.

이러한 이유만으로도 존자 소나가 사문 고타마를 만나러 가는 것은 온당하지 않습니다. 오히려 고타마가 당신 소나를 만나러 오는 것이 마땅합니다.』

이 말을 들은 존자 소나는 그들에게 이렇게 말하였다.

『친구여, 그대들은 나의 말을 들으시오. 우리들이 세존 고타마를 만나러 가는 것은 마땅하며, 세존 고타마가 우리를 만나러 오는 것은 마땅하지 않소.

사문 고타마는 모계와 부계 양쪽의 가문이 모두 좋으며 혈통도 청정하여 칠대의 조부로 거슬러 올라가도 혼란이 없으니 출생에 관해서도 아무런 비난받을 일이 없소. 그러니 우리가 사문 고타마를 만나러 가는 것이 마땅하오.

사문 고타마는 수많은 친족을 버리고 출가하셨소. 또한 그는 계율을 구족하고 고귀한 덕을 갖추었으며 선한 덕을 완전하게 갖추고 있소.

사문 고타마는 수많은 스승 중의 스승이며 욕심과 진심을 멸하여 마음의 동요를 떠났소.

실로 사문 고타마는 업보론자이며 행위론자로서 그야말로 손색이 없고 바라문으로서도 존경을 하게 합니다.

사문 고타마는 고귀한 왕족의 가문에서 출가하였으며 사부대중이 존경하며 공경하고 우러러 존중하는 바입니다.

친구여, 사문 고타마는 교단을 가지고 있고 교단의 대교주이며 수많은 교주 중에서 최상자라 일컬어지고 있소.

친구여, 나는 세존 고타마의 전부를 말했다고 할

수가 없소. 그는 헤아릴 수 없이 칭찬해야 할 것을 갖추고 있기 때문이오.』

이 말을 들은 바라문들은 소나에게 이렇게 말했다.

『존자 소나가 사문 고타마를 그토록 칭찬을 하니 우리들도 모두 고타마를 만나러 가겠습니다.』

그리하여 바라문 소나는 세존께서 계시는 곳으로 가서 인사를 드린 후 친근하고 추억에 남을 만한 말을 주고받은 다음 한쪽에 앉았다. 다른 바라문들도 일부는 세존께 예배하고 일부는 그냥 말없이 한쪽에 앉았다.

그때 세존께서는 바라문 소나가 마음속으로 생각하고 있는 것을 미리 다 알고,「이 바라문 소나는 자신의 마음 때문에 괴로워하고 있다. 나는 소나에게 그의 스승에게서 전수받은 세 베다에 관해서 질문해야겠다」고 생각하셨다.

『소나여, 바라문들은 어떠한 것을 갖추어야 바라문이라고 합니까?「나는 바라문이다」라고 말했을 때 어떤 자가 말을 해야 바른 말이 되고 망어에 떨어지지 않게 됩니까?』

바라문 소나는 몸을 일으켜 세우고 회중을 둘러본 다음 세존께 말했다.

『고타마여, 바라문들은 다섯 가지를 갖춘 자만이 「나는 바라문이다」라고 말해도 바른 말이 되고 망어에 떨어지지 않습니다.

다섯 가지란, 첫째는 바라문으로서 모계와 부계 양쪽의 가문이 모두 좋고 혈통도 청정하여 칠대의 조부까지 거슬러 올라가도 혼란하지 않고 출생에 관해서 아무런 비난받을 일이 없으며,

둘째는, 베다의 독송자로 진언을 수지하여 세 개의 베다에 통달할 뿐만 아니라 베다의 어휘나 제식, 음운과 어원의 학문과 고전에도 통달하고 관용의 어법을 알고 문법에 통하여 순세철학과 위대한 사람의 신체적 특징에 대해서도 완전하게 알고 있으며,

셋째는 단정하고 아름답고 청정하여 연화와 같은

용모를 갖추고 최상의 품위를 갖추어 멸시할 수 없는 훌륭한 위엄을 지니며,

넷째는 덕을 완전하게 닦아서 갖추었으며,

다섯째는 현인으로서 지혜롭고 제사 기구를 다루는 사람 가운데서 제1인자 또는 제2인자이어야 합니다.

고타마여, 바라문들은 이와 같은 다섯 가지 조건을 갖춘 사람을 바라문이라고 말합니다.』

『바라문 소나여, 그 다섯 가지 조건 가운데서 하나의 조건을 제외하고 다른 네 가지만을 갖추어도 바라문이라고 말할 수 있습니까?』

『고타마여, 그것은 가능합니다. 다섯 가지 조건 가운데서 우리는 용모를 제외합니다.』

『소나여, 그 네 가지 조건 중에서 하나를 제외하고 다른 셋을 갖추어도 바라문이라고 할 수 있습니까?』

『고타마여, 그것은 가능합니다. 우리들은 네 가지 중에서 주문을 제외할 수 있습니다.』

『소나여, 그 세 가지 조건 가운데서 하나를 제외하고 다른 둘만을 갖추어도 바라문이라고 할 수 있습니까?』

『고마타여, 그것은 가능합니다. 우리들은 세 가지 가운데서 가문을 제외할 수가 있습니다.』

이 말을 듣고 있던 그 회중의 바라문들은 소나에게 이렇게 말했다.

『존자 소나여, 그렇게 말씀하지 마십시오. 당신은 우리들의 용모를 경시했을 뿐만 아니라 주문과 가문을 경시했습니다. 존자 소나는 바로 사문 고타마의 말을 따르고 있을 뿐입니다.』

그러자 세존께서 말씀하시었다.

『만약 바라문들이 「소나는 들은 것이 적다. 말을 잘 못하는 사람이다. 지혜가 떨어지는 사람이다. 사문 고타마와 같이 대론할 수가 없다」라고 생각한다면, 소나를 중지시키고 나와 함께 대론하시오. 만약 그대들이 「바라문 소나는 들은 것이 많다. 말을 잘하는 사람이다. 지혜로운 사람이다. 사문 고타마와 대론할 수가 있다」고 생각한다면 바라문 소나를 나와 더불어 대론케 하시오.』

이 말을 들은 바라문 소나는 이렇게 말했다.

『존경하는 고타마께서는 잠시 기다려주시오. 제가 지금 저들에게 올바른 응답을 하겠습니다.』

그리고 소나는 이들 바라문들에게 말하였다.

『그대들은「존자 소나는 우리들의 용모를 경시했고 주문과 가문을 경시했다. 존자 소나는 바로 사문 고타마의 말을 따르고 있을 뿐이다」라고 말해서는 안 됩니다. 친구여, 나는 그대들의 용모도 주문과 가문도 경시한 것이 아니오.』

그때 바라문 소나의 조카인 아간다라고 하는 젊은 바라문이 마침 회중 가운데 앉아 있었다. 바라문 소나는 바라문들에게 이렇게 말했다.

『그대들은 나의 조카인 젊은 아간다를 보시오. 친구여, 젊은 아간다는 단정하며 아름답고 청정하며 최상의 연화와 같은 용모를 갖추었고 훌륭한 품위와 천시할 수 없는 위엄을 갖추었소. 이 회중 가운데 사문 고타마를 제외하고는 어떤 사람이라 할지라도 용모에 있어서 그와 같은 사람은 없소.

친구여, 젊은 아간다는 베다의 독송자이며 주문을 수지하고 세 가지 베다에 통달할 뿐만 아니라 베다의 어휘에나 제식에도 통달하고 음운 어원의 학문이나 순세철학과 위대한 사람의 신체적 특징에 대해서도 완전하게 알고 있소.

젊은 아간다는 부계와 모계 양쪽의 가문이 다 좋고 혈통도 청정하여 칠대의 조부로 거슬러 올라가도 혼란함이 없으며 출생에 관해서는 아무런 비난할 것이 없소.

친구여, 만약 젊은 아간다가 생명 있는 것을 죽이고 주지 않는 것을 취하며 사음을 하고 망어를 하며 술을 마신다면 그의 용모가 무슨 도움이 되며 주문과 가문이 무슨 도움이 되겠습니까?

친구여, 바라문으로서 덕을 닦아서 완전하게 갖추며 현인으로서 지혜롭고 제구를 다루는 사람들 중 제1인자 또는 제2인자라는 이 두 가지를 갖추고 있을 때 바라문이라고 부르며 「나는 바라문이다」라고 말해도 망어에 떨어지지 않을 것이오.』

 소나의 설명을 들은 바라문들은 잠자코 말이 없었다.

 세존께서 소나에게 말씀하셨다.

『바라문이여, 이들 두 가지 조건 가운데서 그 하나의 조건을 제외하고 다른 하나만을 갖춘 사람도 바라문이라고 할 수 있습니까?』

『고타마여, 그렇지가 않습니다. 왜냐하면 지혜는 계율에 의해서 깨끗해지고 계는 지혜에 의해서 깨끗해집니다. 계와 함께 지혜가 있고 지혜와 함께 계가 있기에, 계가 있는 자에게는 지혜가 있고 지혜가 있는 자에게는 계가 있습니다. 계와 지혜는 이 세상에서 최상의 것이라 합니다.

 고타마여, 비유하면 손을 가지고 손을 씻고 발을 가지고 발을 씻는 것과 같습니다.』

『바라문이여, 그렇습니다. 계율과 지혜가 이 세상에서 최상의 것입니다. 계(戒)와 함께 두루 닦아진

정(定)은 결과도 크고 이익도 큽니다. 정(定)과 함께 두루 닦아진 혜(慧)는 결과도 크고 이익도 큽니다. 지혜와 함께 두루 닦아진 마음은 애욕의 번뇌, 생존의 번뇌, 견해에 관한 번뇌, 무지의 번뇌 등 모든 번뇌에서 완전하게 해탈합니다.』

『아함경』

6. 반 구절 게송(半偈頌)을 위해 몸을 던지다

아주 먼 옛날 이 세상에 여래가 출현하시기 전에, 설산선인은 설산에 살면서 보살행을 닦고 있었다. 설산에는 약풀과 약나무가 가득하게 나 있었고 여러 가지 새들이 모여 살았다. 흐르는 물은 맑고, 나무에 열린 과실은 달았으며, 여러 가지 향취를 뿜는 꽃들이 피어 있었다.

그는 그때에 널리 대승의 가르침을 구하고 있었으나 얻지 못하였다. 그때에 하늘의 천신들은 그를

이상하게 여기어 저희끼리 서로 말했다,

『이 사람은 탐욕을 버리고 고요한 마음을 가진 깨끗한 사람이다. 돌아오는 세상에는 제석천신이라도 되려고 생각하는 사람인 것 같다.』

또 어떤 천신은, 『세상에는 대사라는 이가 있다. 중생에게 혜택을 끼쳐주는 여러 가지 수행을 하면서도 자기의 이익을 위해서는 아무것도 아니하는 사람이다. 이러한 사람은 아무리 훌륭한 제물이 쌓여 있을지라도 가래침을 보듯 해서 조금도 탐착하지 아니하며, 육신의 처자나 하인이나 집까지도 버리고 천신의 영화까지도 비리지 아니한다. 오직 무상정진(無上正眞)의 도를 성취하여 일체 중생을 건져주려고 생각한다, 저 사람은 그러한 대사가 아닐까?』했다.

그러자 이번에는 제석천신이 말했다.

『만약 너희 말과 같다면, 저 사람은 어떤 고통이라도 견디어 참고 모든 세상의 중생을 구제해 낼 수 있는 성자일 것이다. 그러나 무상정진의 도는 저마다 되는 일이 아니다. 백천억의 중생이 보리 마음을 낼지라도 티끌만한 장애에 부딪치면 그 뜻이 무너지고 만다. 나는 오늘까지 그런 사람을 많이 보았다. 나는 저 사람에게 가서 그를 시험해 보아야겠다.』

나찰의 몸으로 바꿔 설산으로 내려온 제석천인은 명랑한 목소리로 게송을 읊었다.

세상 모든 일은 무상하니,
이것이 태어나고 멸하는 법칙이어라.

(諸行無常 是生滅法)

이것은 옛 부처님의 게송 앞 구절이었다.

하지만 이 반쪽의 게송을 들은 선인은 목말랐던 사람이 물을 얻고 옥에 갇혔던 사람이 석방되는 것과 같았다. 그는 기쁨을 이기지 못해 곧 자리에서 일어나 사방을 향하여 외쳤다.

『이렇게 훌륭한 게송을 노래한 이는 누구십니까? 누구신데 훌륭하고 거룩한 해탈의 게송으로 부처님의 도를 보여주셔서, 주린 자에게 무상한 도를 맛보게 하고 어두운 마음을 밝게 하여 연꽃이 피듯 환하게 하여 주십니까?』

 선인은 이렇게 외치고 사방을 둘러보았다. 그러나 거기엔 아무것도 보이지 않고 무서운 형상을 한 나찰이 있을 뿐이었다. 선인은 생각했다.

「지금 저 게송을 노래한 것이 저 나찰일까? 아니야. 그럴 리가 없다. 저렇게 무서운 형상을 가진 나찰의 입에서 그렇게 존귀한 노래가 나올 수가 있을까. 이는 불 속에서 연꽃이 피고, 태양 속에 물이 흐르는 것과 같은 것이다. 하지만 혹시라도 저 나찰이 옛날에 부처님을 만나 저 게송을 들었을지도 모를 일이 아닌가.」

 생각 끝에 선인은 나찰에게 물어보기로 하고 그가 있는 곳으로 갔다.

『당신은 어디서 이 귀한 게송을 얻었습니까?』

『그런 말은 묻지 말라. 나는 며칠 동안 아무것도 먹지 못했다. 정신이 없어 노래처럼 불러 본 것이지 어떤 마음을 가지고 부른 것이 아니다.』

『그러지 말고 가르쳐 주십시오. 이것만 가르쳐 주면 여생이 다하도록 당신의 제자가 되겠습니다. 당신이 부른 게송은 참으로 훌륭한 것입니다. 한데 두 구절밖에 없는 반쪽의 게송이라 의미가 충분치 못합니다. 그러니 마지막 구절까지 가르쳐 주십시오.』

『너는 네 일만 생각하고 내 일은 조금도 생각해 주지 않는구나. 나는 지금 배가 몹시 고프다. 다시 말할 기력이 없구나.』

『당신은 어떤 것을 먹습니까?』

『내가 먹는 것은 사람의 따뜻한 살과 뜨끈뜨끈한 핏덩어리다. 그것이 내가 먹는 것이다.』

『그렇다면 나머지 게송을 마저 설해 주십시오. 이 몸은 얼마 못가서 죽을 몸이니 차라리 당신에게 공양을 올리고 존귀한 법을 듣고자 합니다.』

선인이 간청하며 나머지 게송을 청하자 나찰은 겨우 허락한다는 듯 게송의 뒷 구절을 읊었다.

태어나고 멸함을 없애버리면
적멸하여 즐거우리.

(生滅滅已 寂滅爲樂)

 게송의 뜻을 깊이 새긴 선인은 그 게송을 주변의 바위와 나무 등에 정성껏 옮겨 적었다. 그리고는 옆의 높은 낭떠러지로 올라갔다.
 그때에 물귀신이 물었다.
『무엇하러 올라오는가?』
『게송을 얻어들은 값으로 이 몸을 나찰에게 보시하려고 올라간다.』
『그 게송에는 무슨 공덕이 있는가?』
『그야말로 삼세제불의 바른 길을 가르쳐 주는 것이다. 나는 이 세상에 탐심이 많아서 보시하기를 싫어하는 사람과 보시를 조금 행하고 그 공을 자랑하는 사람들에게, 이 반쪽의 게송을 위해 몸까지도 티끌과 같이 버린다는 것을 보여주려고 한다.』
 선인은 이렇게 말하고 낭떠러지 밑으로 몸을 던

졌다. 하지만 몸이 땅바닥에 떨어지기 전에 나찰이 제석천신의 몸으로 바꾸어 선인의 몸을 받았다. 그러자 천신들이 일제히 그의 발밑에 엎드려서 찬탄했다.

『거룩하고 훌륭합니다. 당신은 참다운 보살이십니다. 당신은 무량한 중생을 건지실 어른입니다. 저희들의 죄를 용서하여 주시고, 만일 무상정진의 도를 성취하면 저희들도 구제하여 주십시오.』

하고 그의 발에 절하고 물러갔다.

설산선인은 그때에 반쪽의 게송을 위하여 몸을 버리고 그로부터 십이겁이 지난 뒤에 미륵보살보다 먼저 성도하게 되니 그분이 바로 석가모니 부처님이시다.

『법화열반부』

7. 살인자 아힝사카의 출가와 공덕

사밧티에 한 박식한 바라문이 있어 많은 사람의 존경을 받았다. 그에게는 오백 명의 제자가 있었는데 우두머리 제자는 아힝사카(남을 해치지 않는다는 뜻)라는 젊은이로 체력이 굳세고 지혜가 뛰어나며, 성질이 순박하고 얼굴도 아름다워 많은 사람들의 사랑을 받았다.

어느 날, 그 스승의 아내는 남편이 집을 떠나 멀리 여행간 틈을 타 아힝사카에게 사랑을 고백하며 불륜의 즐거움을 맛보려 했다. 그러자 아힝사카는 놀라고 두려워 무릎을 꿇고 말했다.

『스승이 아버지라면 그 부인은 어머니이십니다. 도가 아닌 것은 마음의 고통입니다.』

『굶주린 자에게 밥을 주고 목마른 자에게 물을 주는 것 또한 도가 아니겠습니까?』

『스승이 중하게 여기는 부인과 간통하는 것은 독사를 몸에 감고 독약을 마시는 것과 다르지 않습니다.』

아힝사카의 단호한 말에 부인은 자신의 방으로 돌아갔다. 하지만 모욕을 당했다고 생각한 부인은 아힝사카에게 원한을 품었다. 그녀는 옷을 찢고 얼굴이 새파랗게 질려 침대에 쓰러진 채 남편이 돌아오기만을 기다렸다가 그를 모함하였다.

『당신이 늘 칭찬하시던 저 어진 제자에게 무서운 욕을 당했습니다.』

부인은 거짓울음으로 남편에게 호소했다. 이 말을 들은 스승은 믿었던 제자의 배신에 치를 떨었다. 스승은 아힝사카를 「살아서는 형벌을 받고 죽어서는 지옥에 떨어지게 하리라」 생각하고 그를 불렀다.

『그대의 지혜는 이제 극치에 이르렀다. 그러나 마지막으로 해야 할 일이 한 가지 남아있다.』

『그것이 무엇입니까?』

『칼을 들고 거리로 나가 하루에 백 명의 사람을 죽이고 한 사람에서 손가락 한 개씩을 잘라 백 손가락을 엮어 목걸이를 만들어 걸어라. 그래야만 진정한 도가 갖추어질 것이다.」

말을 마친 스승은 그에게 한 자루의 칼을 내 주었다. 칼을 받아 든 아힝사카는 놀랍고 두려워 깊은 근심에 잠겼다.

「스승의 명령에 복종하면 의리를 잃게 될 것이고, 스승의 명령을 어기면 좋은 제자가 될 수 없다. 깨끗한 행실로 부모에게 효도하고, 그릇됨을 버리고 바름으로 나아가 마음이 선하며, 부드럽고 정이 깊은 것이 바라문의 법이라고 들었는데, 어찌하여 스승님은 내게 잔인한 가르침을 내리시는가?」

스승의 앞에서 물러나온 아힝사카는 몸부림치며 고민했다.

하지만 어느 순간 고민은 커다란 분노로 바뀌었고 그는 자기도 모르는 사이에 칼을 들고 네거리로 나섰다. 눈엔 핏발이 서고 머리털은 거꾸로 섰으며 숨결은 격렬해졌다. 칼을 빼어들고 길가는 사람을 쳐 죽이니 마치 극악한 귀신이나 다름없었다. 네거리에는 금방 송장이 쌓이고, 온 시내는 분노와 두려움으로 들끓었다. 스승의 명대로 손가락을 엮어서 목걸이를 만들어 목에 거니 사람들은 그를 앙굴리마라(손가락 목걸이)라 불렀다.

비구들은 이른 아침 걸식을 나왔다가 이 소문을 듣고 기원정사로 돌아가 부처님께 말씀드렸다.

『비구들이여, 내가 지금 가서 그를 구원하리라.』

부처님께서 그곳으로 가시는데 도중에 말먹이 풀을 수레에 싣고 오던 사내들이 부처님을 만류했다.

『부처님이시여, 이 길로 가셔서는 안 됩니다. 무서운 살인자가 길을 막고 있습니다.』

『온 세상이 내게 칼을 들고 와도 두려울 것이 없거늘 하물며 한 사람의 도둑을 두려워하겠느냐.』

부처님은 묵묵하게 거리로 들어가셨다.

한편, 아힝사카의 어머니는 그 아들이 돌아오기를 기다리다 못해 밥을 싸가지고 마중을 나갔다. 아힝사카가 아흔 아홉 명을 죽이고, 아흔 아홉 개의 손가락을 엮어 목에 건 채 마지막 한 사람을 찾아 텅 빈 거리를 두리번거리고 있을 때였다. 그때 마침 어머니가 오는 것을 보자 칼을 빼어들고 달려들었다.

그 순간 부처님께서 조용히 아힝사카의 앞을 막아섰다. 그는 잘 되었다는 듯 칼을 휘두르며 부처님께 달려들었다. 하지만 어찌 된 일인지 아무리 쫓으려 해도 쫓을 수가 없었다. 그가 문득 걸음을 멈추곤 외쳤다.

『사문아, 거기 멈춰라!』

『나는 처음부터 멈추어 있다. 멈추지 않는 것은 네가 아니냐?』

『사문이여! 그대는 앞으로 걸어가고 있으면서도 '나는 멈추어 있다'고 말하며, 도리어 멈추어 있는 내게 '멈추어라'고 말했다. 사문이여! 그대는 어찌하여 그대가 멈춘 것이고 내가 멈추지 않았다고 말하는 것인가?』

『앙굴리마라여! 나는 항상 생명 있는 것에 대해 포악한 몽둥이를 버리고 멈추어 있다. 그러나 그대는 생명 있는 것에 대해 포악한 몽둥이를 멈추지 못하고 있으며, 생명의 소중함을 잊고 있다. 그러니 나는 멈추어 있고 그대는 멈추어 있지 않았다고 하노라.』

부처님의 말씀에 앙굴리마라는 칼을 내던져 버렸다. 그리고는 마침내 세존의 발아래에 엎드려 출가하기를 원했다.

이렇게 해서 아힝사카는 부처님을 따라 기원정사로 돌아와 부처님의 가르침을 듣고 도를 얻어 나고 죽는 속박에서 벗어나게 되었다.

한편 코살라국 파사익왕이 앙굴리마라를 체포하기 위해 이른 아침에 5백 마리의 말과 함께 많은 병사를 거느리고 기원정사가 있는 제타동산으로 출발하였다.

파사익왕이 절을 하고 한쪽에 앉자 부처님께서 말씀하셨다.

『대왕이여! 무엇 때문에 그토록 격분해 있습니까?』

『세존이시여! 잔인하기 이를 데 없는 앙굴리마라

라는 도둑이 있습니다. 그 도둑은 사람들을 차례로 죽인 후에 손가락을 잘라서 목걸이를 만들어 몸에 걸치고 있습니다. 저는 그를 체포하려 합니다.』

『대왕이여! 만약 앙굴리마라가 머리와 수염을 깎고, 승복을 걸치고 출가사문의 생활에 들어가, 생명을 죽이지 않고, 주지 않는 것을 갖지 않으며, 거짓말 하지 않고, 하루에 한 번만 공양하며, 청정한 수행을 닦고 계율을 지키는 훌륭한 자질을 지닌 사람이라면 당신은 그를 어떻게 대하겠습니까?』

『세존이시여! 만약 앙굴리마라가 그런 사람이라면 우리는 그를 찾아가 문안을 올릴 것이며, 그가 다가오면 자리에서 일어나 예를 갖추고 자리를 청할 것입니다. 하지만 앙굴리마라는 사악한 성품을 지닌 자입니다. 그런 자에게 어찌 계율에 의한 자제력이 있을 수 있겠습니까?』

그때 앙굴리마라는 부처님 곁에 앉아 있었다. 부처님께서는 오른팔을 내밀면서 파사익왕에게 말씀하셨다.

『대왕이여! 이 사람이 바로 앙굴리마라입니다.』

파사익왕은 놀람과 두려움을 억누르며 앙굴리마라에게 가서 물었다.

『존자여! 당신이 예전의 앙굴리마라였습니까?』

『그렇소.』

『존자여! 저는 당신을 위해 의복과 발우, 와구와 약품 등을 필요한 만큼 제공하겠습니다.』

그러나 이미 청정한 수행자가 되어 있었던 앙굴리마라가 왕에게 대답했다.

『충분합니다. 대왕이여! 나에게는 옷이 갖추어져 있습니다.』

다시 부처님께 간 파사익왕이 부처님께 여쭈었다.

『세존이시여! 불가사의한 일입니다. 놀라운 일입니다. 세존께서는 다스릴 길 없는 사람을 능히 다스리는 분이시며, 청정하지 않은 이들을 청정하게 하는 분이시고, 열반으로 나아가지 않는 이들을 열반으로 인도하는 분이십니다. 우리들이 무기로써 다스리지 못했던 이를 세존께서는 무기에 의하지 않고 다스렸습니다. 존귀하신 스승이시여! 이제 저희들은 물러가겠습니다.』

파사익왕은 세존께 인사를 하고 오른쪽으로 돌아 예를 표한 뒤 그곳을 떠나갔다.

한편 앙굴리마라가 사위성에서 차례로 걸식을 하면서 걷고 있을 때였다. 한 여인이 출산을 앞두고 터질 듯한 배를 감싸 안은 채 고통으로 신음하고 있는 것을 보았다. 그 광경을 본 그는 이와 같이 생각했다.

「태어나는 존재들이란 얼마나 괴로운 것인가?」

앙굴리마라가 걸식을 마치고 부처님께 말씀드렸다.

『세존이시여! 사위성으로 탁발을 나갔다가 한 여인이 난산의 고통을 겪고 있는 것을 보았습니다. 그 광경을 보면서 저는 「태어나는 존재들이란 이 얼마나 괴로운 것인가」 하는 생각을 했습니다.』

그러자 부처님께서 말씀하셨다.

『앙굴리마라야! 너는 지금 사위성으로 가라. 가서

그 여인에게 이렇게 말하라.「여인이여, 나는 태어나서부터 지금까지 살아있는 자의 목숨을 고의로 빼앗은 적이 없소. 그러므로 그 진실을 근거로 그대와 태아에게 반드시 안락함이 있을 것이오」라고.』

『세존이시여, 그것은 거짓말입니다. 세존이시여, 저는 고의로 많은 생명을 빼앗았습니다.』

하지만 부처님께서는 거듭 같은 말씀을 하셨다.

『그리하겠습니다. 세존이시여!』

부처님의 말씀을 거역할 수 없었던 앙굴리마라는 사위성으로 가 진통을 겪고 있는 여인에게 그대로 말했다.

『여인이여! 나는 성스러운 사람을 얻은 이후 지금까지 고의로 생명을 빼앗은 적이 없소. 그 진실을 근거로 그대와 이 태아에게 반드시 안락함이 있을 것입니다.』

그러자 여인은 진통이 사라져 편안하게 해산할 수 있었다.

『아함경』

8. 마음으로 읽는 법구경

〈게송 001〉
마음은 모든 일의 근본이 되어
주인으로 모든 일 시키나니
마음속에 악한 일 생각하면
말과 행동 또한 그러하리라.
그 때문에 괴로움이 그를 따르리.
수레를 따르는 수레바퀴 자취처럼

〈게송 002〉
마음은 모든 일의 근본이 되어
주인으로 모든 일 시키나니
마음속에 착한 일 생각하면
말과 행동 또한 그러하리라
그 때문에 행복이 그를 따르리.
형체를 따르는 그림자처럼

〈게송 006〉

남의 허물 꾸짖기 좋아하지 말고
스스로 내 잘못을 되 살펴보라.
만일 이것을 알고 행하면
근심과 다툼 영원히 사라지리라.

〈게송 016〉

살아서 기쁘고 죽어서도 기뻐하니
선을 행한 사람은 두 곳에서 기뻐한다.
이것도 기쁨이요 저것도 즐거움
자기가 지은 복을 보고 마음이 편안하다.

〈게송 019〉

경전을 아무리 많이 알아도
행하여 지키지 않는 방탕한 사람은
남의 소를 세는 목자와 같아
진정한 부처님의 제자가 아니다.

〈게송 022〉
밝은 지혜로 이치를 바르게 알아
마침내 방일하지 않고
탐내지 않음을 기쁨으로 아는 자는
마침내 도의 즐거움을 얻어 즐긴다.

〈게송 042〉
원수들이 내게 어찌한다 해도
적들이 내게 어찌한다 해도
거짓으로 행하는 내 마음이
내게 짓는 해악에는 미치지 못한다.

〈게송 049〉
마치 벌이 꽃에서 꿀을 모을 때
꽃의 빛과 향기는 그대로 두고
다만 그 맛만 취하고 가는 것처럼
인자가 마을에 들어갈 때도 그러해야 한다.

〈게송 052〉

아름답기 이를 데 없는 꽃이
빛깔도 곱고 향기 또한 좋은 것처럼
아름다운 말을 바르게 행하면
반드시 그 복을 받게 된다.

〈게송 054〉

부용이나 전단의 좋은 향기도
바람을 거슬러서는 전해질 수 없으나
덕의 향기는 바람도 거슬러
그 향기 어디고 두루 퍼진다.

〈게송 060〉

잠 못 이루는 사람에게 밤은 길고
피곤한 사람에게 길이 멀듯이
바른 법을 모르는 어리석은 사람에게
생사의 밤길은 길고도 멀다.

〈게송 061〉
나보다 나을 것이 없고
내게 알맞은 길벗이 없으면
차라리 홀로 굳세게 착한 믿음의 길을 가라.
어리석은 사람과 길벗이 되지 마라.

〈게송 068〉
공덕의 선한 행을 스스로 행하면
나아가 기뻐하고 즐거워하면서
저절로 다가오는 복을 누리나니
그 깊음은 어디시 온 것인기!

〈게송 080〉
활 만드는 사람은 뿔을 다루고
물에 사는 사람은 배를 다루며
목수는 나무를 다루고
지혜 있는 사람은 자신을 다룬다.

〈게송 100〉

비록 천 마디의 글귀를 외우더라도
그 글의 뜻이 바르지 않으면
단 한 마디의 말을 들어
마음을 편안히 다스리는 것만 못하다.

〈게송 103〉

전장에 나가 수천의 적을
혼자 싸워 이기는 것보다
미약한 자신을 이기는 것이
용감한 전사 중에도 최고이다.

〈게송 111〉

비록 사람이 백 년을 산다 해도
사악하고 거짓되어 지혜롭지 않으면
단 하루를 살아도 한 마음으로
바른 지혜 배움만 못하다.

〈게송 112〉
비록 사람이 백 년을 산다 해도
게을러 부지런히 노력하지 않으면
단 하루를 살아도 부지런히 힘써
꾸준히 노력함만 못하다.

〈게송 119〉
악한 자가 복을 받는 것은
악행의 열매가 아직 익지 않아서이다
그러나 그 악이 때에 이르면
저절로 혹독한 죄를 받는다.

〈게송 120〉
착한 이가 화를 당하는 것은
선행의 열매가 아직 익지 않아서이다
그러나 그 선행이 때에 이르면
반드시 그 복을 받을 것이다.

〈게송 121〉

재앙이 없을 것이라 생각하여
조그만 악이라도 가벼이 말라.
물방울 하나가 비록 작아도
자꾸 떨어져 큰 그릇 채우나니
무릇 이 세상에 가득한 죄도
작은 죄가 쌓여서 모인 것이다.

〈게송 122〉

복이 없을 것이라 생각하여
작은 선행이라도 가벼이 말라.
물방울 하나가 비록 작아도
자꾸 모여서 큰 그릇 채우나니
이 세상에 가득한 복도
작은 선이 쌓여 이루어진 것이다.

〈게송 127〉

허공이나 깊은 바다 속에나

깊은 산중 바위틈에 숨는다 해도
일찍이 내가 지은 악업의 과보는
이 세상 어디에 가도 피할 수 없다.

〈게송 133〉
남 듣기 싫은 말은 하지 말지니
가는 말이 고와야 오는 말이 곱다.
악이 가면 화로 돌아오나니
욕설이 가고 오면 매질이 가고 온다.

〈게송 145〉
활 만드는 사람은 활시위를 고르고
배 부리는 사람은 배를 다루며
목수는 나무를 다듬고
어진 사람은 자기 자신을 다룬다.

〈게송 160〉
스스로의 마음을 스승으로 삼을지니

남을 따라서 스승으로 하지 말라.
자기를 잘 닦아 스승으로 삼으면
능히 얻기 어려운 스승을 얻나니.

〈게송 165〉
악은 스스로 그 죄를 받고
선은 스스로 복을 받는다.
선이나 악의 과보는 피할 수 없는 것
그 일만은 남이 대신할 수 없느니라.

〈게송 182〉
사람의 몸으로 태어나기 어렵고
태어나 오래 살기도 또한 어렵다.
세상에서 부처님 만나기 어렵고
부처님 법을 듣기도 어렵다.

〈게송 183〉
모든 악을 짓지 않고

모든 선을 받들어 행하며
스스로 그 마음을 깨끗이 하는 것
이것이 모든 부처님의 가르침이다.

〈게송 192〉
거룩한 삼보에 귀의하라.
그것은 가장 길하고 가장 으뜸 되나니
오직 홀로 그것만이
일체의 괴로움을 건널 수 있다.

〈게송 201〉
이기면 남에게 원한을 사고
지면 스스로 비굴해지나니
이기고 진다는 마음 버리고
다툼이 없으면 스스로 편안하리.

〈게송 202〉
뜨겁기 음욕보다 더한 것 없고

독하기 성냄보다 더한 것 없네.
괴롭기 몸보다 더한 것이 없고
즐겁기 고요보다 더한 것 없네.

〈게송 204〉
병이 없는 것이 가장 큰 이익이요
만족을 아는 것이 가장 큰 재물이다.
후덕함은 가장 큰 친구요
열반은 최상을 즐거움이다.

〈게송 209〉
도를 어기면 자기를 따르게 되고
도를 따르면 자기를 어기게 된다.
의로움을 버리고 좋아하는 일만 행하면
그것은 곧 애욕을 따르는 것이다.

〈게송 210〉
사랑하는 사람을 만들지 말고

미워하는 사람도 만들지 말라.
사랑하는 사람은 못 만나 괴롭고
미워하는 사람은 만나 괴롭다.

〈게송 211〉
사랑을 짓지 말라.
사랑으로 말미암아 미움 생기니
이미 그 얽매임을 벗어난 사람은
사랑할 것도 없고 미워할 것도 없네.

〈게송 214〉
사랑하고 좋아함에 근심 생기고
사랑하고 좋아함에 두려움이 따르네.
사랑하거나 좋아할 것 없으면
무엇을 근심하고 무엇을 두려워하랴.

〈게송 216〉
탐욕으로부터 근심이 생기고

탐욕에서 두려움이 생기네.
탐욕 없는 곳에 근심이 없나니
또 어디에 두려움 있겠는가.

〈게송 222〉
성내는 마음을 스스로 다스려
달리는 수레를 멈추듯 하면
그는 자기를 훌륭히 다스리는 사람
어둠을 버리고 밝음으로 들어가리.

〈게송 223〉
욕됨을 참아서 성냄을 이기고
선으로 선하지 않은 것을 이겨라.
이기는 사람은 잘 보시하고
지극한 정성은 속임을 이긴다.

〈게송 232〉
항상 말을 삼가고 지켜

노여움이 일지 않게 단속하라.
입으로 인한 사나운 말을 제어하고
진리의 말씀을 외워 익혀라.

〈게송 233〉
항상 마음을 삼가고 지켜
성내는 마음을 잘 다스려
마음의 나쁜 생각 끊어 버리고
언제나 도를 생각하라.

〈게송 234〉
몸을 절제하고 말을 삼가며
그 마음을 거두어 지켜
성내지 말고 도를 행하라.
욕(辱)을 참는 것이 가장 강하니라.

〈게송 241〉
글을 읽지 않는 것은 입의 때요

부지런하지 않는 것은 집의 때요
장엄하지 않은 것은 얼굴의 때요
방일한 것은 일의 때이니라.

〈게송 243〉
세상의 많은 때 가운데
어리석음보다 더한 것이 없나니
공부하는 사람은 악을 버려라.
비구들이여, 부디 때가 없게 하라.

〈게송 251〉
음욕보다 뜨거운 불이 없으며
성냄보다 급한 빠름이 없고
어리석음보다 빈틈없는 그물이 없으며
애욕보다 빠른 강물은 없네.

〈게송 259〉
법을 만들어 가지는 사람이란

많은 말을 하지 않고
비록 들은 바 적더라도
몸으로 법을 따라 행하며
도 지키기를 꺼려하지 않으면
그를 일러 법을 만드는 사람이라 하네.

〈게송 264〉
이른바 사문이란
반드시 머리 깍은 것을 뜻하지 않으니
거짓을 말하고 탐욕으로 집착하고
욕심이 많으면 범부와 같다네.

〈게송 265〉
작은 일에나 큰일에나
모든 허물 능히 그쳐 마음을 쉬고
집착이 사라지면
이 사람을 능히 사문이라 부르네.

〈게송 266〉

이른바 비구란
때맞추어 걸식하는 자를 이름이 아니니
삿된 행동 서슴없이 행한다면
비구란 헛된 이름뿐이네.

〈게송 267〉

죄도 복도 버리고
깨끗한 범행을 닦아
지혜로 능히 악을 부수면
그야말로 참된 비구라 이름 하네.

〈게송 270〉

도가 있다는 것은
한 생명만을 구제하는 것이 아니니
온 천하를 두루 구제해
어떤 것도 해치지 않으면 그것이 참된 도다.

〈게송 281〉

말을 삼가는 것과 뜻을 단속하는 것
몸으로 나쁜 일 행하지 않는 것
이 세 가지 업을 깨끗이 하면
깨달음 얻으리라, 부처님은 말하셨네.

〈게송 316〉

부끄러워할 것을 부끄러워하지 않고
부끄러워하지 않을 것 도리어 부끄러워하면
살아서는 삿된 소견이 되고
죽어서는 지옥에 떨어지리.

〈게송 319〉

가까이 할 것은 가까이 하고
멀리 해야 할 것은 멀리 하면서
한결 같이 바른 소견 지켜 나가면
죽어서는 좋은 곳에 태어나리.

〈게송 321〉
마치 잘 조련된 코끼리는
임금이 타기에 알맞은 것처럼
자기를 다스릴 줄 아는 훌륭한 사람은
남으로부터 참된 신뢰받을 수 있네.

〈게송 328〉
어진 사람 만나 함께 길을 가며
굳세게 선을 행하면
온갖 잘못 들은 것 다 물리쳐
가는 곳마다 실망하는 일 없으리.

〈게송 330〉
차라리 혼자 가서 선을 행할지언정
어리석은 사람과는 짝하지 말라.
홀로 있어도 악을 행하지 않는 일
놀란 코끼리가 제 몸을 보호하듯 하라.

〈게송 337〉
도를 위하여 수행하는 사람은
언제나 애욕을 피하려 하니
먼저 애욕의 뿌리를 끊고
다시는 뿌리를 심는 일 없어
마치 흔들리는 갈대를 베는 것처럼
마음속에 애욕의 뿌리 자라지 않게 하라.

〈게송 348〉
과거를 버려라. 미래도 버려라.
현재의 이 내 몸도 생각지 말라.
마음에 걸리는 모든 것을 버리면
생사의 괴로움을 받지 않나니.

〈게송 354〉
모든 보시 중에 법 보시가 제일이요
모든 맛 중에는 도의 맛이 제일이요
모든 낙 중에는 법의 낙이 제일이니

애욕의 소멸은 모든 괴로움을 이기네.

〈게송 372〉
선정이 없으면 지혜가 없고
지혜 없이 선정 또한 닦을 수 없네.
도는 선정과 지혜를 따르나니
이때에 비로소 열반에 이르리.

〈게송 380〉
나는 나를 주인으로 하니
나 외에 따로 주인이 없네.
그러므로 마땅히 나를 다루어야 하나니
말을 다루는 장수처럼.

〈게송 388〉
모든 악을 떠난 사람 범지라 하고
올바른 길에 드는 사람을 사문이라 하며
저의 온갖 더러운 행을 잘 버린 사람

그를 출가사문이라 일컫는다.

〈게송 391〉
몸과 입과 또 그 뜻이
깨끗하여 아무 허물이 없고
그 세 가지 행을 잘 버린 사람
그를 범지라 일컫는다.

〈게송 406〉
다툼을 싫어해 다투지 않고
남이 짓밟아도 성내지 않으며
악이 닥쳐와도 선으로 대하는 사람
그를 범지라 일컫는다.

불교경전

초 판 1쇄 · 1987년 7월 28일
개정판 1쇄 · 2010년 3월 17일
엮은이 · 불교경전편찬위원회(고성훈)
펴낸이 · 김동금
펴낸곳 · 우리출판사
주 소 · 서울특별시 서대문구 충정로3가 1-38호
전화 · (02) 313-5047 5056 | 팩스 · (02) 393-9696
E-mail · woribooks@woribooks.com
등록 · 제9-139호
ISBN 978-89-7561-293-0 03220
정가 18,000원

* 잘못 제작된 책은 교환해 드립니다.